高等院校中学教师培养系列教材

中学物理教学设计

ZHONGXUE WULI JIAOXUE SHEJI

主编 杜明荣

北京师范大学出版集团
BEIJING NORMAL UNIVERSITY PUBLISHING GROUP
北京师范大学出版社

图书在版编目(CIP)数据

中学物理教学设计 / 杜明荣主编. —北京：北京师范大学出版社，2024.3

高等院校中学教师培养系列教材

ISBN 978-7-303-29302-5

Ⅰ. ①中… Ⅱ. ①杜… Ⅲ. ①中学物理课－教学设计－高等学校－教材 Ⅳ. ①G633.72

中国国家版本馆 CIP 数据核字(2023)第 126071 号

图书意见反馈：gaozhifk@bnupg.com 010-58805079
营销中心电话：010-58802755 58800035
北师大出版社教师教育分社微信公众号 京师教师教育

出版发行：北京师范大学出版社 www.bnupg.com
　　　　　北京市西城区新街口外大街 12-3 号
　　　　　邮政编码：100088
印　　刷：鸿博睿特(天津)印刷科技有限公司
经　　销：全国新华书店
开　　本：730 mm×980 mm　1/16
印　　张：20
字　　数：357 千字
版　　次：2024 年 3 月第 1 版
印　　次：2024 年 3 月第 1 次印刷
定　　价：49.80 元

策划编辑：张筱彤　　　　　　　责任编辑：张筱彤
美术编辑：焦　丽　　　　　　　装帧设计：焦　丽
责任校对：陈　民　　　　　　　责任印制：马　洁　赵　龙

高等院校中学教师培养系列教材
编 委 会

总主编：刘志军

副总主编：王 萍 王 晋

编委：（按姓氏拼音排序）

总　序

　　为贯彻党的二十大精神，全面落实立德树人根本任务，系统推进教育部于2022年新修订的义务教育课程方案和语文等16个课程标准的落地实施，我们将在孕育于中原沃土的"高等院校中学教师培养系列教材"奉献给广大读者。

　　在发展学生的核心素养这一国际教育趋势下，核心素养教育在我国教育界日益升温。从学科教学过程中衍生出的教学设计问题构成了培养学生核心素养和可持续发展能力的重要一维。教学设计是落实核心素养的关键环节和动力，是促进课堂教学提质增效的重要依据，更是沟通教学理论与教学实践的桥梁。我们认为，教学设计即教师为优化教学过程，提高教学质量，以认知学习理论、教育传播理论和系统科学理论为基础，根据学生的学习特点和自身的教学风格，对教学环节、教学要素预先进行科学的计划、合理的安排，制定出整体教学运行方案的过程。作为指导教师有效教学的蓝图，教学设计是教师教学不可或缺的一个环节。新课程标准对教师的教学设计能力提出了更高的要求。因此，如何提高在职教师和高等师范院校师范生的教学设计理论水平和实践能力，让教学理论"上可着天、下可落地"成为一道待解难题。

　　为总结和推广新课程标准中的新理念、新实践，发展中学生的核心素养，我们与北京师范大学出版社合作出版"高等院校中学教师培养系列教材"。本丛书由14册构成，涵盖了中学教育的各个学科，包括《中学语文教学设计》《中学数学教学设计》《中学英语教学设计》《中学物理教学设计》《中学化学教学设计》《中学生物教学设计》《中学历史教学设计》《中学地理教学设计》；另加一些基础课程，包括《教学设计与评价》《教育哲学》《现代教育技术》《教师职业道德》《班级管理》《教育测量评价技术》，旨在为广大教师搭建一座连接教学理论与教学实践的桥梁。

　　本丛书以新课程标准为依据，以国家政策、教育动态、社会需求为风向标，紧跟课改步伐，将现代教育理念、教育技术和教学方法融入学科教学设计和教学实践，系统分析、研究各学科的教学目标、教学内容、教学方法、课堂教学、实践活动、教学评价等中学教学设计中出现的问题、需求以及解决的途径，填补了中学教学设计研究领域的缺口，旨在为中学教学设计中的一些困惑提供参考和借鉴。如何培养适应新时代要求的中学教师、如何在课程实施中培养学生的核心素养是教育工作者要直面的重要课题。面对这些现实问题，本丛书试图在教学设计领域探寻答案。"高等院校中学教师培养系列教材"的编写立足于教学实践，贴近教育实际，以提升中学生的学科核心素养为目的，深入挖掘中学教学设计的本质，思考教师与教学、文本与设计之间的关系，探究教学设计在各学科中的运用模式，不断完善教学设计的理论基础与方法策略，更新教师的教学思想，弥合教师"教"与学生"学"之间的裂痕，打造"师生协奏"共同体，培养与新课程同步成长的专业化教师队伍。基于此，本丛书可作为高校本科师范生和教育硕士生研习之用，亦可作基础教育师资培训和各学科教研参考用书。

本丛书顺应中学教育改革和发展的需求，以培养专业化的学科教师为目标，力求体现先进性。本丛书具有以下几方面特色。

立足素养本位，着眼教学提质。本丛书以 2022 年新课程标准和新教科书为依据，在重视学科知识体系与教学方法的基础上，注重由"教"的设计走向"学"的设计。在编写过程中，本丛书教学活动的设计践行学科学习活动观，并运用认知学、心理学等理论进行指导。本丛书的编写是基于教材整体教学活动的设计，能够为一线教师的教学设计提供参考。另外，本丛书立足素养本位的教学设计，是教师开展新教学的有效抓手，有助于提升教师的教学质量。

重构设计图谱，链接多彩教学。本丛书在以往教学设计研究的基础上融入了新的元素，以学科核心素养为培养目标，重在提升学习者综合运用知识和进行教学设计的构思能力，融理论性、知识性、实践性于一体，设计内容涵盖整个教学活动。在内容的呈现形式上力求生动活泼，穿插多种类型的教学案例分析和启发探究式小栏目，并对每个设计项目从简到繁、从易到难、从部分到整体进行有序编排和训练，使教材体现出实用性和可操作性，既有助于读者思考与参与体验，也便于读者对教学活动进行组织与安排，使各学科教学设计在重构之后更易获得、更有质量、更具包容性。

科学研判学情，设计和而不同。本丛书科学研判每门学科及具体课堂教学中的学情，有助于学生核心素养的培育真正落实。为此，在体现共性的同时，各本的内容又各具特色。就共性而言，丛书各部分内容的阐述依据创新精神和实践能力的要求，紧密结合我国课程改革的基本理念、要求以及日常学科教学案例，设计出具有河南省区域特色的、符合学科特点的实践与应用内容。就个性而论，各本根据学科性质的不同，从中学教学实践出发，结合教学设计的相关理论，阐释中学各科教学设计的方式方法，既包括理论层面的解读，又附有详实的案例分析。

　　时至今日，有关中学各科教学设计的出版成果已具有丰厚的基础，我们理应朝着一个更高的境界奋进。希望我们的工作可以让读者对中学教学设计有一个较为真实且全面的理解，也恳请各界先进对本丛书不吝给予批评与指正。

刘志峰

2024 年 2 月 15 日

前言

《普通高中物理课程标准(2017 年版 2020 年修订)》和《义务教育物理课程标准(2022 年版)》均强化了课程的育人导向,聚焦中国学生发展核心素养,培养学生适应未来发展的正确价值观、必备品格和关键能力。新课程标准基于核心素养发展要求设计课程内容结构,增强内容与育人目标的联系,优化内容组织形式,开展跨学科主题学习活动,加强学科间的相互关联,强化实践要求。为落实新课程标准的基本要求,提高教师在物理教学实践中的课程育人能力,我们尝试编写《中学物理教学设计》这本教材。

教学设计是理论与实践之间的桥梁,有利于教学工作科学化和教师专业发展。《中学物理教学设计》的编写依据新课程标准的基本要求,从中学物理教学实践出发,结合教学设计的基本原理,有机融入现代教育理念和策略,从理论和实践两个层面详细阐释中学物理教学设计的方式方法,以提高物理教师综合运用理论和方法进行实际课堂教学设计的能力。

《中学物理教学设计》由两部分构成,第一部分包括第一章至第四章,从整体上概述中学物理教学设计的主要依据、基本要素、模式结构,以及中学物理教学目标、教学策略、学习测评的设计思路。第二部分包括第五章至第十二章,从实践层面,依据中学物理课程内容的主要特征,阐述物理概念课、物理规律课、实验探究课、物理习题课、物理复习课、物理"跨学科实践"、物理线上微课等中学物理主要课型的教学设计,同时对说课这一教学设计的口头表达方式进行必要的阐述。全书内容设计科学,结构合理,实用性强。

本书是集体智慧的结晶,凝聚了来自全国各地的师范教育工作者的经验体会。按章节顺序,全书各部分的具体执笔人如下:河南大学杜明荣(第一章、第十章),河南师范大学陈运保(第二章),华中师范大学乔翠兰(第三章),西南大学赵保钢(第四章),山东师范大学高嵩(第五章),东北师范大学侯恕(第六章),沈阳师范大学杨薇(第七章),福建师范大学林钦(第八章、第十一章),信阳师范大学冯一兵(第九章、第十二章)。全书的结构框架设计和审核统稿工作由杜明荣负责,赵保钢、陈运保协助完成了部分章节的统稿工作。

本书编写团队整体学术实力雄厚,所有编者均来自高等师范教育一线,长期从事教师教育教学工作,是"物理课程与教学论""物理课程标准与教材研究"

"物理教学设计与案例分析""物理教育学""中学物理专题研究""物理课程与教材案例研究""中学物理教学设计"等课程的主讲教师，其中多数教师主持过省部级教师教育相关课题的研究工作。因此，编写团队不仅具有丰富的教学实践经验，而且熟悉中学物理课程及教师教育工作，对中学物理教学设计有深入的思考和见解，可以保障本教材的编写质量。

本教材凸显了当前基础教育课程改革的方向，凸显了学生核心素养的培养，体现了物理课程的育人功能。例如，物理"跨学科实践"是《义务教育物理课程标准(2022年版)》中的新主题，为了将其落实到教学实践中，第十章详细阐述了物理"跨学科实践"的教学设计。本教材可以作为高等师范院校全日制物理学师范专业本科生教材，同时可以作为高等师范院校相关专业研究生教材或参考书，以及中学物理教师培训教材或研修读本，亦可供从事中学物理教学和研究的人员参考使用。

教学设计是一门艺术，追求无止境，针对新课程理念的教学设计教材编写也是首次尝试，难免存在疏漏之处，恳请广大读者批评指正。

杜明荣

2023 年 8 月 26 日于河南大学

目　录

第一章　中学物理教学设计概述

章前导语

中学物理教学设计是根据中学物理课程标准的要求和中学生认知发展规律，运用系统方法分析研究教学过程中相互联系的各部分问题和需求，将教学诸要素有序安排，合理制订教学方案和计划。为了更好地设计和实施教学，物理教师需要深入领会中学物理教学设计的主要依据，了解中学物理教学模式，体会不同教学模式的特点与功能，并在实践中不断探索创新，从而使自己的物理课堂更加高效，使学生有更好的课堂体验。

本章共有三节内容：第一节阐述中学物理教学设计的主要依据；第二节解释中学物理教学设计的基本要素；第三节分析常见的中学物理教学模式及其设计。

第一节　中学物理教学设计的主要依据

中学物理教学设计利用教育理论搭建物理知识与课堂教学的桥梁。物理作为自然科学领域的一门基础课程，有其独特的学科特性及育人价值。中学物理课程作为中学生的必修课程，其教学目标的确定、教学内容的选择都要以教育方针为指导，其教学过程不仅是教师借助适当的教育媒体向学生传递与交换教育信息的过程，也是学生在教师的指导下系统地获取物理知识、掌握解决问题的方法并提高科学素养的过程。在实际教学中，逻辑清晰、环环相扣的教学设计对于高效课堂的顺利开展意义重大。

教学设计的理论基础和依据是教师首先要搞清楚的问题。我国教育研究者对教学设计的理论基础已经进行了大量的研究，虽有不同的观点，但一般认为教学设计是以学习理论、教学理论和传播学为理论基础的。[①] 下面在探讨教学设计的一般理论的基础上，结合物理学科的具体特点，从我国教育方针政策、

---

① 乌美娜：《教学设计》，12页，北京，高等教育出版社，1994。

中学物理课程标准的要求、教育学基本原理、认知心理学等几个方面探讨中学物理教学设计的主要依据。

一、新时代党的教育方针

党的教育方针是党在一定历史阶段的理论和路线方针政策在教育领域的集中体现，在教育发展中具有根本性地位，是教育工作的根本。教育方针是党和国家就教育"培养什么人、怎样培养人、为谁培养人"所做的基本政策概括，它具有针对性、时代性和阶段性。[①] 教育方针既是教育工作发展的总方向和总指针，又是教育基本政策的总概括，对于物理教学设计具有根本的指导意义。不同历史时期的教育方针有所不同，关注教育方针有助于教师在进行物理教学设计时把握教育发展方向，对物理教学活动进行更加系统的规划、安排与决策，从而更好地落实教育目标，培养适应时代发展的创新人才。

（一）教育方针的科学内涵

新时代党的教育方针在教育的发展方向、奋斗目标、根本任务等方面做了最新表述，体现了社会发展对人才的要求，彰显了新时代党的教育方针的鲜明特点。"培养什么人、怎样培养人、为谁培养人"是教育方针必须明确的根本问题。新时代党的教育方针简单明了而又全面准确地回答了上述三个根本问题，明确了"培养什么人"，即教育必须培养德智体美劳全面发展的社会主义建设者和接班人；"怎样培养人"，即教育必须与生产劳动和社会实践相结合；"为谁培养人"，即教育必须为社会主义现代化建设服务、为人民服务。这是遵循教育一般规律，并根据新时代教育发展的形势任务而对教育工作提出的总要求和总遵循，使"培养什么人、怎样培养人、为谁培养人"的方向更加鲜明、内容更加完善、要求更加明确。

育人为本，以德为先。将德育放在教育首位的理念贯穿党的教育方针。新时代党的教育方针明确提出把立德树人作为教育的根本任务，并强调要落实立德树人根本任务，这是党对立德树人在教育发展中的战略地位认识的新突破。党的教育方针明确了新时代教育的根本原则，将教育公平思想渗透到我国教育事业的各个层面，这是由我国教育事业的社会主义性质决定的。中国特色社会主义进入新时代，我国社会主要矛盾已经转化为人民日益增长的美好生活需要和不平衡不充分的发展之间的矛盾。要发展好新时代的教育事业，就必须秉持教育公平原则。新时代党的教育方针对全面发展的人才素质要素进行了新表

---

① 顾明远：《教育方针要有科学性、针对性、时效性》，载《中国教育学刊》，1990(3)。

述，经历了从"德智体"三要素到"德智体美"四要素再到"德智体美劳"五要素的发展历程。[①] 新时代党的教育方针明确了"坚持教育为社会主义现代化建设服务、为人民服务，把立德树人作为教育的根本任务，全面实施素质教育，培养德智体美劳全面发展的社会主义建设者和接班人，努力办好人民满意的教育"，对于我国教育事业发展具有重要的历史意义和时代意义。

（二）中学物理教学设计的根本遵循

中学物理教学设计以"全面贯彻党的教育方针，落实立德树人根本任务"为宗旨，把"努力培养担当民族复兴大任的时代新人，培养德智体美劳全面发展的社会主义建设者和接班人"作为根本目标，不仅要重视培养学生正确的物理观念、发展其科学思维和探究能力，还要重视落实科学态度与责任教育，使学生树立正确的科学本质观和科学态度。教学内容的选择要把握时代性，体现时代特征，反映时代精神，与时俱进；选择既能够体现时代特征又符合学生心理规律的教学内容，有意识地整合教学素材，合理地选择并融入物理课堂。根据教学目标和教学内容选择合适的教学方法和教学组织形式，注重教育与生产劳动和社会实践相结合，把握教育自身的特性，遵循教育规律，引导学生学会学习、学会合作、学会生活。教学评价坚持以人为本、立德树人、德育为先，重视学生核心素养的养成与发展。总之，教师在进行物理教学设计时要牢牢把握教育方针指出的教育发展方向，结合物理学科的学科特点优化设计教学过程，落实立德树人的根本任务。

二、中学物理课程标准

中学物理课程标准包括义务教育物理课程标准和普通高中物理课程标准，是规定物理学科的课程性质、课程理念、课程目标、课程内容、学业质量、课程实施建议的教学指导性文件，详细、明确地提出了面向全体学生的基本要求。中学物理课程标准是中学物理教学重要的直接依据。对于物理教师来说，只有学习课程标准，理解物理课程性质和结构，才能够形成正确的教学思想。从物理课程标准的要求入手进行教学设计，便于教师把握中学物理课程目标，统筹课程结构，筛选补充符合中学生认知规律及物理学科特点的教学内容，进行具有基础性和时代性的课堂教学设计，以此落实立德树人根本任务，实现物理课程的育人功能。

[①]　吴潜涛、郭灏：《新时代党的教育方针的创新发展及其实现路径》，载《中国高校社会科学》，2019(2)。

（一）中学物理课程的性质

物理学是一门以实验为基础的自然科学，由科学观察、实验探究、建构物理模型、推理计算等构成了系统的研究方法和理论体系，被认为是发展成熟、高度量化的精密科学。物理学的发展密切联系着工业、农业等的发展，也同人类文明的进步息息相关。从电话的发明到由互联网络实现的实时通信，从蒸汽机车的成功制造到磁悬浮列车的运行，从晶体管的发明到高速计算机的成熟，等等，无不体现着物理学对社会进步与人类文明的贡献。当今时代，物理学前沿领域的重大成就将引领人类文明进入一片新天地。大量事实表明，物理思想与方法不仅对物理学本身有价值，而且对自然科学乃至整个社会的发展都有着重要的贡献。

义务教育阶段的物理课程是一门以实验为基础的自然科学课程，旨在促进人类科学事业的传承与社会的发展，帮助学生从物理学视角认识自然、解决相关实际问题，初步形成科学的自然观；引导学生经历科学探究过程，学习科学研究方法，养成科学思维习惯；引领学生认识科学、技术、社会、环境之间的关系，形成科学态度和正确价值观，增强社会责任感、民族自豪感；激发学生热爱党、热爱祖国、热爱人民的情感，为培养德智体美劳全面发展的社会主义建设者和接班人奠定基础。高中物理课程是普通高中自然科学领域的一门基础课程，旨在落实立德树人根本任务，进一步提升学生的物理学科核心素养；帮助学生从物理学的视角认识自然、理解自然，建构关于自然界的物理图景；引导学生经历科学探究过程，体会科学研究方法，养成科学思维习惯，增强创新意识和实践能力；引领学生认识科学的本质以及科学·技术·社会·环境（STSE）的关系，形成科学态度、科学世界观和正确的价值观，为做有社会责任感的公民奠定基础。

不同于其他学科，实验探究是物理学科重要的特征之一。在物理学的发展过程中，以伽利略为代表的物理学家形成了比较完整和成熟的物理实验研究方法，其核心为实验事实与理性思维的相互作用。这种研究方法使物理学的研究走上了科学规范的道路，开启了物理学发展的新篇章，使经典物理学理论的建立和应用达到前所未有的高度。爱因斯坦曾评价："伽利略的发现以及他所用的推理方法是人类思想史上最伟大的成就之一，标志着物理学的真正开端。"[①]从教学的角度来说，实验是物理教学的重要基础，也是物理教学的重要内容，

---

① ［美］A. 爱因斯坦、［波兰］L. 英费尔德：《物理学的进化》，周肇威译，4 页，上海，上海科学技术出版社，1962。

更是物理教学的重要方法。实验能够实现人与自然的对话，学生在对话中收集信息，经过分析、整理、归纳和总结，发现自然界物质的基本结构和运动规律。实验探究是培养学生动手能力的重要实践活动，学生在这一过程中获得的体验是用其他方法替代不了的。[①]因此，实验探究在中学阶段物理教学中不可忽视。可以说，实验探究是物理学科教学设计区别于其他学科教学设计的重要特征。

（二）中学物理课程的结构

义务教育物理课程基于学生核心素养发展要求，遴选重要观念、主题内容和基础知识，设计课程内容，增强课程内容与育人目标的联系，优化内容组织形式。设立跨学科主题学习活动，加强学科间的相互关联，带动课程综合化实施，强化实践性要求。课程结构以主题为线索，依据物理学科内涵，遵循学生认知规律。主题内容分级呈现，层层递进；主题间相互关联，各有侧重。具体来讲，义务教育物理课程内容由"物质""运动和相互作用""能量""实验探究""跨学科实践"五个一级主题构成。"物质""运动和相互作用""能量"主题不仅包含物理概念和规律，还包含物理探索过程、研究方法、科学态度与责任等；"实验探究"主题旨在强调物理课程的实践性，凸显物理实验整体设计，明确学生必做实验要求；"跨学科实践"主题侧重体现物理学与日常生活、工程实践、社会发展等方面的联系。

普通高中物理课程在结构上注重为全体学生打好共同基础，精选学生终身发展必备的核心概念和科学实践作为必修模块内容，同时针对学生的兴趣、发展潜能和今后的升学或就业需求，设计多样化的课程模块，促进学生自主地、富有个性地学习。普通高中课程方案规定，物理课程开设必修、选择性必修和选修课程。物理必修课程是全体学生必须学习的课程，是高中学生物理学科核心素养发展的共同基础，由必修1、必修2和必修3三个模块构成；选择性必修课程是学生根据个人需求与升学要求选择学习的课程，由选择性必修1、选择性必修2和选择性必修3三个模块构成；选修课程是学生自主选择学习的课程，由选修1、选修2和选修3三个模块构成。必修课程设计应关注全体学生的共同基础和现代公民对物理学的基本需求。在此基础上，需考虑不同学生的发展需求，设计选择性必修课程和选修课程。选择性必修课程的三个模块是递进关系，选修课程的三个模块是并列关系，在进行教学设计时需注重物理课程内容的系统性。

---

① 陶昌宏：《物理教学的基本特征》，载《物理教学》，2008(12)。

三、现代教育理论及中学生认知发展规律

教学设计是科学地解决教学问题，提出解决方法的过程。要想解决好教学问题，就必须遵循和应用教学客观规律，因此，中学物理教学设计离不开现代教育理论。同时，任何一种教学设计的初衷都是学生的发展，学生的个人特征及学习风格都是影响教学效果的要素，因此，中学物理教学设计必须遵循中学生认知发展规律。

（一）现代教育理论对中学物理教学设计的启示

教育学是研究教育现象、解决教育问题、揭示一般教育规律的社会科学，研究的范围包括师生关系、教学过程、课程与教材、教学方法和策略、教学环境、教学评价和管理等。教学设计系统中的教师、学生、教学媒体和教学内容都是教育学研究的对象，教育学研究的成果可直接应用到教学设计中，指导教学实践，因此，在探讨中学物理教学设计时不能忽略教育理论对物理教学设计的意义。新课程改革提出，学生在接受物理教育的过程中应逐步形成适应个人终身发展和社会发展需要的必备品格和关键能力。这就要求教师在进行物理教学时根据教学内容创设教学情境，选择适当的教学媒体和教学方法，使学生在教师的指导下真正成为学习的主人。在这一过程中，教师不仅要注重物理知识的传授，还要进一步提高学生的物理学科核心素养，为学生的终身发展奠定基础。

例如，终身教育理论认为教育应把重点放在个人的发展上，最终目标是培养个性完善发展的人。该理论在教育时间上强调连续性，认为教育不是随着学校学习的结束而结束，而是贯穿个体生命的全过程；在教育对象上强调全体性，认为教育应当面向全体人员，营造学习型社会；在教育方法上强调以自学为导向，提倡将教育和生活紧密结合，注重人们个性发展的全面性。总之，终身教育理论强调的教育要帮助学生学会学习、教育与生活紧密联系等思想影响了人们教育观念的转变和教学实践的变革。终身教育理论对于中学物理教学设计的意义在于：教师在进行物理教学设计时应该考虑时代特点以及社会对于人才的需要，将终身教育理论贯穿教学设计的各个层面。

又如，主体性教育指教育者借助适当的教育媒体，包括教育内容、教育方法、教育场所等，引导和启发受教育者内在的教育需求，有目的、有计划地组织各种教育活动，在活动中不断增强受教育者的主体意识，提高其主体能力，完善其主体人格，从而把受教育者培养成能够自主、能动、创造性地认识并实

践的社会主体。① 以主体性教育理论为理论基础进行物理教学设计时，教师首先要转变教育观念，重视培养学生的主体意识和主体性思维方式；对课程目标的设定应以学生的需要为出发点，注重培养学生独立学习的能力和自我负责的态度，使学生成为主动的学习者；教学内容的选择应充分考虑学生的兴趣、需要、认知发展特点等，整合各种教学资源，与教材内容结合；教学方式上应注重创设轻松自由的学习环境，鼓励学生主动探究，可以借助开放的多媒体环境，使多种教学方法结合起来，培养学生的发展性学习能力。教育者的任务不仅在于传授知识，更重要的是在教育教学过程中激发并调动学生的主观能动性和创造性，使其经历并体验探究学习过程，发展科学探究能力。

（二）中学生认知发展规律对中学物理教学设计的作用

认知心理学对中学物理教学设计具有非常重要的意义，其原因在于：首先，认知心理学研究成果为物理教学提供关于个体的一般学习规律；其次，认知心理学为物理教学设计提供个体认知的心理顺序；最后，认知心理学为研究学生学习物理学科的认知特点提供了方法论。因此，在进行中学物理教学设计时，教师应依据认知心理学理论，在教学内容和方法的选择上关注学生心理发展的特点，提高教学的科学性，激发学生的学习兴趣。

认知主义学习理论认为学习的实质是学生主动地形成认知结构，强调学生在学习活动中的主体作用，主张个体认知结构形成的过程是知识结构不断更替、发展的过程。教师通过不同的教学方法进行知识和技能的讲解，使学生通过学习掌握知识的本质，能在理解的前提下充分解决学习中遇到的问题。因此，教师在创设不同的问题情境时，应加强对原理的讲解和对思路的分析；在知识应用上，要关注从问题情境中引申出知识本质，或者将问题情境中的变式成分转变成标准式成分，以此来达到解决物理问题的目的。

中学物理教学设计基于认知主义学习理论，遵循中学生认知发展规律。在进行教学设计前，教师应对学生特征进行研究，充分了解学生的学习风格和学习准备情况，从而制定学习目标、梳理教学内容、选择教学策略；尤其是对教学内容的设计和组织，既要合乎物理知识的内部逻辑，又要与学生头脑中的认知结构相适应，使学生掌握和发现科学的基本概念和规律，发展其科学探究能力。

四、影响中学物理教学设计的其他方面

中学物理教学设计是一项复杂的系统工程，涉及多个领域的知识与方法，

---

① 杨国海、张增常：《大学物理教学设计及理论基础》，载《襄樊学院学报》，2008(8)。

除了上面讨论的党的教育方针政策、中学物理课程性质与结构、现代教育理论、认知心理学等方面，还涉及科学哲学、传播理论、系统理论等。

物理不仅是一门以实验为基础的科学，也是一门崇尚理性、重视逻辑推理的科学。物理知识体现科学性的同时也具有哲学深意。例如，在物理教学中，教师要引导学生通过观察事物的现象去寻求现象背后的本质，不能因被事物表象迷惑而停止追寻事物的本质。哲学为物理教学和物理学习提供了宝贵的理论指导，因此，在探讨中学物理教学设计的理论基础时考虑物理学科的科学性和哲学性是十分必要的。科学哲学对物理教学设计的启示在于：教师可以从哲学的视角考虑科学教育领域中的基本问题——科学观、科学教育目标及科学教学，从而为教学设计提供哲学上的理论基础。[①] 教师在进行教学设计时应以发展和辩证的眼光选择教学内容，设置培养学生科学探究精神的教学目标；灵活运用各种教学方法，如利用观察法提高学生思维的敏锐性，同时结合物理实验教学发散学生思维，以此帮助学生克服定向思维，辩证解读问题。[②] 学生通过对物理知识的系统学习能够明白科学认识是客观性和主观性的统一。除此之外，教学设计还应注重科学的人文价值，尊重学生个体的成长。

传播理论对物理教学设计具有类比启发的意义，教育传播过程是教育者借助教育媒体向受教育者传递与交换教育信息的过程，这个过程可分为六个阶段：确定信息，选择媒体，通道传送，接受解释，评价反馈，调整再传送。物理教学的过程就是教育信息传播的过程，采用恰当的教学方法和媒体能够优化这一过程。因此，梳理教育传播过程的基本阶段对于物理教学的系统性和完整性具有深远的意义。

系统理论对物理教学设计的意义首先在于它为制订计划和解决问题提供系统的工具，其次是一般教学系统理论为教学设计提供一种科学的研究方法。系统理论不仅把教学过程视为一个系统，而且把教学设计视为一个系统。把系统理论运用于教学设计领域，不仅能够为我们提供一种思考和研究问题或事物的方法，同时也为物理教学设计提供全新的视角。教师在研究中学物理教学设计这个系统时，要将教学目标的制定、教学内容的整合、教学方法和教学组织形式的选择等要素看成一个整体，用系统的方法思考和设计教学各个部分，将其纳入整个教学系统来考虑，注重开放性和动态性。从学科专业调整到教学计划修订，从社会需求和学生需求到教学内容调整，从课程资源开发到教学手段选

---

① 郝敬云：《科学教育哲学对科学教育的重要意义》，载《时代人物》，2008(10)。
② 安华：《初中物理教学中学生辩证思维的培养》，载《新课程教学（电子版）》，2020(22)。

择，从组织教学运行到教学质量监控，从建立有效运行机制到优化教学环境，等等，都要教师实施动态设计，在这些方面不断创新，以实现物理教学最优化。[①]

第二节　中学物理教学设计的基本要素

随着理论研究的深入和实践领域的拓展，人们对构成教学设计的基本要素的认识不断发展。一般而言，一个完整的中学物理教学设计方案应含有教学内容分析、学生学习情况分析、教学目标设计、教学重难点确立、教学策略制定、教学媒体运用、教学过程设计和教学评价设计等要素。它们之间互相联系、互相制约，共同构成教学设计的总体框架。

一、教学内容分析

教学内容分析是教学设计工作的第一步，指教师对所教课题的内容进行深入和拓展分析。教学内容分析可以帮助教师更好地把握教学内容，确定教学任务，更好地分析教学目标、重点、难点等。教学内容分析的依据主要是课程标准、教材等教学指导文件。分析思路包括课程标准与教材的解读、整合具体教学内容以及挖掘素养与能力培养载体。

（一）分析课程标准中相关内容要求

教师须分析课程标准，明确学业要求与核心素养任务。首先梳理课程标准关于教学内容在知识层面上有哪些要求，这些知识之间有着怎样的逻辑联系；然后关注教学建议，分析学生通过何种学习方式进行学习；最后分析知识的学习具体对应落实哪些核心素养目标要素。

（二）分析教学内容之间的逻辑关系

从整合的视角分析教学内容是物理学知识体系本身的要求，也是落实学科核心素养目标的要求。教师在分析课程标准及教材的基础上梳理一节课教学内容的主要知识有哪些，然后查阅资料，并结合教学经验，围绕物理核心概念建构知识体系，对教学内容在知识体系中的地位、作用及知识之间的逻辑关系进行分析。

（三）分析教学内容的育人价值

物理学习的内容不仅包括物理概念、物理规律等显性知识理论体系，还包

[①]　杨国海、张增常：《大学物理教学设计及理论基础》，载《襄樊学院学报》，2008(8)。

括物理学的研究方法、认识方式等隐性知识体系。物理学科的隐性知识是物理知识学习或应用所涉及的认识方式、思想方法、跨学科概念等内容的统称，在教学内容分析中充分挖掘隐性知识是落实学科核心素养目标的有效手段。[①] 此外，教师在进行教学内容分析时还应充分关注物理学史蕴含的隐性知识以及教学内容与科学·技术·社会·环境（STSE）的关系。[②]

【案例】

"自由落体运动"教学内容分析

自由落体运动是匀变速直线运动的具体应用。课标中的相关要求为：通过实验，认识自由落体运动规律；结合物理学史的相关内容，认识物理实验与科学推理在物理学研究中的作用。自由落体运动的学习既可以加深学生对于之前学过的匀变速直线运动规律的理解，也可以为后面学习抛体运动等知识奠定基础，还可以丰富学生物理观念中的运动观。生活中有许多落体运动都可以看成自由落体运动，本节课的学习可以帮助学生更好地理解和解决实际问题。自由落体运动是一种理想模型，学生对其的掌握可以促进物理思维的发展。与自由落体运动相关的物理学史可以促进学生的科学态度与责任的养成。

教材从生活的角度提出自由落体运动，然后通过探究实验对自由落体运动进行定量分析，研究自由落体运动的运动规律，进而得出结论。本节课的实验是要求学生完成的实验，培养学生的科学探究能力。[③]

二、学生学习情况分析

学生学习情况（学情）分析应紧密结合教学内容，教师在教学设计之前对学生进行全面诊断，旨在更清楚地了解学生在观念、能力、方法、素养等方面的已有基础，对学生在未来学习中可能遇到的问题与困难、可能达到的发展水平等做出评估和判断，为确定教学目标、教学重难点等提供重要依据。学情分析可以根据以下思路展开。

（一）分析学生已有的相关知识基础与能力体系

学习过程就是学生用已有知识建构新知识的过程，因此，在进行教学设计时，教师通过分析学生已掌握的学科知识、跨学科知识、解决问题的经验、方

---

① 王美芹、张玉峰：《基于物理学科核心素养的单元教学内容分析与学情分析》，载《中学物理》，2020(7)。

② 郭玉英：《中学物理教学设计》，217～221页，北京，高等教育出版社，2016。

③ 刘晓彤：《基于物理核心素养的高中物理教学设计研究》，硕士学位论文，辽宁师范大学，2018。

法、能力等去明确学习的起点，这是落实以学生为中心的教学理念的必经之路，对制定学习目标、规划学习过程、选择教学策略有十分重要的作用。

（二）分析学生已有知识能力对新知识建构的双向作用

针对某一具体知识内容的教学，教师要了解学生具有的经验基础以及可能遇到的典型困难。教师只有了解他们已有的概念甚至是误解，才能采取有效的教学策略。[①] 因此，学情分析必须要弄清学生已有的知识体系和方法体系对新知识建构的双向作用，既要分析学生已经拥有的知识和概念（包括跨学科概念）及概念之间的关联是否对学习新知识有利，也要分析干扰新知识学习的生活概念、错误联系，特别是学生头脑中顽固的错误前概念等。[②]

（三）分析学生的学习态度和兴趣及认知风格

学生对所学内容的态度和兴趣会直接影响教学的效率。分析学生对所学内容的态度、兴趣有利于教师更好地把握学生的学习心理，抓住学生的兴趣点，从而提高教学效率。此外，中学生经常从生活经验的视角思考所学知识，分析与教学内容相关的生活经验基础并带入课堂教学有利于激发学生的学习兴趣，加深学生对于新知的理解。

【案例】

"磁现象和磁场"学情分析

在学习本节课之前，学生在初中已经学过较为浅显的电磁学知识，知道了磁场的存在，了解了简单的磁现象和地磁场，知道了磁体和通电导线周围存在磁场，了解了磁体之间以及磁体与通电导线之间的相互作用规律，了解了磁场的应用，经历过一定的实验探究过程，能利用小磁针判断空间中的磁场方向，这使得本节课的学习有了一定的知识和能力准备。学生在教材前两章学习过电场的相关知识，将磁场与电场类比，可以使新知识更容易理解。

高二学生的心理和思维均趋于成熟，具有初步的分析和推理能力，有较强的抽象思维能力，能把感性认识上升到理性认识，具备一定的分析、解决、反思问题的能力。磁现象和磁场在生活中较为常见，应用广泛，学生对这部分知识有着浓厚的兴趣。[③]

①　杜明荣、冯加根：《教师学科教学知识的测评探析》，载《课程·教材·教法》，2020(1)。

②　王美芹、张玉峰：《基于物理学科核心素养的单元教学内容分析与学情分析》，载《中学物理》，2020(7)。

③　刘晓彤：《基于物理核心素养的高中物理教学设计研究》，硕士学位论文，辽宁师范大学，2018。

三、教学目标设计

教学目标是指教学中师生预期实现的学习结果和达到的标准。确定教学目标需要对课程标准、教材、教学内容和学情进行分析。[①] 教师基于新课标中物理学科核心素养进行物理教学设计，可以从物理学科核心素养的各个方面表述教学目标，即在进行教学设计时提出学生在物理观念、科学思维、科学探究、科学态度与责任四个方面应达到的目标水平。物理学科核心素养的四个方面是物理学科本质和教育功能的集中体现，它们既各有侧重，又相互联系及渗透。[②] 教学目标须将学生视为需要全面发展和充分发展的生命整体，不仅要关注学生的知识、技能等认知因素，还要关注学生终身发展需要的必备品格和关键能力。教学目标可以根据以下思路展开分析设计。

（一）以课程标准为根据

课程标准是国家基于中长期教育规划制定的指导教育教学活动的国家纲领性标准，教师可以以此为根据进行教学目标设计。由于各类核心素养框架文件所包含的核心素养项目大都具有较高的抽象性和概括性，因而不能把它们照搬过来直接作为教学目标。教师需要把这些核心素养项目拆解为更详细的能力素养，通过拆解复杂的、综合性的核心素养目标，将其逐渐融入教学。同时，教师需要依据学生的发展阶段，将能力素养转化为对学生行为表现的描述。[③]

（二）以教材内容为参考

教材作为教师与学生开展教学活动的重要工具，是学生获取知识、提升素养的基本载体。教学目标设计应以教材为基础和支撑，教师必须深度挖掘教材甚至高于教材，但又不能局限于教材，需要实现从有限到无界的转变。[④] 教师应基于学生学情对教材进行加工处理和二次开发，深度挖掘其教育目标、教学价值，更好地为学生成长服务。

（三）以发展学生核心素养为宗旨

核心素养是课程育人价值的集中体现。物理课程着力培养的学科核心素养有物理观念、科学思维、科学探究、科学态度与责任等。教师应以发展学生核

① 陈玫：《基于核心素养的高中物理教学设计研究》，硕士学位论文，湖南理工学院，2019。

② 廖伯琴：《〈普通高中物理课程标准〉(2017 年版)要点解读》，载《物理教学》，2020(2)。

③ 闫志明、李美凤、孙承毅等：《面向核心素养的教学设计反思与进路》，载《中国电化教育》，2020(12)。

④ 王美芹、吕良：《基于核心素养的高中物理教学目标设计——以自由落体运动为例》，载《中学物理》，2019(1)。

心素养为宗旨，结合物理教学内容的具体特征，设计符合学生认知水平的、合理可行的教学目标。

【案例】

"楞次定律"教学目标阐述

1. 物理观念

知道楞次定律的内容。

理解电磁感应现象中的能量守恒。

2. 科学思维

感知感应电流的方向与磁通量变化有关，并能建立联系。

能正确使用归纳法进行定性的科学推理，得到楞次定律。

3. 科学探究

能够设计实验方案。

能够找到物理量间的规律，归纳总结。

4. 科学态度与责任

通过探究感受到物理研究是一项创造性工作，欣赏楞次定律的简洁之美。

参与实验探究，实事求是地记录观察到的现象。

理解电磁感应现象中的能量守恒，培养节约意识和促进可持续发展的责任与担当。[1]

四、教学重难点确立

从一定意义上讲，教学过程就是强调重点和突破难点的过程。因此，确立教学重点和难点是教学设计的关键，也是教学设计必须考虑的内容。科学准确地确立教学重难点，有助于教师更好地分配各教学环节时间，让课堂教学主次分明、重点突出，进而提高学生的听课效率，帮助学生突破思维障碍等。

（一）教学重点确立

教学重点是指有共性、有重要价值（包括认知价值、迁移价值和情意价值）的内容。从物理学科来看，教学重点主要包含核心知识（基本概念、基本定律、重要原理等）及核心素养（物理观念、科学思维、科学探究、科学态度与责任）。这些内容一方面是教材中重要或主要的学科知识，另一方面是学生需要具备的各种能力或综合素养。同时，这些内容的学习不仅有利于知识本身的系统化，还有利于学生能力水平的提升。

---

① 陈玫：《基于核心素养的高中物理教学设计研究》，硕士学位论文，湖南理工学院，2019。

（二）教学难点确立

所谓教学难点，就是学生难以理解和掌握的内容，是学生在学习过程中不容易解决的问题或可能遇到的困难。教学难点的形成主要有以下几个方面的原因：学生没有知识基础或知识基础很薄弱；学生原有的经验是错误的；内容学习需要转换思维视角（如从宏观到微观）；内容抽象，过程复杂，综合性强。具有上述一个或多个特点的内容就可能成为教学难点。

【案例】

"摩擦力"教学重难点确立

1. 教学重点

掌握求静摩擦力和滑动摩擦力大小的方法，并算出摩擦力的大小。

2. 教学难点

判断摩擦力是促进物体的运动还是阻碍物体的运动。

用所学摩擦力的相关知识解释生活中与摩擦力有关的现象，并用摩擦力的相关知识解决生活中遇到的实际问题，学以致用。①

五、教学策略制定

教学策略是在教学目标确定后，教师根据教学内容分析、学情分析及教学重难点，有针对性地选择与结合相关的教学内容、教学组织形式、教学方法和技术，形成高效、特定教学方案，是教师为了达到教学目标而采用的系统行为。教学策略是为实现特定教学目标服务的，是为解决具体教学问题而采取的计划、方案或方法，是一种教学系统行为的宏观描述。根据教师在教学中主导地位的不同，教学策略可以分为直接教学策略和间接教学策略。不同教学策略的优缺点不同，在教学设计实践中，应根据当堂课要讲的内容及目标灵活选择教学策略。

（一）直接教学策略

直接教学策略是以教师为中心的直接指导型教学策略，也是当下中学物理教学中使用最广泛的教学策略。直接教学策略主要的教学方法有讲授、启发式教学、演示与示范等。直接教学策略可以使学生在较短的时间内获得大量的系统的学科知识，可以为学生的进一步探究学习打下坚实的基础。

---

① 陈秋芳：《基于核心素养的中学物理教学重难点的确定》，硕士学位论文，湖南师范大学，2018。

（二）间接教学策略

间接教学策略是教师通过间接指导活动来影响学生的认知过程，让学生自己获得正确知识的教学策略。间接教学策略主要的教学方法有问题教学法、发现学习与探究教学等。教学设计要以学生为学习的主体，通过引导学生独立地分析、探索、实践、质疑、创造等来实现学习目标，使学生通过自主学习形成物理观念，获得独立思考和学习的能力，促使学生掌握现代学习的途径和方法，逐步形成学会学习、终身学习的素养。

【案例】

"动能和动能定理"教学策略制定

本节内容是理论教学与实验教学的结合，教学过程中学生是课堂的主体，需要学生自主参与；教师是课堂的主导，要通过问题来引导学生。教学过程既要有教师的讲授教学、演示实验教学，也要有教师的提问与学生自己的思考和探究实践。在基础知识讲解完成后，为了增强学生对知识的应用能力，适当的习题训练也是必不可少的。结合对于教学策略的分析，本节的直接教学策略有讲授法、示范与演示法、练习法；间接教学策略有问题教学法、探究教学法。[①]

六、教学媒体运用

教学媒体是以传递教学信息为最终目的的媒体，是教学信息从信息源到学习者之间的载体，是教学内容的表现形式，是师生之间传递信息的工具，包括实物、口头语言、图表、图像及动画等。教学媒体往往要通过一定的物质手段来实现，如书本、板书、投影仪、计算机等。教师在物理教学中合理选择并运用教学媒体，对于真正提高教学质量、优化课堂教学是至关重要的。[②]

在媒体选择的过程中，没有一成不变的最好的媒体，只有最合适的媒体。最合适的媒体往往是由一节课的具体教学目标、教学内容与教学对象等因素来共同决定的。虽然媒体的选择没有统一的标准，但是有一些内容是教学设计者通常要考虑的共同因素，例如，媒体的物理特性、教学目标及学生特点等。[③]在进行中学物理教学设计的过程中，教师可以主要依据教学目标和教学内容选择合适的教学媒体。

---

① 赵志成：《培养高中学生物理核心素养的教学设计研究》，硕士学位论文，扬州大学，2018。

② 聂海英：《物理教学媒体的选择》，载《学苑教育》，2011(20)。

③ 李晶珠：《教学设计中的媒体选择》，黑龙江省高等教育学会 2016 年学术年会暨理事工作会，哈尔滨，2016。

15

（一）依据教学目标

在物理教学过程中，为了达到不同的教学目标，常常需要使用不同的媒体去传递教学信息。当教学目标是让学生观察和分析某些内容时，如观察游标卡尺的读数、分析题目等，可以选用投影仪直接展示静态的画面；当教学目标是让学生理解一个连续性很强的过程时，可选用录像；当需要展示教学内容中复杂、抽象、变化及相互联系的过程时，可选用计算机多媒体课件，如研究物体在完全弹性碰撞的过程中发生弹性势能和动能相互转化的时候，由于不容易进行实验，并且现象从发生至结束的时间比较短，可选用计算机模拟，将整个过程分成各个阶段，分析不同阶段弹性势能和动能的变化关系及其转化过程。

（二）依据教学内容

在物理教学中，因各章节教学内容不同，对教学媒体也有不同的要求。当然也不是所有知识都要运用现代教学手段，能够用实验做到的课题，如"力的合成""电磁感应现象"等，教师可以直接用演示仪器在课堂上进行演示或展示，让学生直接感知真实的物理现象、探究科学的物理规律，教学效果会更好。有时为了突破教学难点，教师可以借助计算机等信息技术进行辅助教学。如"自由落体运动""摩擦力""电场""振动和波"等课题，用一般的教学手段很难让学生有清晰的理解，而借助信息技术这一强有力的手段处理这些难点问题，可以给学生更直观形象的展示，加深学生对概念的理解和对规律的掌握。[1]

七、教学过程设计

教学过程设计是教师以教学内容及学情分析为基础，根据设计好的教学目标与确立的教学重难点及所选择的教学策略、教学媒体，精心设计课堂教学流程，有针对性地选择与整合相关的物理教学活动、教学方法及教学组织形式，并计划和安排好教学时间，形成具有效率意义的实际教学方案，使教学可以达成预期的教学目标，取得较好的教学效果。

教学过程是教学中的重要环节，是实现教学目标的关键，包括教师的活动、学生的活动及师生之间的双边活动。课堂教学过程应以学生的活动为主、教师的指导为辅。物理教学过程的整体设计需要教师从物理课程基本特点出发，根据课堂教学的一般规律，在明确教学目标的基础上设计教学思路。

在明确教学思路后，教师设计具体的教学活动，即设计物理课堂教学过程中师生之间的活动方式。物理教学活动设计是教学思路设计的具象化，教学活

---

[1]　聂海英：《物理教学媒体的选择》，载《学苑教育》，2011(20)。

动方式可以多种多样。作为物理教学过程中最重要的阶段，教学活动设计对物理教师提出了较高的要求——具有灵活运用创造性思维的能力。例如，确定教学思路后，教师要能够充分发挥自己灵活运用的能力与创造力，根据具体课程内容，从学生的实际学习情况出发，设计符合学生学习能力的教学活动。

此外，为了能使教学过程更加形象直观、清晰鲜明，教学活动设计一般要含有能够反映教学过程的流程图设计。教学流程图是对教学过程的一种图像表示。用特殊约定的符号或图形将教学过程中的各个教学环节按一定的顺序结构表示出来，形成的可视化图形就是教学流程图。教学流程图的设计从时间层面应按照课程活动开展的时间顺序排列，从内容层面应按照教学内容的难易程度由简到繁排列。流程图需要直观地显示教学活动中各个环节之间的联系，明确地反映教学过程设计的逻辑性和层次性。[1]

教学心理模拟阶段是教师对思路设计和活动设计阶段所得到的教学方案的可行性的一种验证，是教师本人对教学方案可行性的反思和心理自证过程。此阶段主要由心理活动来完成，教师以想象中的学生为教学对象，将表象和内部语言作为主要活动形式，充分运用逻辑推理方法预演物理教学活动，并通过仔细推敲进一步补充、修改、完善方案，提升课堂教学的效率。[2]

【案例】

"动能定理"教学思路与教学流程(如图 1-1 所示)

教师在课前准备中以汽车超载与超速行驶为情景素材，让学生调查汽车超载与超速行驶的危害及原因，以书面报告的形式展现调查结果，密切联系学生实际生活，培养学生的数据收集能力和调查能力。教师紧接着用电影《流浪地球》的经典台词引入新课，让学生通过小组讨论交流表达自己对汽车超载与超速行驶的感受，激发学生的学习动力和社会责任感。接着通过观看动画视频"从物理学角度分析汽车超载与超速行驶的危害"，并在纸上记录主要数据，培养学生通过观看视频获取有用信息的能力，进而提出需要探究的核心问题。

理论探究过程以"功是能量转化的量度"为切入点，主要围绕着"根据核心问题的需要如何建构物理模型及建构怎样的物理模型"展开，主要培养和发展学生的科学思维能力。在分组探究中，除了通过探究过程中主要运用到的演绎推理法培养学生的科学思维能力，还主要培养学生探究时的交流合作精神，培养学生发现问题、主动探索的意识。通过探究表格的完成过程，培养学生对信

---

① 陈莉、倪刚:《基于流程图的可视化教学过程设计的研究》，载《课程教育研究》，2018(37)。
② 吴桂珍:《初中物理教学过程的整体设计与细节优化的策略研究》，载《新课程(中)》，2016(9)。

```
                    ┌──────────┐
                    │   开始   │
                    └──────────┘
                         │
              ┌──────────────────────┐
              │ 课前准备：            │
              │ 汽车超载与超速行驶的危害 │
              └──────────────────────┘
                    ┌────┴────┐
         ┌──────────────┐  ┌──────────────────┐
         │ 思考：为什么会造成 │  │ 观看动画：分析记录 │
         │ 如此大的伤害   │  │ 产生危害的主要原因 │
         └──────────────┘  └──────────────────┘
                    └────┬────┘
         ┌──────────────────────────────┐
         │ 提问：如何用物理符号表达式来描述 │
         │ 汽车的动能以及汽车刹车过程中摩擦 │
         │ 力做的功与汽车动能的转化关系   │
         └──────────────────────────────┘
                         │
              ┌──────────────────┐
              │ 讨论：构建的物理模型中 │
              │ 应该有哪些物理量   │
              └──────────────────┘
                         │
               ╱模型建构       ╲
               ╲演绎推理       ╱
```

质量为m的物体沿着光滑水平面运动，并在与运动方向相同的恒力F的作用下发生一段位移l，速度从v_1增加到v_2

质量为m的物体沿着粗糙水平面运动，并在摩擦力F_f的作用下发生一段位移l，速度从v_1变化到v_2

质量为m的物体在与运动方向相同的恒力F的作用下，沿粗糙的水平面发生了一段位移l，受到的摩擦力为F_f，速度从v_1变为v_2

物体动能的变化用力F做的功来度量

物体动能的变化用力F_f做的功来度量

物体动能的变化用力F和力F_f做的总功（F与F_f的合力做的功）来度量

探究总结：力对物体做的功等于物体在这个过程中动能的变化——动能定理

演示实验：验证动能定理

应用练习

```
                    ┌──────────┐
                    │   结束   │
                    └──────────┘
```

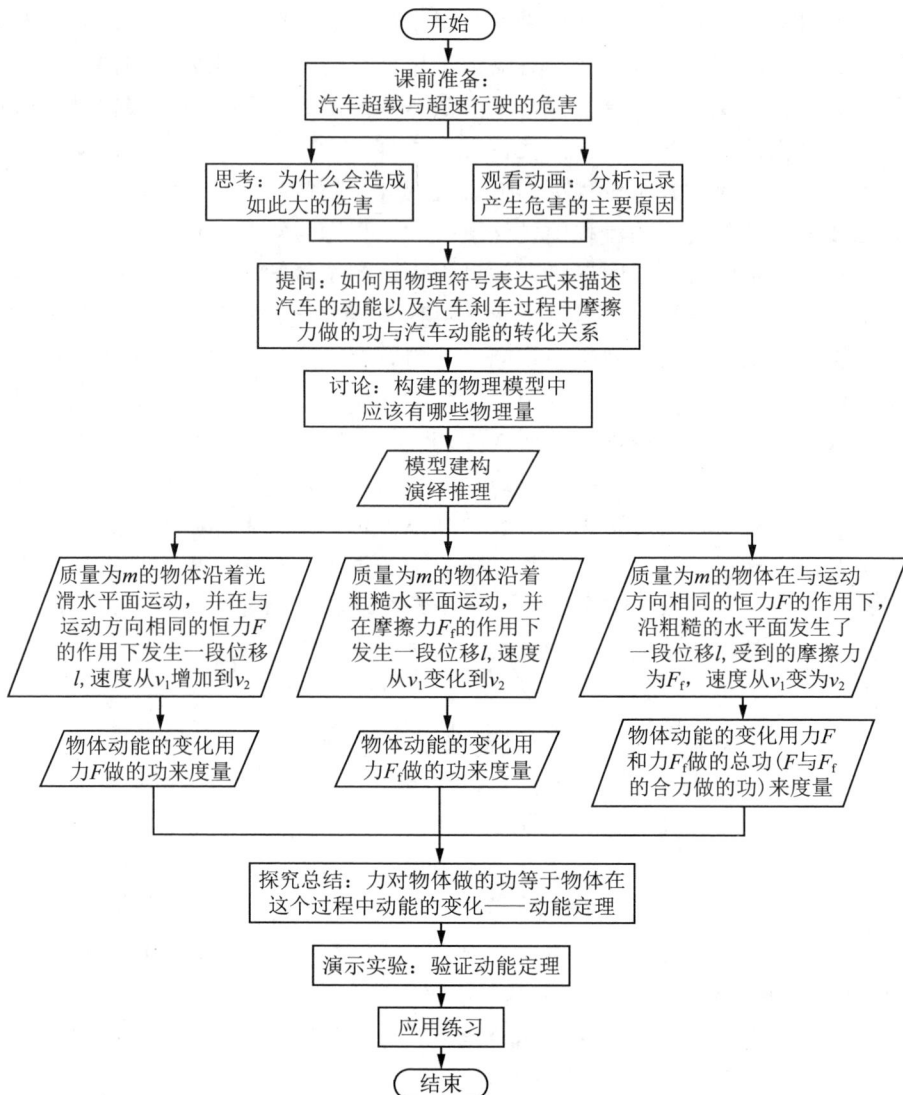

图 1-1 "动能定理"教学流程图

息的综合处理能力。最后，通过应用练习培养学生将理论应用于实践的能力，进一步培养学生的科学态度与责任。[1]

———————————

[1] 冯新娥：《培养学生学科核心素养的物理教学过程设计研究——以高中物理"动能 动能定理"为例》，载《高考》，2020(19)。

八、教学评价设计

物理教学评价是以教学目标、教学内容和学业质量为依据，关注物理学科核心素养的发展水平，按照科学的标准，运用有效的技术手段，对教学过程及结果进行测量，并给予价值判断的过程。对教学效果进行评价，可以了解教学各方面的情况，从而判断它的质量和水平、成效和缺陷，对教师和学生具有监督和强化作用。评价给出的信息可以帮助师生及时了解教和学的情况，使教师根据反馈信息修订后续教学计划，调整教学行为，从而更有效地教学，达到所制定的目标。

普通高中物理课程标准指出，物理教学评价应围绕物理学科核心素养的具体要求，创设真实且有价值的问题情境，采用主体多元、方法多样的评价方式，客观全面地了解学生物理学科核心素养发展状况，找出存在的问题，明确发展方向，及时有效地反馈评价结果，促进学生全面而有个性的发展。

（一）物理课堂教学评价主体多元化

评价主体是指参与课堂教学评价活动并按照一定的标准对评价客体进行价值判断的个人或团体。评价主体可以是教师、教研员，也可以是专职评价机构、教育决策机构、学校管理人员、学生家长、学生群体和个体以及学校以外的其他有关人员。常态化课堂教学评价应以学校为基本单位，由学科教研组组长或备课组组长带领教师、学生、家长共同参与。

（二）物理课堂教学评价方式多样化

定量评价与定性评价相结合。定量评价强调数值计算，具有客观、标准、精确、简便等鲜明特征。定性评价则是评价者利用自己的知识、经验以及对课堂教学的观察，对任课教师做出定性结论的价值判断。定量评价与定性评价相结合能使评价标准更加明确，评价结果更加公正。

自评与他评相结合。自评，即被评价者对自己的课前准备、教学设计、教学行为和教学完成情况等进行系统的自我反思，认识自己的优势和不足，发挥自我评价的主体作用。他评，即评价者从不同的角度观察被评价者的课堂教学，从中发现被评价者难以发现的问题。自评与他评相结合能使评价内容更加全面，评价结果更加客观。

现场观课评价与视频实录观课评价相结合。现场观课的评价者能对全部课堂教学要素进行观察记录，但受时空限制较大。视频实录观课的评价者对视频画面进行观察，角度单一，但是对时间、空间没有要求，评价者可以自由选择时间和地点观课，在观课过程中边听边看边讨论，最后做出评价。现场观课评价与视频实录观课评价相结合，可以优势互补，使评价过程更加方便自由，评价结果更加准确。

（三）物理课堂教学评价指标多维化

一方面，物理课堂教学评价指标应包含多种课堂教学要素。课堂教学要素是课堂教学活动涉及的各种主客观因素，这些因素或是教学活动主体，或是课堂教学活动所凭借的条件，或是课堂教学活动的影响因素，等等。核心素养理念下的课堂教学要素主要包括教学目标、教学内容、教师行为、学生行为和课堂文化等，评价体系设计者可以将这些要素纳入评价指标体系，从而确保评价符合核心素养要求，能够充分发挥实效。另一方面，评价指标也应依据不同课型的特点有所调整，按物理教学内容划分，常见的课型有概念课、规律课、实验探究课、习题课、复习课等，评价者可以对这些课型进行有针对性的评价。[①]

【案例】

"自由落体运动"教学评价

在课后，教师给学生布置任务，让学生发现与自由落体运动有关的生活现象，并尝试用所学的知识解释生活中的问题，以考查学生通过本节课的学习是否掌握了自由落体运动的理想模型，能否运用所学解决问题；让学生思考本节课所学的知识与初中学过的重力部分相关知识的联系，思考本节课在原有知识基础上有了哪些深入，并引导学生思考关于自由落体运动还有哪些方面可以进一步探究，帮助学生对该部分知识的掌握有一个进阶式提高；让学生绘制力学部分的概念图，以考查学生的运动观是否有进一步的完善。

教师详细记录并分析上述反馈内容，同时将学生在课堂上的各方面表现进行详细汇总，分析学生在科学探究以及科学态度与责任方面的发展情况，对照应该达到的教学目标，随时调整下一步的教学。[②]

第三节　常见的中学物理教学模式及其设计

教学是一门艺术，结构良好的课堂教学可以使学生徜徉于知识的海洋，从

---

① 黄爱国、王家燕：《基于核心素养理念的中学物理课堂教学评价体系构建》，载《新课程研究》，2021(5)。

② 刘晓彤：《基于物理核心素养的高中物理教学设计研究》，硕士学位论文，辽宁师范大学，2018。

而爱上学习、学会学习、乐于学习。在中学物理教学研究的过程中，教学专家把教学理论应用到实践中，在实践中打磨教学艺术，形成一系列各具特色的教学模式。本节以教学模式的基本内涵为引，对几种常见的中学物理教学模式及其结构进行分析。

一、教学模式的内涵

(一)模式

一般来说，我们可以将观念中或实践中存在的某种规范化、系统化且具有相对稳定性的东西看成模式。然而，给模式以统一、完整的定义并不是容易的事情，我们可以从两个方面来理解模式：其一，指用来解决某一类问题的方法论，即从生产经验和生活经验中提炼出核心知识，通过抽象、升华、总结、归纳等过程形成一定的知识体系；其二，指解决问题时所使用的特定的思维方法，即针对日常生产生活实践中不断重复出现的现象总结规律，为解决问题、总结经验而将其上升至一定的理论高度，便于使用。

"模式"一词在《现代汉语词典(第7版)》里的解释是："某种事物的标准形式或使人可以照着做的标准样式。"模式常以简化的方式来表达真实的事物，它概括并提供真实的事物的结构和发展顺序，通常将不能直接观察的现象变成可观察的、比较具体化的东西。例如，教学活动是一个复杂的系统和过程，利用模式的概念就可以降低其复杂性，抽取出主要因素和环节，从而在一个较为简化的框架中对该现象进行探讨和研究。[1]

(二)教学模式

教学模式也是一个内涵丰富的概念。一种观点认为，教学模式就是教学结构，是在一定教学思想指导下建立的比较典型和比较稳定的教学程式；另一种观点认为，教学模式就是教学过程的模式，或者是一种有关教学程序的策略体系或教学式样，是根据客观的教学规律和一定的教学指导思想而形成的整个教学过程中必须遵循的比较稳定的教学程序及其实施方法的策略体系；再一种观点认为，教学模式属于教学方法的范畴，是教学方法或多种教学方法的综合。通俗来说，教学模式可以定义为在一定教学思想或教学理论指导下建立起来的较为稳定的教学活动结构框架和活动程序。作为结构框架，教学模式从宏观上把握教学活动整体及各要素之间内部的关系和功能；作为活动程序，教学模式具有有序性和可操作性。

---

① 李康：《模式、教学模式与教学设计模式》，载《电大教学》，2001(3)。

教学模式与教学设计模式是两个不同的概念，教学设计模式是指运用系统的方法对不同教学系统进行教学设计的各种标准化形式。由于教学设计的过程涉及教学背景、参加设计的成员(如教师、教育专家、媒体专家等)、课程范围(如课堂教学、一节课、整个课程等)的差异化，以及人们对教学设计的理解程度和教学设计者在实践中的针对性不同，在教学设计中产生了不同的模式和分类。[①] 一般教学设计模式的结构都包括四个基本要素：学习者、目标、策略和评价。

教学模式具有指向性、操作性、完整性、稳定性与灵活性等特点。任何一种教学模式都围绕着一定的教学目标，教学设计在选择教学模式时必须注意其特点、性能及指向性。教学模式把某种教学理论或活动方式中最核心的部分用简化的形式反映出来，为教师提供一个相对具体的教学行为框架，具体规定教师的教学行为，使教师在课堂上有章可循，便于教师理解、把握和运用。教学模式是教学现实和教学理论构想的统一，所以它有一套完整的结构和一系列的运行要求，体现着理论上的自圆其说和过程上的有始有终。教学模式是大量教学实践活动的理论概括，在一定程度上揭示了教学活动的普遍性规律，具有稳定性。但这种稳定性又是相对的，运用的过程中必须考虑到学科的特点、教学的内容、现有的教学条件和师生的具体情况，进行细微的方法上的调整，以体现对学科特点的主动适应。

(三)常见的中学物理教学模式

教学模式既有相对稳定性，又有相对灵活性。教学模式不断更新发展，在不同的学科场景下运用，形成了各有特色的种类。适合各学科自身发展的教学模式是教师一直追求的。针对物理学科场景下的教学，结合各方面理论研究及实践应用，形成了不同种类的中学物理教学模式。

在新课程改革背景下，中学物理学科的核心素养明确提出四方面内容，分别是物理观念、科学思维、科学探究、科学态度与责任。教师要在教育教学工作中不断探索符合物理课程标准要求并适用于学情的中学物理教学模式，使学生在物理学习过程中逐步提升自我、完善自我、实现自我。结合中学物理课程的特点，这里分析几种常见的中学物理教学模式，分别是探究式中学物理教学模式、基于 PBL 理念的中学物理教学模式、讨论式中学物理教学模式、讲授式中学物理教学模式。

---

① 顾明远等：《教育大辞典》第七卷，74 页，上海，上海教育出版社，1986。

二、探究式中学物理教学模式

(一)基本理念

探究式教学是指学生在教师指导下运用探究方法进行学习，主动获取知识、发展能力的实践活动，是一种模拟性的科学研究活动，其目的在于使学生能动地获取科学知识、掌握科学方法、形成科学态度和科学精神、提高科学探究的能力。

在探究式教学活动中，知识与能力的获得并不依靠教师的强制性灌输和培养，而是学生在教师指导下主动探索、主动思考、互动合作、亲身体验。探究式教学模式强调学生是教学活动中主动建构所学知识的认知主体，教师是教学活动的组织者、指导者和辅助者，旨在实现学生对所学知识进行有意义的建构。

(二)基本教学流程

自主探究过程设计是以学为中心的教学设计的核心内容，旨在使学生在获得基础知识与技能的同时主动学习、学会学习，并形成正确的价值观。因此，自主探究流程(如图 1-2 所示)设计主要考虑三方面问题：一是充分发挥学生的主动性，体现学生的创新精神；二是创设多元情景，将知识"外化"；三是引导学生对自身行为进行反思，以多元视角认识客观事物、解决现实问题。[①]

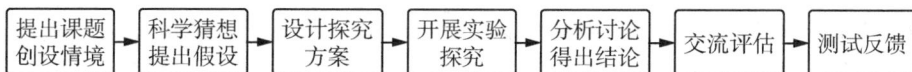

提出课题创设情境 → 科学猜想提出假设 → 设计探究方案 → 开展实验探究 → 分析讨论得出结论 → 交流评估 → 测试反馈

图 1-2　自主探究流程

1. 提出课题，创设情境

教师可以利用各种信息资源创设与学习主题相关且贴近真实情况的学习情境。例如，观察、实验、图片研究、视频观看、案例分析等方式可以激发学生的好奇心，使学生通过与教师、同学之间的交互式学习提出科学的问题。情境创设过程中，教师应注意情境必须符合学生现阶段的认知水平与认知特点。"跳一跳，摘桃子"是对心理学家维果茨基提出的最近发展区的形象比喻，这提示我们，教师在实际教学中要利用各种方式激发学生的学习兴趣，把"要我学"变成"我要学"，抓住学生的最近发展区，促使他们能真正做到"跳一跳，摘桃子"。针对"动能 势能 机械能"课程的自主探究设计，教师可通过演示运动的锤

---

① 刘力：《新课程理念下的物理教学论》，1页，北京，科学出版社，2007。

子将铁钉钉入木板这一实验引入动能，利用拉长的橡皮筋将子弹射出引入弹性势能，以被举高的重物下落击中小桌能使小桌陷入沙中这一现象引入重力势能。由这一系列演示提出问题：这些物体是否具有能量？

2．科学猜想，提出假设

猜想与假设是自主探究的重要环节，是根据已知事实和科学知识对所研究问题中事物的因果性、规律性做出的假定性描述，是学生解决物理疑难问题时重要的科学思维方法。在中学物理学习中，教师要引导学生了解课题的背景知识并能提出两个猜想：一是有关"为什么"，即问题的成因；二是有关"结果是"，即可能的探究结果。例如，学生学习电压时，教师介绍并演示如何自制电池，即将两片不同的金属分别插在酸、碱、盐的溶液中，两片金属就是电池的正负极。学生看到这一现象可以进行猜想：将金属片插在酸、碱、盐混合溶液中，制成的电池电压会更高。

3．设计探究方案

探究方案的设计基于科学的猜想与假设。当学生分组实验探究"动能大小与哪些因素有关"时，教师应注意引导学生选择科学的探究方法及合适的实验器材；引导学生思考可能影响实验开展的因素；提醒学生注意实验的可操作性与变量的可控性等问题；组织学生在小组内和小组间交流探讨方案设计的合理性，进而查找、改进方案中欠妥的地方。在探究过程中，教师扮演倾听者、协助者、指导者、评价者、归纳者和总结者的角色，帮助学生制定高质量的探究方案，并设计出可行性实验。

4．开展实验探究

实验探究是学生基于问题，依据讨论后制定的实验方案，借助网络资源，在教师安排的学习环境中进行的实验活动。探究期间的注意事项如下：教师要向学生说明实验室安全规范，保证全体师生的人身安全；学生按照实验器材的说明书规范，遵循实验步骤，进行独立的实验操作、收集数据、整理数据；教师要提醒学生特别留意实验中出现的"异常"现象和实验结果存在的微小差异，从而培养学生实事求是的科学态度和科学严谨的学习习惯，在探究学习中使学生的科学思维得到锻炼和提升。

5．分析讨论，得出结论

在这一阶段，学生首先对整理的数据进行分析处理，在得到初步的结论后尝试对实验结论进行描述和解释，并进行抽象概括，从而实现由感性认识到理性认识的飞跃。最后教师要引导学生多维度思考，将知识应用到实际生活中，如回答"为什么要规定汽车行驶的最大速度""为什么卡车限速要低一些""为什么建造水电站时要建造拦河大坝将水位抬高"等问题。

6. 交流评估

得出实验探究结论后，学生可以先陈述自己的实验现象和实验结果，对自己的整个实验探究过程进行反思、评价；然后在小组内进行分享、交流、探讨；随后在小组间评析各小组的探究过程和探究结论，进行思维碰撞；最后教师带领学生集体复盘整个实验探究过程中的闪光点和需要改进的地方，从中获取成功的经验和失败的教训，使全体师生的思维得到升华。需要注意的是，小组间进行评估时，评价内容主要包括自主学习能力、协作学习意识和知识意义建构能力等。

7. 测试反馈

"动能 势能 机械能"一课小结后，教师为学生设计具有针对性、难易程度符合学生认知水平且具有探索意义的测试题目，以练习、巩固课上学习的知识内容，并起到纠正学生错误认知或片面认知的作用。需要注意的是，测试题的数量要适中，能够保证学生当堂完成、教师当堂出测试结果，师生做到及时思考、及时反馈。

以学为中心的探究式中学物理教学模式关注学生的三方面，即"知什么""如何知""如何知深"。在整个自主探究过程中，以学生的自我探究为中心，教师扮演辅助者角色，指导学生开展实验，重视学生自身的思维冲突与深度思考，注重学生在探究活动中养成良好的思维习惯，促进学生的成长。以学为中心的探究式中学物理教学模式应用于"动能 势能 机械能"这一课时，整个课堂组织更加注重思维可视化，利用实验或具体实例，使学生在自主探究的过程中更加深入地理解系统知识，发展综合素质。

三、基于 PBL 理念的中学物理教学模式

(一)基本理念

PBL 是 problem-based learning 的缩写，一般翻译为"基于问题的教学"，是 1969 年由神经病学教授哈沃德·巴罗斯(Howard Barrows)在加拿大麦克马斯特大学医学院首先试行的一种新教学模式。PBL 指以学习者为中心，以问题为基础，利用情境化教学解决问题的教学模式，具有探究性、综合性及反复性等特性。国内对于 PBL 的研究相对较晚，但目前已经取得了丰硕的成果。我国学术界通常认为，PBL 是以问题为导向的学习模式或问题式教学。[1] 该模

---

① 辛赜：《PBL 模式在中学物理教学设计中的探究——以高中物理"重心与平衡"为例》，硕士学位论文，广西师范大学，2021。

式与建构主义教学理论具有高度的相似性，倡导教师在实际教学工作中为学生提供有意义的问题情境，引导学生合作查找资料、解决问题，学习隐含在问题背后的科学知识，从而在问题解决的过程中加深对所学知识的理解和运用，提高自主学习的能力。我国的物理课程标准明确提出了学生在经历高中物理的学习后应当具备的四种核心素养，基于此，PBL 教学模式本土化研究具有更深层的意义。

PBL 教学模式应用于中学物理教学时更倾向于从现实生活中提出问题，通过模型构建、科学推理等方式获取物理知识，实现思维的升华。在这样的教学模式下，学生的学习活动体现出更明显的自主性，学生成为问题的解决者，自主完成知识的意义建构，教师不干涉学生解决问题的过程。

（二）基本教学流程

基于问题的教学流程主要围绕教学主题设计一系列问题。在"牛顿第二定律"一课的实际教学中，学生往往存在难以归纳总结实验结果的问题。教师在进行教学设计时就需要对学生可能存在的问题进行预判，并合理安排教学流程。

1. 设计问题

教师在建立"牛顿第二定律"一课相关知识结构体系的基础上，向学生提问："通过上节实验探究课的学习，我们认识了 F，m，a 等物理量，它们之间有什么关系呢？能用公式反映它们之间的关系吗？"

2. 解决问题

解决问题的任务依据一节课的教学目标而制定，要做到循序渐进、环环相扣，既要符合学生的思维认知，又能够加深学生的思维深度。例如，在"牛顿第二定律"课堂教学中，教师首先回顾伽利略的理想实验法，进而分析 F 与 a 的因果关系，引导学生使用控制变量法进行实验，最后以真实情境中的问题引导学生深入思考，如：如何在太空中测量物体的质量？

3. 学生展示

学生在思考、交流问题后，对课堂任务进行展示。这一环节不仅给予展示者二次思考的机会，也给予其他学生质疑、讨论的机会，同时促进学生间相异观点的碰撞、分享品质的培养。

4. 师生评价

在整个课堂教学过程中，教师与学生是合作者关系，学生展示后由其他学生进行补充评价，然后由教师进行总结评价。教师学习学生的思考方式，学生理解教师的思考路径，双向学习、教学相长。

四、讨论式中学物理教学模式

（一）基本理念

简单地说，讨论式教学模式是以课堂讨论为主要教学活动的教学模式。展开来说，讨论式教学模式是适应培养创造性人才的需要，在系列问题导引下，在教师主导下，以生生、师生讨论为主要教学推进手段的教学模式。

在讨论式教学过程中，师生针对某个问题产生了疑问，通过大家的集体参与，分享和批判彼此的想法，最终求得问题的明晰及解决。显然，在这个意义上，讨论式教学有助于学生思考多方面的意见，促进他们之间的思想交流，培养他们的合作精神，发展他们灵活的思维能力。同时，通过讨论，学生能够在复杂、模糊的事情面前抓住其特点，自主地解决问题，从而充分地发挥他们的主体性，培养他们高水平的思维能力。

（二）基本教学流程

1. 议题引入

在引入"有关当代社会生活中能量转化的实例"这一议题时，教师可以介绍社会能源现状：近年来，面对传统能源危机和传统能源的不当利用带来的环境污染，我国在太阳能、风能等新能源的开发利用上投入了大量的资金，各地光伏产业蓬勃发展。但是，关于光伏电能弃用的新闻也很多。在新能源发展如火如荼的当下，我们是否应该支持光伏产业的发展？[①]

2. 资料准备

学生在了解议题后，可以借助校内阅览室或校内网络平台等途径收集资料。教师应确保各小组每位同学都有充分的机会获取资料，以备课上展示讨论。教师要注意额外给学生提供一些与议题相关的热词，以控制课堂整体的讨论方向，使学生在发散思维的同时不偏离物理课程标准。

3. 小组合作

教师要提前分组，保证每组成员之间能够进行有效讨论。具体分组时可以遵循"组内异质、组间同质"的原则，根据学生学习水平、学习能力和认知风格等方面的不同，将学生有机组合。这种分组模式对可以使不同学习能力的学生都在小组内获得提升，进而在整体层面提高学生课堂讨论学习的效果。教师要注意提醒学生在讨论时留意彼此观点的差异性、相似性，以此拓展讨论点。

---

① 白梅、潘苏东：《物理中的 SSI 专题讨论式教学——以"能源与可持续发展"的教学为例》，载《物理教学》，2019(5)。

4. 讨论展示

分组讨论后，学生总结讨论引出的问题，教师有针对性地对讨论内容进行补充，学生形成报告，在时间充足的情况下可制作 PPT 进行展示。

5. 质疑创新

讨论展示是灵感激发、思维碰撞的集中时间段。学生可对示例中的情况进行评判，对结论相对一致的问题进行总结，对出现较大分歧的问题进行原因分析。经历此过程，学生的批判性思维、创新性思维能够得到有效培养，与此同时，个人综合素质也将得到提升。

6. 多元评价

在讨论式课堂展示中，学生和教师均涉及多种行为动作，评价此模式下的课堂结构是否良好应采用多元评价。对教师和学生分别设置评价原则和评价标准，方便教师反思教学设计、提高教学技能，也方便学生反思学习方法、提升学习能力。

五、讲授式中学物理教学模式

（一）基本内涵

在讲授式中学物理教学模式中，教师以语言（包括行为语言）为主要手段，通过讲述、讲解、讲演等方法，引导学生建构知识、发展能力、提升素养。需要明确指出，这里讨论的讲授式教学绝不是"满堂灌""注入式""照本宣科"的讲授，而是与积极的、有意义的接受学习及知识建构相联系的。讲授式教学是历史最悠久的教学模式之一，也是教学实践运用最广的传统教学模式。无论是在小学、中学还是大学，讲授式教学在课堂教学中都占有重要地位。讲授式教学存在的合理性及其在教学实践中占有重要地位的事实是毋庸置疑的，今天对待讲授式教学的科学态度应该是：认识它的局限性，承认它的合理性，并不断地在实践中探讨和提高它的科学化水平。

讲授式教学有一定局限性。讲授式教学如果既不能引起学生的注意和兴趣，又不能启发学生的思维和想象，就会变成"注入式"教学。尽管存在种种局限，讲授式教学在今天仍然具有充足的合理性且十分重要的。教师进行讲授是由教学本质决定的。教学是一种间接认识，也就是说，在教学中，学生主要通过间接的方式来掌握人类积累的文化成果。在各种间接的方式中，系统地听教师讲授是最经济有效的。教学实践证明，如果教师的讲与学生的学产生共鸣，学生学习的其他环节如练习、实验、实习等就能事半功倍、水到渠成。讲授式教学最大的价值是学生通过他人的认识成果加快自身的认识发展，在短时间内掌握大量的、系统的知识，形成严密的逻辑思维能力。教师的讲授是创造性的、高效的劳动。

(二)基本教学流程

不同教师对讲授式教学有的不同理解与运用，由此产生了不同的讲授式教学操作程序，如"四阶段""五阶段""六阶段"等。有些不同的阶段是可以归纳在一起的，如"六阶段"中的新知识讲授和巩固提高两个阶段可以归纳为新课讲授中的一个阶段，因为很多情况下教师会分散难点，新知识的讲授与巩固提高是交叉在一起的。因此，这里把讲授式教学流程划分为三个阶段：课堂导入阶段，新知识学习与巩固阶段，课堂结尾阶段。

1. 课堂导入阶段的讲授

良好的开端等于成功的一半，好的课堂导入能够激发学生的好奇心、学习兴趣和学习动机，为新课教学创设良好的环境和氛围，使学生有准备、有目的地顺利进入新课学习。

中学生活泼好动，如果教师一开始就讲授枯燥无味的知识，调动不起来学生的积极性，新课讲授效果就会事倍功半。因此，教师应设计不同形式的新课导入，激发学生对新知识的学习兴趣。例如，温故知新导入新课，通过挖掘新旧知识之间的内在联系，对旧知识进行拓展引申并提出新问题，可以起到承旧启新的作用，让学生通过对新旧知识纵横的联系产生探求新知识的欲望。再如，小故事导入新课，通过讲故事激发学生的学习兴趣，启发他们进一步思考问题。再如，情境创设导入新课，通过创设生动有趣的情境，引导学生进入新课学习状态。

与讲授式教学匹配的课堂导入方法有很多，除上述几种外，还有小实验导入、诗词歌赋导入、练习导入、问题导入、比较导入、讨论导入等。另外，还可以利用游戏等娱乐活动导入新课，利用生活中常见的现象导入新课，利用现代化多媒体导入新课，利用自然界的和谐与美导入新课。教师要勤于动脑、善于钻研，设计新颖别致的导入，这样才能使课堂讲授达到最佳的教学效果。

2. 新知识学习与巩固阶段的讲授

新知识学习与巩固阶段占据了课堂的大部分时间，该阶段包括新知识的讲解、相关范例的呈现、演示实验的展示、相关问题的分析、知识框架的建构等。在该阶段教师应做到明确讲的目的、精选讲的内容、设置讲的逻辑、注意讲的方法、把握讲的时机，以达到最佳的讲授效果。

首先，教师要精心选择和组织讲授内容。教师要根据新课教学的目标和基本要求，精选出教材中最适合课堂讲授的内容。讲授内容的目的要明确、重点要突出，应该抓住难点和关键点，注重原理性和科学性，不要在学生可以自学的内容上浪费时间。教师对讲授的教学内容应有二次消化，应该对教学内容进行提炼和加工，用精炼、清晰、准确、生动的语言讲授给学生。

其次，教师要灵活运用不同的讲授方法。讲授方法包括讲解法、讲述法、演讲法、引导法、点拨法等，具有说服力强、讲究艺术性和技巧性的特点。讲授法强调态势语的协调运用，能充分体现口语表达的感染力。如果教师善用讲授法，处理好传统讲授法与现代教学手段间的关系，使之有机结合、取长补短，则可以有效启迪学生的智慧、陶冶学生的情操，从而提高教学质量。在讲授教学中，教师必须根据具体教学内容、教学对象灵活选用不同的讲授方法，这样才能达到最佳的教学效果。

最后，教师要恰当选择不同的讲授策略。"讲"当然是必要的，问题在于如何"讲"和怎样"讲"。教师有必要研究"讲"的策略问题。例如，先行组织者是新旧知识发生联系的桥梁，是促进学生有意义学习的教学策略。按照奥苏贝尔的解释，组织者是在学习材料之前呈现的概括与包容水平较高的引导性材料。奥苏贝尔提出两种类型的组织者——说明性组织者和比较性组织者。在物理教学实践中，先行组织者的应用策略包括：物理模型策略、讲解叙述策略、图解策略、类比策略、生活体验策略、实验策略等。再如，提供信息加工时间也是一种讲授策略。在教师讲授知识时，学生要对知识进行信息加工，这是需要时间的。由于工作记忆的容量十分有限，学生在有限的时间里只能以有限的速度加工有限的信息。因此，教师呈现信息的速度和节奏应该符合学生的信息加工能力水平，学生需要时间思考新知识与已有知识的联系、生成新概念的实例、理解所学材料的实际含义等。

3. 课堂结尾阶段的讲授

课堂结尾阶段要完成两项任务：一是为上一阶段做小结，二是为课后的学习布置作业或任务。课堂结尾的方式很多，如以课堂内容总结结束新课、以知识拓展结束新课、以设悬抛疑结束新课、以首尾呼应结束新课等。

讲授式教学的最大优势在于高效地向学生传授系统的知识，而最大的不足在于不利于学生实践能力的培养。为了弥补这一不足，讲授式教学的课后作业应该与调查、实验、小制作等活动相结合，让学生通过实践加深对讲授内容的理解和掌握，并在实践中学会知识的运用。例如，在讲完光的直线传播后教师可以让学生在课后做"小孔成像"实验，提高学生的动手能力，同时在实验中发现问题，并通过解决问题深刻理解光的直线传播的原理。又如，在讲完噪声的危害后，教师可以让学生调查研究各种噪声污染的危害，不仅增强学生的环保意识，而且增强其社会实践及活动能力，使其更多地接触社会，学会学习、学会做事、学会做人。

【思考练习】

1. 简要阐述中学物理教学设计的主要依据。
2. 简述义务教育物理课程内容的主要结构。
3. 简述普通高中物理课程内容的主要结构。
4. 一个完整的中学物理教学设计通常包括哪些基本要素？
5. 请分析常见的中学物理教学模式的基本教学流程。

【推荐阅读】

[1]中华人民共和国教育部. 普通高中物理课程标准(2017 年版 2020 年修订)[M]. 北京：人民教育出版社，2020.

[2]王美芹，张玉峰. 基于物理学科核心素养的单元教学内容分析与学情分析[J]. 中学物理，2020，38(07)：8-11.

[3]郭玉英. 中学物理教学设计[M]. 北京：高等教育出版社，2016.

[4]赵志成. 培养高中学生物理核心素养的教学设计研究[D]. 扬州：扬州大学，2018.

[5]辛赜. PBL 模式在中学物理教学设计中的探究：以高中物理"重心与平衡"为例[D]. 桂林：广西师范大学，2020.

[6]廖伯琴.《普通高中物理课程标准》(2017 年版)要点解读[J]. 物理教学，2020，42(02)：2-5.

[7]郭玉英. 从三维课程目标到物理核心素养[J]. 物理教学，2017，39(11)：2-4+8.

[8]杜明荣，冯加根. 教师学科知识的测评探析[J]. 课程·教材·教法，2020，40(1)：130-135.

第二章　中学物理教学目标设计

章前导语

教学目标被称为教学活动的"第一要素"。教学目标引导和调控着整个教学过程，聚合和协调着整个教学系统的各组成要素，发挥着导向功能、激励功能、评价功能。本章能帮助教师理解中学物理课程教学目标的特点和要求，学会准确规范地确定和表述物理课堂教学目标，引领物理教学方案的设计和实施。

本章共有三节内容：第一节帮助教师理解中学物理课程的特点及育人价值；第二节结合案例帮助教师理解中学物理核心素养的内涵、物理课程目标的特点，体会课程目标在课程设计和教学实施中的引领作用；第三节结合案例说明在物理教学中如何确定和规范表述课堂教学目标。

第一节　中学物理课程的特点及育人价值

物理教师只有深入理解物理课程的特点及育人价值，才能全面理解中学物理课程目标。

一、物理课程的特点

《普通高中物理课程标准(2017年版2020年修订)》对物理学的定义如下：

物理学是自然科学领域的一门基础学科，研究自然界物质的基本结构、相互作用和运动规律。物理学基于观察与实验，建构物理模型，应用数学等工具，通过科学推理和论证，形成系统的研究方法和理论体系。从古希腊时代的自然哲学，到17、18世纪的经典物理学，直至近代的相对论、量子论等，物理学始终引领着人类对自然奥秘的探索，深化着人类对自然界的认识。物理学对化学、生命科学、地球与宇宙科学等自然科学产生了重要影响，推动了材料、能源、环境、信息等科学技术的进步，促进了人类生产生活方式的变革，对人类的思维方式、价值观念等都产生了深远影响，对人类文明和社会进步作出了巨大贡献。

由此可以概括出物理课程的特点。

（一）物理学是一门实验科学

物理实验是人类认识世界的一项重要活动，是进行科学研究的基础；物理学的发展是人类与自然界直接对话、理论与实践相互作用的过程。这也体现了科学本质的"实证性"，即科学是建立在观察和实验的基础之上的。

例如，牛顿通过三棱镜分解太阳光的实验发现太阳光是复色光，之后才有了光谱的思想；1851 年，法国物理学家傅科通过傅科摆验证了地球的自转；18 世纪末，英国科学家亨利·卡文迪许通过扭秤实验测出了万有引力的参数恒量，完善了牛顿的万有引力公式，人们在卡文迪许的基础上计算出了地球的密度和质量；物理学家卢瑟福通过 α 粒子散射实验提出了原子的核式结构学说，深化了人类对于物质结构的认识。

（二）物理学是一门具有严密的逻辑体系和数学表述的理论科学

物理学理论是人类对自然界最基本、最普遍规律的认识和概括。它以物理概念为基石，以物理学规律为主干，建立了经典物理学与现代物理学及其各分支的严密的逻辑体系。

基本概念和规律的定性描述与精确的定量表达相结合是物理学区别于其他学科的显著特点，这使得物理知识具有定量化的特征，数学方法成为物理学研究进行推理论证的重要工具和手段。

物理知识具有相对稳定性，反映了人类对于自然本质的认识，对自然现象具有解释和预见的功能；物理知识也具有局限性，它不能解决所有问题，只在一定的条件和范围内适用。物理学是开放的系统，它在不断发展进步。

（三）物理学是一门基础科学

物理学是其他自然科学和各种工程技术、国民经济各生产部门特别是现代新技术革命的基础。例如，电工学、无线电技术、微波技术等以电磁场理论为基础，建筑学运用了力学、声学等科学理论。总之，物理学极大地推动了科学技术发展和社会进步。

（四）物理学是一门带有方法论性质的科学

在长期的发展过程中，物理学形成了丰富的物理思想方法，如观察与实验的方法、理想化的方法、类比的方法等。这些研究问题和解决问题的方法不仅对物理学的发展起到了重要作用，而且对于其他学科的发展、生产和技术领域的革新具有普遍的指导作用。物理学是辩证唯物主义哲学的重要基础，是现代科学哲学的支柱，深刻影响着人们的思想、观念和思维方式。例如，物理学中的能量转化与守恒定律表明自然界各种形式的能量既不能凭空产生，也不能被消灭，只能从一种形态转化为另一种形态，从而揭示了整个自然界各种运动形式之间的相互联系和物质统一性，为哲学总结自然现象以及认识它们的一般规律提供了可靠的知识基础，为辩证唯物主义的创立奠定了自然科学基础。

（五）物理学是物理学家科学素质的有形体现

从古代的自然哲学到 17、18 世纪的经典物理学，再到近代的相对论和量子论等，都反映了人类对自然的不断探索，体现了探索者的科学思想、科学方法、科学态度与科学精神。例如，牛顿、居里夫人等物理学家的科学态度、献身精神激励着一代代学子投身科学研究。

关于物理学大厦的本质问题，科学家庞加莱曾经说过："物理学是由一系列事实、公式和法则建立起来的，就像房子是用砖砌成的一样。但是，如果把一系列事实、公式和法则就看成物理学，那就犹如把一堆砖看成房子一样。不，物理学比组成它的事实、公式和法则要深刻得多！"[①]庞加莱以形象的比喻提示人们要全面理解物理学的学科特点和体系结构的内涵。的确，物理学不仅以其概念、原理和规律的知识揭示了自然界基本运动形式的诸多真理，还在建立这种知识体系的过程中凝练和升华了科学的思想方法。与此同时，物理学的知识与思想对人类活动的一切领域都具有重大影响，它的每一次重大成就都是人类思想和观念进步的伟大阶梯。

反之，如果狭隘地认为物理学就是由一堆概念、规律、公式组成的知识体系，就会导致过于注重物理学的知识内容和结构、过于重视"双基"教学的状况。这是传统物理教学中常见的偏差和弊端。

全面认识物理学科的特点是物理教师学科素养的体现，将深刻影响物理教师对中学物理课程的性质、地位、作用的认识以及对新课程改革中的教育教学理念的价值认同。

二、中学物理课程的育人价值

物理学科的特点是决定中学物理课程性质和价值的重要因素，此外，课程设计还要考虑其他因素。课程论指出学校课程设置需要综合考虑各种制约因素，主要有三个方面：学科的逻辑体系、社会的需要、学生在一定年龄阶段的身心发展规律和需要。由于对这些因素进行综合考虑时的侧重点不同、强调程度不同，不同的课程主张出现，包括学科中心课程论、社会再造主义课程论、人本主义课程论。

---

① 夏桂钱：《哲学的思辨梳理物理规律》，载《中学物理》，2016(6)。

传统课程过于强调学科逻辑体系对于学校课程的影响，就形成了所谓的学科中心课程论，导致教学实践中出现学科本位倾向。新课程标准倡导课程观的转向，它突破了传统的学科本位观念，强调课程全面育人的功能定位，充分体现了以学生发展为本的课程观。

按照课程论的要求，教师在设计中学物理课程时既要考虑物理学科的特点，又要考虑物理学知识体系和思想方法在社会发展中的应用需要，以及中学生的身心发展规律和需要。在综合考虑这些因素之后，对物理学科内容进行选择和教学设计，从而构成中学物理课程。由此可见，物理学以认识自然为根本任务，而物理课程则以立德树人、育人为根本目的，二者密切相关，但是又有不同。

(一)初中物理课程的育人价值

《义务教育物理课程标准(2022年版)》指出：义务教育物理课程是一门以实验为基础的自然科学课程，与小学科学和高中物理课程相衔接，与化学、生物学等课程相关联，具有基础性、实践性等特点。

义务教育阶段的课程应该体现普及性、基础性、发展性。因此，结合物理学科的特点和义务教育阶段课程性质，我国初中物理课程强调基础性、实践性与发展性等特点。基础性强调物理课程要面向全体学生，精选初中学生终身发展必备的物理学基础知识；实践性强调课程设置贴近学生生活、注重将物理学知识和方法与社会实践应用相结合，强调与实验密切联系，强调以学生为主体，让学生经历科学探究的过程，培养学生的关键能力；发展性强调以学生发展为本，促进学生物理学科核心素养的发展，强调教学要符合学生的认知发展规律。

因此，初中物理课程的育人价值体现在：

①物理观念：帮助学生从物理学视角认识自然、解决相关实际问题，初步形成科学的自然观。

②科学思维与科学探究：引导学生经历科学探究过程，学习科学研究方法，养成科学思维习惯，进而学会学习。

③科学态度与责任：引领学生认识科学、技术、社会、环境之间的关系，形成科学态度和正确价值观，增强社会责任感、民族自豪感；激发学生热爱党、热爱祖国、热爱人民的情感，为培养德智体美劳全面发展的社会主义建设者和接班人奠定基础。

(二)高中物理课程的育人价值

《普通高中物理课程标准(2017年版2020年修订)》指出：高中物理课程是

普通高中自然科学领域的一门基础课程，旨在落实立德树人的根本任务，进一步提升学生的物理学科核心素养，为学生的终身发展奠定基础，促进人类科学事业的传承与社会的发展。

我国高中物理课程要考虑基础性、选择性、时代性。基础性表现在：高中物理课程要精选学生终身发展必需的核心概念和科学实践活动作为必修内容，为全体学生打好共同基础。选择性表现在：高中物理课程要给具有不同兴趣、不同发展潜能、不同升学和就业需求的学生设计多样化的课程，促进学生自主学习、富有个性地发展。课程的基础性和选择性是为了满足学生终身发展的需求。时代性表现在：高中物理课程在内容上注重与生产生活、现代社会及科技发展的联系，关注物理学的技术应用带来的社会问题，培养学生的社会参与意识和社会责任感。课程的时代性强调关注科技进步和社会发展需求。

因此，高中物理课程的育人价值体现在：

①物理观念：帮助学生从物理学的视角认识自然、理解自然，建构关于自然界的物理图景。

②科学思维与科学探究：引导学生经历科学探究过程，体会科学研究方法，养成科学思维习惯，增强创新意识和实践能力。

③科学态度与责任：引领学生认识科学的本质以及科学·技术·社会·环境(STSE)的关系，形成科学态度、科学世界观和正确的价值观，为做有社会责任感的公民奠定基础。

第二节　中学物理核心素养与课程目标

一、核心素养与物理核心素养

(一)核心素养

人才培养应该注重结合时代要求建立合理的知识结构，其内涵是与时俱进的。2016年，中国学生发展核心素养研究成果发布会召开。会议强调中国学生发展核心素养，即以培养全面发展的人为核心，分为文化基础、自主发展、社会参与三个方面，综合表现为人文底蕴、科学精神、学会学习、健康生活、责任担当、实践创新六大素养，具体细化为国家认同等18个基本要点(如表2-1所示)。

表 2-1 中国学生发展核心素养

文化基础					自主发展						社会参与				
人文底蕴			科学精神			学会学习			健康生活			责任担当		实践创新		
人文积淀	人文情怀	审美情趣	理性思维	批判质疑	勇于探究	乐学善学	勤于反思	信息意识	珍爱生命	健全人格	自我管理	社会责任	国家认同	国际理解	劳动意识	问题解决	技术运用

（二）物理核心素养

各学科课程需要在核心素养理念的引领下研究各学科的核心素养，共同完成人才培养任务。《普通高中物理课程标准（2017 年版 2020 年修订）》指出，学科核心素养是学科育人价值的集中体现，是学生通过学科学习而逐步形成的正确价值观念、必备品格和关键能力。可见，学科核心素养是核心素养在特定学科（或学习领域）的具体化，是学生学习一门学科（或特定学习领域）之后所形成的具有学科特点的关键成就，是学科育人价值的集中体现。

课标规定，我国初高中物理核心素养包括四个维度的内涵。

1. 物理观念

"物理观念"是从物理学视角形成的关于物质、运动与相互作用、能量等的基本认识；是物理概念和规律等在头脑中的提炼与升华；是从物理学视角解释自然现象和解决实际问题的基础。

"物理观念"主要包括物质观念、运动与相互作用观念、能量观念等要素。

（1）物质观念

物质观念指对与物质有关的各种现象和过程的理性认识，是物质相关概念及规律等在头脑中的提炼与升华。物质是对生活中各种事物的抽象，包括各种物质形态和内部结构。从常见的宏观物体到分子、原子等微观粒子，从有具体形态的物体到肉眼无法识别的场，都属于物质。物质观念的具体表现为：学生能自觉地应用物质的相关知识与思想去解释特定的物理现象、分析和解决有关的物理问题。

（2）运动与相互作用观念

运动与相互作用观念指对与物体运动及力有关的各种现象和过程的理性认识，是力与运动相关概念及规律等在头脑中的提炼与升华。运动描述的是物体位置的变化，力是物体与物体之间的相互作用，力与运动之间有密切联系。

（3）能量观念

能量观念指对与能量有关的各种现象和过程的理性认识，是能量相关概念及规律等在头脑中的提炼与升华。能量观念涵盖各类能量的概念，包含功、功率的概念，能量守恒、能量耗散的思想。

2. 科学思维

"科学思维"是从物理学视角对客观事物的本质属性、内在规律及相互关系的认识方式；是分析综合、推理论证等方法在科学领域的具体运用。

"科学思维"主要包括模型建构、科学推理、科学论证、质疑创新等要素。

(1)模型建构

科学思维强调基于经验事实进行抽象概括、建构物理模型的过程。

中学阶段的物理模型一般分为物质模型、状态模型、过程模型三类。物质模型指对自然界存在的物质进行抽象概括而形成的模型，主要包括实体物质和场两类模型。实体物质模型一般指人体通过视觉、触觉等能够直接感知的物质，包括质点、点电荷、轻质细绳、理想气体等；场模型指人体难以直接感知的物质，包括匀强电场、磁感线等。状态模型指对自然界存在的各种状态进行抽象概括而形成的模型，如气体的平衡状态、原子所处的基态和激发态等。过程模型指对自然界存在的各种过程进行抽象概括而形成的模型，如匀速圆周运动、简谐振动、理想气体的等温变化等。

(2)科学推理

科学推理是科学思维的核心组成部分，它要求学生运用科学思维方法，从定性和定量两个方面对相关问题进行科学推理、找出规律、形成结论。

常见的科学推理有归纳推理、演绎推理、类比推理三类。归纳推理是由个案经验总结提升到普遍规律的过程；演绎推理是将普遍规律应用在个案中的过程；类比推理是依据两个或两类研究对象之间存在某种类似关系，从已知对象具有的某种性质推出未知对象具有相应性质的过程。

(3)科学论证

科学论证是有理有据地建构和论证自己主张的过程。它要求学生具有使用科学证据的意识和评估科学证据的能力，能运用证据对研究的问题进行描述、解释和预测。

(4)质疑创新

质疑创新是科学发展的动力，是科学思维的重要特征，它要求学生基于事实证据和科学推理对不同观点和结论提出质疑和批判，进行检验和修正，进而提出创造性见解。

3. 科学探究

"科学探究"是指基于观察和实验提出物理问题、形成猜想和假设、设计实验与制定方案、获取和处理信息、基于证据得出结论并做出解释，以及对科学探究过程和结果进行交流、评估、反思的能力。

"科学探究"主要包括问题、证据、解释、交流等要素。

（1）问题

科学探究是以问题为核心的。科学问题是个体进行科学探究的原动力，统领整个探究过程。寻求什么样的假设、收集哪些信息证据、如何做出解释等活动都是紧紧围绕问题展开的，是在问题引导下做出的各种决策。因此，科学探究是以问题为导向的，科学探究的过程也就是发现问题、解决问题的过程。

（2）证据

证据指有依据地进行论证，它强调在实施科学探究过程中的依据性。比如，问题的提出要基于对现象或实验的观察；猜想与假设的提出也要有依据；能够为验证猜想与假设去设计实验、制定方案，并对获取的信息进行处理；基于证据得出结论，并做出解释；对科学探究过程和结果进行交流、评估、反思时也需要注意证据的使用。

（3）解释

解释是开展科学探究所需要的一项重要能力。在科学探究的过程中，面对所得出的结论需要能够给出一个自洽的解释，在与他人对探究的过程和结果进行交流时也需要能够给出相应的解释。

解释和理解紧密关联、相互影响。教育实验研究发现，鼓励学生表达观点并论述认识能促进他们更好地理解内容。若学生逐步掌握复杂的因果解释模型，其对现象及其内在机理的理解就更深刻。

（4）交流

科学探究重视交流与合作。科学探究是一种建构活动，每个人都以自己原有的知识和经验为背景来建构对客观事物的理解。要使个体超越自己的认识，看到与自己不同的理解，看到事物的侧面，使其理解更加丰富和全面，就必须进行充分的合作和广泛的讨论。另外，科学研究的一个突出特点是可重复性，这就要求个体能够较清楚地说明所研究的问题、程序、证据、解释以及对不同解释的考查，他人若有疑问可以进一步核实，或者用于新的研究，这也常常是在交流与合作中完成的。

4. 科学态度与责任

"科学态度与责任"是指在认识科学本质、认识科学·技术·社会·环境关系的基础上逐渐形成的探索自然的内在动力，严谨认真、实事求是和持之以恒的科学态度，以及遵守道德规范、保护环境并推动可持续发展的责任感。

"科学态度与责任"主要包括科学本质、科学态度、社会责任等要素。

(1)科学本质

帮助学生建立正确的科学本质观是物理教学的重要目标。科学本质探讨"科学是什么",它判断科学性的准则,是判断科学发展是否合理可信的依据,是区分科学与伪科学的标尺。它直接影响人们的科学观念,指导人们的科学活动和日常行为。

国际科学本质研究者李德曼博士提出了研究科学本质内涵的七个方面的分析框架:

①科学知识是暂定性的,会改变,但是在一定时间内会处于稳定的地位。

②科学知识是以经验为基础的,基于对自然世界的观察。

③科学知识在一定程度上具有创造性。

④科学知识的产生具有主观性。

⑤科学知识与社会和文化有关。

⑥科学理论的建构是从观察到推论的过程。

⑦科学理论和科学定律的功能以及它们之间的关系。[①]

发展学生的科学本质观具有重要作用,主要体现在:促进科学内容的学习,帮助理解科学活动的性质,增强对科学的兴趣,加强科学决策能力。

(2)科学态度

科学态度属于态度范畴,体现在个体的情感、认知和行为意向等心理过程中。科学态度一般包含四个方面:对科学学科的态度,即学生对科学事业、学科、科学家、科学对社会的影响等所持有的感觉、兴趣、价值认知等情感反应;科学的精神与品质,即批判性思维、尊重证据、实事求是、开放思维和质疑态度等;对科学的正确理解,表现为对科学的目的、认识论、价值作用、与社会的相互关系等方面的理解;对科学职业的兴趣,指对科学相关职业表现出来的兴趣。

(3)社会责任

社会责任主要指学生能够认识到物理学习与社会发展、社会环境等之间的关系,并能正确对待和处理相关的伦理问题、社会议题等。具体而言,包括认识到物理研究与应用涉及伦理道德问题,能依据伦理道德规范认识和评价物理研究与应用,理解科学·技术·社会·环境的关系,具有保护环境、节约资源、促进可持续发展的责任感和良好习惯。

---

① 王晶莹:《科学本质观与科学探究的意义及实践——美国李德曼教授访谈录》,载《全球教育展望》,2008(2)。

二、中学物理课程目标的内涵

物理课程旨在促进学生核心素养的养成和发展，依据物理核心素养四个维度的内涵和中学生身心发展特点确定物理课程目标。关于初高中物理课程目标的具体内容，可以参阅《普通高中物理课程标准（2017年版2020年修订）》和《义务教育物理课程标准（2022年版）》，这里不再赘述，只是提出一些注意事项。

（一）关于物理观念

课程标准在"课程内容"部分结合具体物理内容规定了水平层次，教师在确定教学目标时应该认真领会课标的具体要求。例如：1.2.3 通过实验，理解密度。会测量固体和液体的密度。能解释生活中与密度有关的一些物理现象。这里要求的物理知识是"密度"，要求的水平是"理解"，学生要能够运用密度概念解释生活中的相关现象，这是初中物理课程要求的最高水平。课标还提出了技能方面的要求，要求学生"会测量固体和液体的密度"。

物理知识目标要求的水平及其含义对于教师确定、实施和评价教学目标具有指导作用，应该引起教师的重视。在布鲁姆目标分类学、2011年版义务教育物理课程标准、2003年版高中物理课程标准中都有说明，如表2-2所示。

表2-2 目标要求的水平及其含义

类型	水平	含义	所用的行为动词
知识	了解	再认或回忆知识；识别、辨认事实或证据；举出例子；描述对象的基本特征	了解、知道、描述、说出、举例说明、列举、表述、识别、比较、简述、对比
	认识	位于"了解"与"理解"之间	认识
	理解	把握内在逻辑联系；与已有知识建立联系；进行解释、推断、区分、扩展；提供证据；收集、整理信息等	阐述、解释、估计、理解、计算、说明、判断、分析、区分
	应用	在新的情境中使用抽象的概念、原则；进行总结、推广；建立不同情境下的合理联系等	评估、使用、验证、运用、掌握

教师需要注意以下几点。

1. 注意水平及其含义

义务教育物理课标对物理知识的要求分为三个水平，从低到高依次为：了解、认识、理解。

高中物理课标对物理知识的要求分为四个水平，从低到高依次为：了解、认识、理解、应用。

2. 注意行为动词

不同的行为表示学生达到的认知水平不同。例如，说出、举例说明、列举、表述、识别、比较、简述等行为代表学生了解该知识；而阐述、解释、估计、理解、计算、说明、判断、分析、区分等行为代表学生理解该知识。

行为动词能帮助教师设计教学活动。它也是学习活动或思维活动的形式，教师在设计教学和组织考试时可以参考行为动词设计相应的教与学的活动。例如，如果只要求学生背诵或复述某个物理知识，那就仅考核了学生是否了解该知识，并不能考核学生是否理解该知识。

(二)关于科学思维

义务教育物理课标对学生科学思维能力的要求是：会用所学模型分析常见的物理问题；能对相关问题和信息进行分析并得出结论，具有初步的科学推理能力；有利用证据对所研究的问题进行分析和解释的意识，能使用简单和直接的证据表达自己的观点，具有初步的科学论证能力；能独立思考，对相关信息、方案和结论提出自己的见解，具有质疑创新的意识。

高中物理课标规定的学业质量分为五级水平。其中，学业质量水平2是高中毕业生应达到的合格要求，是学业水平合格性考试的命题依据；学业质量水平4是用于高等院校招生录取的学业水平等级性考试的命题依据。

学业质量水平2对科学思维的要求是：能在熟悉的问题情境中应用所学的常见的物理模型；能对比较简单的物理问题进行分析和推理，获得结论；能使用简单和直接的证据表达自己的观点；具有质疑和创新的意识。

学业质量水平4对科学思维的要求是：能将实际问题中的对象和过程转换成所学的物理模型；能对综合性物理问题进行分析和推理，获得结论并做出解释；能恰当使用证据证明物理结论；能对已有结论提出有依据的质疑，采用不同方式分析解决物理问题。

关于科学思维的概念和内涵，有研究指出，除了分析、综合、抽象、概括、推理等一般性思维，还包括物理学科领域的具体方法，如控制变量法、比值定义法等。这些内容在教学实践中也应是教师比较重视的，对于教学实践具有引领作用。

(三)关于科学探究

义务教育物理课标对学生科学探究能力的要求是：

有科学探究的意识，能发现问题、提出问题，形成猜想与假设，具有初步的观察能力和提出问题的能力；能制订简单的科学探究方案，有控制实验条件的意识，会通过实践操作等方式收集信息，初步具有获取证据的能力；能分析、处理信息，得出结论，初步具有对科学探究过程和结果作出解释的能力；能书面或口头表述自己的观点，能自我反思和听取他人意见，具有与他人交流的能力。

科学探究包含问题、证据、解释和交流，科学探究的目标要求也指向这四个要素。对问题要素提出的要求为：具有问题意识，能够针对已有信息发现并提出可以探究的物理问题，可以根据经验进行猜想和假设。对证据要素提出的要求为：掌握控制变量法等探究方法，具有基本的实验技能，能够收集证据等。对解释要素提出的要求为：处理数据、形成结论并做出解释。对交流要素提出的要求为：突出科学探究的交流与合作性质，主要包括表达实验目的、描述实验过程、说明实验结果、撰写实验报告等。

（四）关于科学态度与责任

义务教育物理课标对学生科学态度与责任的要求是：

初步认识科学本质，体会物理学对人类认识深化及社会发展的推动作用；亲近自然，崇尚科学，乐于思考与实践，具有探索自然的好奇心和求知欲，有克服困难的信心和决心，能总结成功的经验，分析失败的原因，体验战胜困难、解决问题的喜悦，严谨认真，实事求是，善于跟他人分享与合作，不迷信权威，敢于提出并坚持基于证据的个人见解，勇于放弃或修正不正确的观点；能关注科学技术对自然环境、人类生活和社会发展的影响，遵守科学伦理，有保护环境、节约资源的意识，能在力所能及的范围内为社会的可持续发展作出贡献，具有实现中华民族伟大复兴的责任感与使命感。

科学态度与责任包含科学本质、科学态度、社会责任，科学态度与责任的目标要求也指向这三个要素。对科学本质提出的要求为：让学生认识物理学的本质和意义，如物理学是基于观察和实验等形成的对自然现象的描述与解释，物理学的知识是可以变化的，物理学能够推动人类对自然规律的认识和社会发展，对人类科技的进步和生活质量的提升具有巨大作用。对科学态度要素提出的要求主要包括浓厚的兴趣、严谨的态度、与人良好的合作三个方面，它们是支撑学生学习和生活的关键。对社会责任要素提出的要求主要包括道德规范、科学·技术·社会·环境的关系、责任感和使命感三个方面，让学生认识到不仅要合理、科学地应用科技发展的成果，而且要为实现中华民族伟大复兴贡献自己的力量。

三、物理课程目标的引领作用

教学目标被教育理论家们称为教学活动的"第一要素"。教学目标引导和调控整个教学过程，聚合和协调整个教学系统的各组成要素。教学目标具有导向功能、激励功能、评价功能。

物理核心素养体现了学生的全面发展、综合发展，应该在课程设置、教材编写、教学与评价中充分体现和落实。

【案例】

义务教育物理课标在"课程内容"中细致说明了物理课程的内容和要求，充分体现了引导学生物理核心素养全面发展的理念。这里对一级主题"物质"中的二级主题"物质的形态和变化"部分进行分析。

物态变化涉及的物理知识是熔点、凝固点和沸点等概念，以及物态变化过程中的特点。水的三态变化只是这个物理知识的应用实例。

但是，从课程标准的内容表述来看，新课程并没有局限在物理知识上。它在课程目标、课程内容、教学过程和要求上突破了学科本位的观念，充分发挥了这些知识和活动对于学生的教育价值，综合设计物理课程。

在课程目标上，课程标准结合物理知识和水资源这个主题内容，提出了多方面的目标要求，对知识、能力、态度等方面的目标内涵进行了有机整合。

在知识目标上，它要求学生掌握熔点、凝固点和沸点等物理概念，了解物态变化过程中的特点等物理知识，如"能描述固态、液态和气态三种物态的基本特征""知道物质的熔点、凝固点和沸点，了解物态变化过程中的吸热和放热现象"；它要求学生发展基本技能，如"会用常见温度计测量温度"；同时，它要求学生关注和了解与水相关的知识信息，即"了解我国和当地的水资源状况"。此外，它还关注学生对于物理知识的应用能力，要求学生"能运用物态变化的知识说明自然界和生活中的有关现象""能运用物态变化知识说明自然界中的水循环现象"。

在情感目标上，它希望学生通过学习和探索活动"尝试对环境温度问题发表自己的见解""有节约用水和保护环境的意识"。

在课程内容上，它没有局限在纯粹的物理知识上，而是注重联系学生日常的生活现象和经验；注意联系地理学科内容，实现学科渗透；注意联系社会热点话题；关注科学技术的社会应用和影响，甚至潜在的危害、负面的影响。例如，水是生活中重要的常见资源，这就涉及环境保护这个重要主题。物理课程抓住水资源这个主题进行设计，要求学生"设计一个用于学校或家庭的节水方案""调查当地水资源的利用和保护状况，并对当地水资源的利用和保护提出自己的见解"。

在教学过程与教学方式上，它进行了充分的设计，提出了明确的要求，明确提出物理教学要让学生"经历物态变化的实验探究过程"。此外，它还通过示例引导教师设计多样化的学生活动，如"了解我国古代的铸造技术""调查学校和家庭的用水状况""调查当地水资源的利用和保护状况""调查当地农田或城市绿化灌溉的主要方式"等。它充分体现了教学方式的多样化，把物理教学的过程变成学生探索大自然奥秘、了解社会生活的过程，把课堂变成学生探索世界的窗口。

物理课程并不只是为了传承物理科学、培养物理学家，更重要的是通过物理科学的学科素养和学习过程提升学生的素养，促进学生的发展。正如一位学者所言：传统课程是把物理学高高举起，领着学生走入物理学；新课程是要挖掘和发挥物理学的教育价值，促进学生的发展。[①] 这是教育价值本位的转移，教师应该全面理解物理课程目标的内涵和特点。

第三节　中学物理教学目标的确定与表述

教学目标是对教学将使学生发生何种变化的明确表述，是指在教学活动中期待的学生的学习结果，具有层次性，可以分为课程目标、课堂教学目标等不同层次。教学目标的确定和表述体现了教师的教育教学理论素养和实践经验，也引导和统领着教师的教学实施过程，具有重要意义。

一、教学目标的确定

教师可以结合教学实践经验来分析教学内容与素材、教学过程与方法的教育教学价值，结合对课程标准、具体学情特点的分析来确定教学目标。具体操作过程如下。

（一）确定物理观念目标

首先，分析教学内容来确定知识目标，并依据课程标准要求和学科素养确定不同知识要求的水平。然后，明确重点、难点内容。

【案例】

一位教师确定的高中"牛顿第三定律"一节的知识目标是：理解力的相互性、作用力与反作用力的概念；掌握牛顿第三定律内容，正确理解其确切含义；能正确区分平衡力、作用力与反作用力；初步应用牛顿第三定律解释一些现象。

---

① 陈平：《巧设情境明"力臂"真实探究提能力》，载《理科考试研究》，2016(16)。

教学重点：实验探究作用力与反作用力的关系；牛顿第三定律。

教学难点：区别相互平衡的两个力与相互作用的两个力。

(二)确定科学思维目标和科学探究目标等能力目标

分析教学过程与方法维度体现了哪些物理思想方法、科学思维要素和科学探究要素，由此确定能力目标(包括科学思维目标和科学探究目标)。

鉴于能力培养的重要性和能力目标确定的困难性，这里举例说明如何分析、挖掘、确定、陈述能力目标。

【案例】

　　例1　体现演绎推理的教学过程：人教版高中物理教材"动能和动能定理"部分内容(如图 2-1 所示)

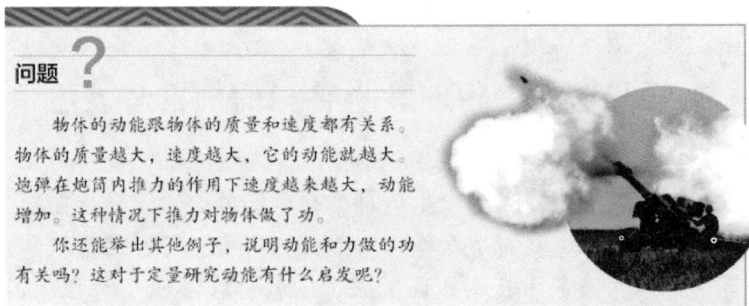

问题 ?

物体的动能跟物体的质量和速度都有关系。物体的质量越大，速度越大，它的动能就越大。炮弹在炮筒内推力的作用下速度越来越大，动能增加。这种情况下推力对物体做了功。

你还能举出其他例子，说明动能和力做的功有关吗？这对于定量研究动能有什么启发呢？

▶ 动能的表达式

大量实例说明，物体动能的变化和力对物体做的功密切相关。因此，研究物体的动能离不开对力做功的分析。这与上一节研究重力势能的思路是一致的。

质量为 m 的某物体在光滑水平面上运动，在与运动方向相同的恒力 F 的作用下发生一段位移 l，速度由 v_1 增加到 v_2 (图 8.3-1)。

图 8.3-1　物体在恒力作用下运动

在这个过程中，恒力 F 做的功 $W = Fl$，根据牛顿第二定律，有

$$F = ma$$

再根据匀变速直线运动的速度与位移的关系式，有

$$l = \frac{v_2^2 - v_1^2}{2a}$$

把 F、l 的表达式代入 $W = Fl$ 中，可得 F 做的功

$$W = \frac{1}{2} mv_2^2 - \frac{1}{2} mv_1^2$$

从上式可以看出，" $\frac{1}{2} mv^2$ " 很可能是一个具有特定意义的物理量，因为这个量在过程终了与过程开始时的差，正好等于力对物体做的功。在物理学中就用" $\frac{1}{2} mv^2$ " 这个量表示物体的动能（kinetic energy），用符号 E_k 表示。于是我们说，质量为 m 的物体，以速度 v 运动时的动能是

$$E_k = \frac{1}{2} mv^2$$

动能是标量，它的单位与功的单位相同，在国际单位制中都是焦耳，这是因为

$$1\ \mathrm{kg\,(m/s)}^2 = 1\ \mathrm{N \cdot m} = 1\ \mathrm{J}$$

思考与讨论

2016 年 8 月 16 日，我国成功发射首颗量子科学实验卫星"墨子号"，它的质量为 631 kg，某时刻它的速度大小为 7.6 km/s，此时它的动能是多少？

动能定理

在得到动能的表达式后，$\frac{1}{2} mv_2^2 - \frac{1}{2} mv_1^2$ 可以写成

$$W = E_{k2} - E_{k1}$$

其中 E_{k2} 表示一个过程的末动能，E_{k1} 表示这个过程的初动能。

这个关系表明，力在一个过程中对物体做的功，等于物体在这个过程中动能的变化。这个结论叫作动能定理（theorem of kinetic energy）。

如果物体受到几个力的共同作用，动能定理中的力对物体做的功 W 即为合力做的功，它等于各个力做功的代数和。

这里，动能定理是在物体受恒力作用，并且做直线运动的情况下得到的。当物体受变力作用，或做曲线运动时，我们可以采用把整个过程分成许多小段，认为物体在每小段运动中受到的是恒力，运动的轨迹是直线，把这些小段中力做的功相加，这样也能得到动能定理。

▶ 因为动能定理适用于变力做功和曲线运动的情况，所以在解决一些实际的力学问题时，它得到了广泛的应用。

图 2-1　人教版高中物理教材"动能和动能定理"部分内容

【案例分析】

本节课的教学是运用旧知识(牛顿第二定律、功的概念和公式等)解决问题，经过一系列数学推导之后形成推论，然后对推论的物理含义进行解读，建构新知：动能的定量表达式、动能定理。这个教学过程体现了演绎推理思维，并且教材通过设立"科学方法"栏目讲解了演绎推理思维的特点，体现了科学思维教学的显性化。因此，教师要把演绎推理思维设计为教学目标，引导教与学的过程。

【教学目标提炼】

科学思维目标：经历建构动能定理的过程，体会演绎推理思维。

例2　体现科学探究的教学过程：人教版初中物理教材"摩擦力"部分内容(如图 2-2 所示)

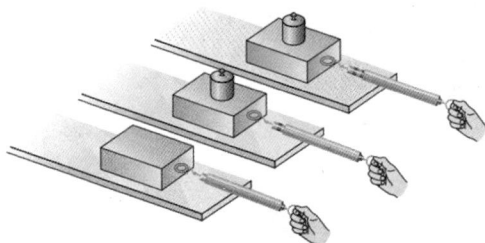

实验

研究影响滑动摩擦力大小的因素

当你推箱子时，箱子越重，推起来越费力；地面越粗糙，推起来越费力。看起来，影响滑动摩擦力大小的因素可能有：

● 接触面所受的压力
● 接触面的粗糙程度
……

图8.3-3　研究影响滑动摩擦力大小的因素

可以通过图8.3-3所示的实验验证你的猜想。

1. 用弹簧测力计匀速拉动木块，使它沿水平长木板滑动，从而测出木块与长木板之间的滑动摩擦力。

2. 改变放在木块上的砝码，从而改变木块对长木板的压力，测出此种情况下的滑动摩擦力。

3. 换用材料相同但表面粗糙的长木板，保持放在木块上的砝码不变，测出此种情况下的滑动摩擦力。

……

自己设计表格，记录测量数据。

图 2-2　人教版初中物理教材"摩擦力"部分内容

【案例分析】

教材在讲解"摩擦力的大小与什么因素有关"这个知识点时设计了探究实验，充分体现了科学探究的过程，有利于培养学生的科学探究能力。教师要识别教材所体现的科学探究要素，分析组织实施科学探究的具体过程与方法，明确设计科学探究目标。例如，教材引导学生围绕问题提出猜想，并且通过旁批的形式明确讲解"猜想"的意义，可以把培养学生的问题意识和猜想能力作为科学探究目标的具体内容提炼出来。

【教学目标提炼】

科学探究目标：经历探究摩擦力的大小与什么因素有关的实验，发展提出问题、进行猜想、分析数据并得出结论的科学探究能力。

(三)确定情感目标

教师应分析教材呈现的教学内容、让学生经历的思维和探究过程有利于激发学生的哪些情绪、态度和意识，由此确立情感目标。

例如，教师在实验过程中要求学生规范操作，认真记录数据，合乎逻辑地分析数据并得出结论，不能为了拼凑结论而篡改数据，由此培养学生实事求是的科学态度。

教师将我国的相关科技成就引入课堂，展示我国现代化建设新成就，培养学生的爱国情怀，提升学生的民族自豪感和实现中华民族伟大复兴的使命感。

教师通过项目式学习，开展制作小型电动机、小型发电机等项目活动，让学生体会法拉第等科学家所取得的成就及其对社会发展的贡献，建立科学价值观和社会责任感。

二、教学目标的表述

在确定了教学目标之后，教师可以从物理核心素养的四个维度对教学目标进行分类表述。

一般认为，教学目标的完整表述要包含四个要素：行为主体、行为动词、行为条件和行为结果。行为主体是学生，即教学目标表述的是学生的学习结果，不过一般情况下行为主体是隐含的；行为动词要具体、明确；行为条件是指达到某种学习结果所需的条件；行为结果即学习结果的达成度，一般是指学习行为的最低表现水平。教学目标的表述要力求明确、具体、可测、可评。

由于认知和情感的内隐性，有些学习结果不易反映到行为上，对此，一些学者建议采用内外结合的表述方法来描述教学目标。用这种方法描述的教学目标由两部分构成：第一部分为一般学习目标，即用一个动词描述学生通过学习所产生的内部变化，如理解、欣赏等；第二部分为具体学习目标，即列出具体行为样例，它是学生通过学习所产生的能反映内在心理变化的外显行为。例如，"学生了解摩擦力的概念，能够举例说明生活中的摩擦力现象"，其中"了解"表明学生的认知水平，是内部心理特征；"举例说明"则是反映学生达到"了解"水平的行为表现。

对于教学目标的表述，建议教师注意以下三点。

（一）注意教学目标的表述的规范性

教学目标的行为主体应该是学生，而不是教师。这一点在教学实践中极易被教师忽视或出现错误。

学生行为的表述应该具体，能够体现所要求的水平和内容。教师可以参考课程标准中确定的水平及行为动词来表述学生行为。

教师可以按照物理核心素养的四个维度分类表述教学目标。

（二）注意区分课堂教学目标与课程目标

物理课程标准中所表述的内容要求是课程目标，它是国家对学生完成初高中学段物理学习之后的最终结果的表述，而不是某一节课的教学结果。教师可以结合这些要求来确定和表述自己的课堂教学目标。

【案例】

鲁科版高中物理教材在每一章的开篇概括了"本章学业要求"，它在第一册11页脚注中加以说明："（本章学业要求）是根据《普通高中物理课程标准》（2017年版）中的物理学科核心素养、课程内容、学业质量水平，并综合考虑每章教材内容后提出的。这是学习每章内容后应达成的学习目标，是对物理学科核心素养相关表现的描述。"

可以认为这是教材设计的章节教学目标，它的确定和表述比较规范，对教师确定和表述自己的课堂教学目标具有指导作用和参考价值。

例如，该教材第一册第一章是"运动的描述"，包括四节课文：第一节 空间和时间；第二节 质点和位移；第三节 速度；第四节 加速度。其章首的"本章学业要求"（如图 2-3 所示）概括为：

第1章

运动的描述

导　入　走进运动的世界
第1节　空间和时间
第2节　质点和位移
第3节　速　度
第4节　加速度

▶▶本章学业要求[1]

● 能了解时间、位移、速度和加速度的内涵，初步了解标量和矢量；能将时间、位移、速度和加速度等概念与生活中的相关现象联系起来。能从物理学的视角观察身边的运动现象。　——物理观念

● 能在特定情境中将物体抽象为质点，知道建立质点模型的条件与方法；能结合瞬时速度、加速度概念的建构，体会研究物理问题的极限方法和抽象思维的方法；知道物理研究需要证据；有质疑的意识。　——科学思维

● 具有一定的问题意识；通过平均速度与瞬时速度的比较，对瞬时速度的测量方法有所了解；能说明获得瞬时速度数值的理由；能与他人交流。　——科学探究

● 知道物理学研究的很多问题源自生活，对自然界有好奇心，具有探索的兴趣；知道物理学能解决人们生产生活中的一些问题。
　——科学态度与责任

[1] 本套教科书每章都有"本章学业要求"，是根据《普通高中物理课程标准（2017年版）》（以下简称《课标》）中的物理学科核心素养、课程内容、学业质量水平，并综合考虑每章教材的前后顺序提出的。这是学习本章内容后应达成的学习目标，是对物理学科核心素养相关表现的描述。在每章教科书内容中，若有强调某学业要求的，将结合《课标》中的内容要求，用"素养提升"栏目特别列出；若综合体现学业要求的，则不再特别列出。

图 2-3　教材节选

物理观念：能了解时间、位移、速度和加速度的内涵，初步了解标量和矢量；能将时间、位移、速度和加速度等概念与生活中的相关现象联系起来。能从物理学的视角观察身边的运动现象。

科学思维：能在特定情境中将物体抽象为质点，知道建立质点模型的条件与方法；能结合瞬时速度、加速度概念的建构，体会研究物理问题的极限方法和抽象思维的方法；知道物理研究需要证据；有质疑的意识。

科学探究：具有一定的问题意识；通过平均速度与瞬时速度的比较，对瞬

时速度的测量方法有所了解；能说明获得瞬时速度数据的理由；能与他人交流。

科学态度与责任：知道物理学研究的很多问题就在身边，对自然界有好奇心，具有探索的兴趣；知道物理学能解决人们生产生活中的一些问题。

(三)注意发挥教学目标的导向功能

教材依据教学目标的内容和水平层次设计教学活动，和水平层次评价学生的学习活动质量和学习结果。

例如，义务教育物理课标要求"通过实验和科学推理，认识牛顿第一定律"，那么，教师在教学中应该设计演示实验或学生实验，让学生通过观察、科学推理的思维活动过程建构牛顿第一定律，而不宜直接灌输结论。

【思考练习】

1. 物理学科的特点有哪些？

2. 如何理解初中物理课程的性质？

3. 高中物理课程强调培养学生的科学思维能力，请说明科学思维的内涵是什么，并结合一个物理教学案例说明它体现了什么思维类型和思维过程。

4. 高中物理课程强调培养学生的科学探究能力，如高中物理课标要求"通过实验，探究并认识平抛运动的规律"，请说明科学探究的要素是什么，并围绕科学探究的要素设计关于平抛运动的规律的探究式教学方案。

5. 举例说明如何规范表述课堂教学目标。

【推荐阅读】

[1]拉尔夫·泰勒. 课程与教学的基本原理[M]. 施良方，译. 北京：人民教育出版社，1994.

[2]中华人民共和国教育部. 普通高中物理课程标准(2017年版2020年修订)[M]. 北京：人民教育出版社，2020.

[3]廖伯琴，李洪俊，李晓岩. 高中物理学科核心素养解读及教学建议[J]. 全球教育展望，2019，48(09)：77-88.

[4]林崇德. 构建中国化的学生发展核心素养[J]. 北京师范大学学报(社会科学版)，2017(01)：66-73.

[5]吴加澍. 对物理教学的哲学思考[J]. 课程·教材·教法，2005(07)：64-69.

［6］陈刚，刘金梅. 试论"科学思维"素养的实质与教学实现：以问题解决的视角为例［J］. 物理教学，2021，43(07)：7-12＋18.

［7］王晶莹. 中美理科教师科学本质观的比较研究［J］. 全球教育展望，2010，39(10)：86-90.

［8］陈运保，马亚强. 高中物理教材科学方法显性化特点的文本分析［J］. 教学与管理，2014(33)：114-116.

［9］黄开智，乔翠兰. 对科学探究内涵的辨析：基于杜威实用主义哲学观［J］. 物理教师，2021，42(12)：2-6.

［10］王笑地. 基于学科核心素养的教学目标结构及其表述［J］. 教育与教学研究，2021，35(01)：28-39.

第三章　中学物理教学策略设计

章前导语

　　教学策略是教学设计的有机组成部分，是指在特定教学情境中为完成特定的教学目标和满足学生认知需要而采用的教学活动的程序、方法、形式和媒体等的总和。它具有指导性而不具有规定性。没有一种策略能适用于所有情况，有效的教学需要多种可供选择的教学策略。只有掌握了不同的教学策略，教学才能因地制宜地设计出最优方案。从不同角度出发，教学策略可以分为不同的类型，如直接教学策略与间接教学策略、以学为中心的教学策略和以教为中心的教学策略等。

　　本章共有三节内容：第一节介绍融合课程思政教育的物理教学策略；第二节探讨发展学生核心素养的物理教学策略；第三节分析渗透 STEM 教育理念的物理教学策略。

第一节　融合课程思政教育的物理教学策略

　　在社会主义新时代背景下，我国思想政治教育面临着新的问题，如何为新时代培养全面发展的人才是目前教育界需要解决的重要问题之一。为了解决"培养什么人、怎样培养人、为谁培养人"这一根本问题，有学者提出了"课程思政"这一概念。

一、课程思政概述

　　课程思政的提出和广泛开展经历了一个过程。2006 年修订的《中华人民共和国义务教育法》强调，学校应当把德育放在首位，寓德育于教育教学之中。《国家中长期教育改革和发展规划纲要（2010—2020 年）》提出把德育渗透于教育教学的各个环节，《中小学校素质教育督导评估办法（试行）》再次强调德育渗透于教育全过程。党的十八大首次提出教育的根本任务是立德树人。在 2016年高校思想政治工作会议上，习近平总书记强调，要坚持把立德树人作为中心环节，把思想政治工作贯穿教育教学全过程，实现全程育人、全方位育人，努力开创我国高等教育事业发展新局面。上述文件对教育教学提出了新的要求，即基础教育与高等教育都要和思想政治教育相融合，为实现"三全"育人的目标而奋斗。

（一）课程思政的内涵

关于课程思政的内涵目前没有统一的定论，学者们从不同的角度提出了各自的见解，大致可以分为以下四种观念。

第一，课程思政是一种教育理念。课程思政的核心理念要从教育的育人本质要求出发[1]，学校的所有课程都要发挥思政教育功能[2]，形成隐性思政与显性思政共同构建的全课程育人格局。课程思政不是增加一门课程或者开展一项活动，而是使各门课程的育人功能得到充分的发挥，从而达到各门课程"同向同行""协同育人"的教育目的。[3]

第二，课程思政是一种教育资源。课程思政需要充分挖掘课程自身的思政元素，遵循教育教学基本规律。[4] 学校要充分利用各类课程所蕴含的思政元素进行教育实践活动[5]，使各个学科在融入课程思政的教学中发挥育人价值。[6]

第三，课程思政是一种教学体系。课程思政是外围课程、拓展课程或综合素养课[7]，是新的课程观，作用是构建一种"三全"育人的教育格局[8]，将思政教育融入学科教学，保证各门课程都能够参与育人体系的构建。

第四，课程思政是一种教育综合。课程思政不仅是一种思政教育理念，而且是一种教育方法[9]和一种教学方法论[10]，是探寻各类课程与思政理论课同向同行、形成协同效应的重要途径。[11]

---

[1]　高德毅、宗爱东：《从思政课程到课程思政：从战略高度构建高校思想政治教育课程体系》，载《中国高等教育》，2017(1)。

[2]　邱伟光：《课程思政的价值意蕴与生成路径》，载《思想理论教育》，2017(7)。

[3]　陆道坤：《课程思政推行中若干核心问题及解决思路——基于专业课程思政的探讨》，载《思想理论教育》，2018(3)。

[4]　卢黎歌、吴凯丽：《课程思政中思想政治教育资源挖掘的三重逻辑》，载《思想教育研究》，2020(5)。

[5]　娄淑华、马超：《新时代课程思政建设的焦点目标、难点问题及着力方向》，载《新疆师范大学学报(哲学社会科学版)》，2021(5)。

[6]　叶飞：《"拔节孕穗"、"责任担当"，商业经营素养培育重在德行培育——〈小微企业管理〉课程思政教学反思》，载《智库时代》，2019(25)。

[7]　邱仁富：《"课程思政"与"思政课程"同向同行的理论阐释》，载《思想教育研究》，2018(4)。

[8]　刘鹤、石瑛、金祥雷：《课程思政建设的理性内涵与实施路径》，载《中国大学教学》，2019(3)。

[9]　何玉海：《关于"课程思政"的本质内涵与实现路径的探索》，载《思想理论教育导刊》，2019(10)。

[10]　张兴海、李姗姗：《高校课程思政改革的"四论"》，载《中国高等教育》，2020(Z2)。

[11]　高燕：《课程思政建设的关键问题与解决路径》，载《中国高等教育》，2017(Z3)。

(二)课程思政的价值

课程思政对于落实立德树人的教育责任、保证"三全"育人教育目标具有重要的作用,有助于全方位提高学校思政工作的水平和质量。

从宏观价值来看,课程思政的价值在于培养全面发展的社会主义建设者。课程思政的精神是社会主义核心价值观倡导的精神,是国家意志在教育领域的精神[1];其内核是通过思想引导和价值塑造进一步提升学生的专业水平,而且要增强学生的思想政治素质、文化素养、家国情怀,有效呼应社会主义大学人才培养的目标和要求。[2]

从中观价值来看,课程思政的价值在于立德树人。课程思政是把思政工作贯穿教育全过程的关键,也是学校落实立德树人的基础性和全面性工作。[3] 各门课程要找准价值目标、价值定位,反映课程思政中立德树人的目标[4],以纠正现代教育异化的偏差。[5] 正如刘欣所说:"马克思主义认为,人是一切事物的根本。对于学校来说,思想政治工作说到底是育人工作,其出发点和落脚点都是为了育人。"[6]课程思政要始终围绕立德树人这一理念,坚持大局意识,发掘各专业各学科的育人价值,形成课程的整体联动效应,促进学生的全面成长。

从微观价值来看,课程思政的价值在于学校思政教育发展的需要。课程思政有利于形成以思政课程为核心、以其他课程为边界的思政系统。顾名思义,课程思政就是把思想政治理论融合于各个专业和学科教育,引导学生去感受、领悟知识背后的感情和精神,将其转化为自己的内在道德,深化为自己的素养或能力。[7]

二、物理教学中的课程思政元素

2020 年 5 月,教育部印发《高等学校课程思政建设指导纲要》(以下简称

---

[1] 伍醒、顾建明:《"课程思政"理念的历史逻辑、制度诉求与行动路向》,载《大学教育科学》,2019(3)。

[2] 朱飞:《高校课程思政的价值澄明与进路选择》,载《思想理论教育》,2019(8)。

[3] 韩宪洲:《以课程思政推动立德树人的实践创新》,载《中国高等教育》,2019(23)。

[4] 敖祖辉、王瑶:《高校"课程思政"的价值内核及其实践路径选择研究》,载《黑龙江高教研究》,2019(3)。

[5] 唐芳云:《立德树人:高校"课程思政"价值定位的哲学审视》,载《理论导刊》,2020(2)。

[6] 刘欣:《"课程思政"的内在价值与实践路径研究》,载《郑州轻工业学院学报(社会科学版)》,2018(6)。

[7] 刘建军:《课程思政:内涵、特点与路径》,载《教育研究》,2020(9)。

《纲要》），这是全面推进课程思政建设的有力推手，也是我国首个对课程思政进行完整详尽论述的文件。《纲要》强调，课程思政这一概念的提出是为了解决"培养什么人、怎样培养人、为谁培养人"这一根本问题，培养全面发展的社会主义建设者和接班人。《纲要》指出，课程思政主要包含五个方面的内容：习近平新时代中国特色社会主义思想、社会主义核心价值观、中华优秀传统文化教育、宪法法治教育、职业理想和职业道德教育（图 3-1）。

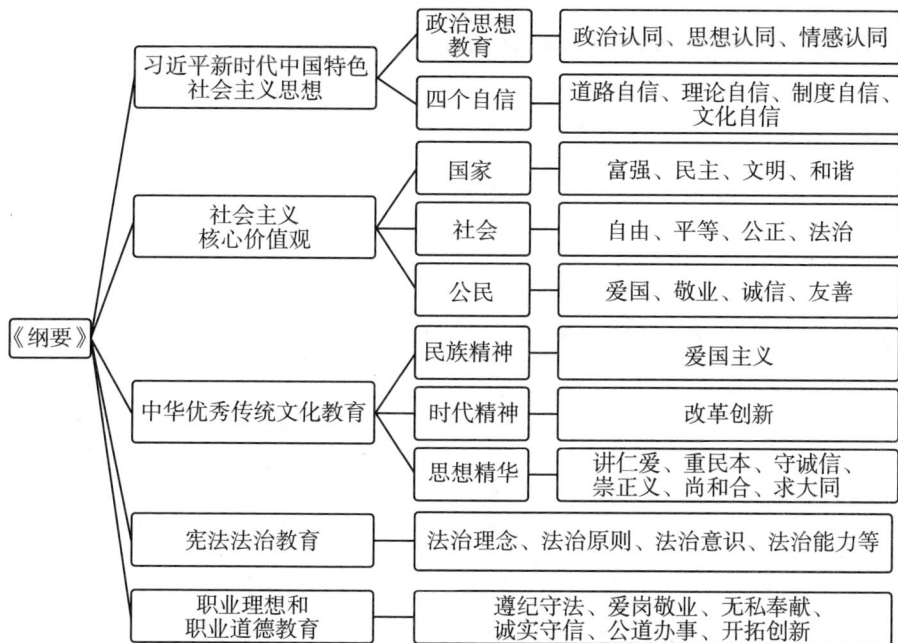

图 3-1　《纲要》具体元素框架图

在中学物理教学中渗透课程思政的理念是新时代"大思政"背景下培养全面发展的人才的重要途径。结合中学物理特点，有学者梳理了物理教学中的课程思政内容（如表 3-1 所示），对高中物理课程思政进行了内涵解读（如表 3-2 所示）[1]，主要包含性格品质、道德素养、思想政治三个层面。[2]

---

①　宋鸿娜：《高中物理课程思政的内容构建与教学应用研究》，硕士学位论文，河北师范大学，2021。

②　陈鑫：《高中物理教学中融入课程思政的研究》，硕士学位论文，哈尔滨师范大学，2022。

表 3-1　物理教学中的课程思政内容

一级架构	二级架构
性格品质层面	严谨求真、实事求是的职业态度 持之以恒、不怕挫折的坚韧意志 敢于质疑创新的探究精神 善于合作交流的团队意识
道德素养层面	甘于奉献的集体主义精神 保护环境的生态文明意识 节约资源的社会责任感 遵纪守法的公民意识
思想政治层面	马克思主义哲学观 正确的人生观 爱国主义情怀 经济全球化格局的认识

表 3-2　高中物理课程思政的内容构建与内涵解读

	一级维度	二级维度	内涵
高中物理课程思政的内容	世界观教育	辩证的唯物论教育	物理知识中表现出的物质存在形式原理，世界的物质统一性原理，意识的本质和能动性原理，物理实践活动本质原理
		唯物辩证法教育	物理知识及情境中的辩证法内容，包括：观点——联系与发展；规律——否定之否定规律，对立统一规律，质量互变规律；范畴——现象和本质，原因和结果，形式和内容，个性和共性，相对和绝对，整体和部分，可能性和现实性，必然性和偶然性；矛盾分析法——两点论和重点论，普遍性和特殊性，同一性和斗争性，具体问题具体分析
		马克思主义认识论教育	实践是物理认识的来源。一切真理都源自实践。实践是认识的目的，为认识提供了可能。物理认识运动是不断反复和无限发展的，实践是检验真理的唯一标准
		历史唯物主义教育	承认和尊重物理相关历史，如承认物理历史的真相，承认物理学家的功业、成果和错误等。利用历史的观点接受并发展历史，判断情形，辨别优劣，从而开展有针对性的物理工作

	一级维度	二级维度	内涵
高中物理课程思政的内容	政治观教育	爱国主义教育	认同蕴藏物理知识的传统文化，传承优秀传统文化。关注中国科技创新，强化民族自信。领悟国家精神。传承人物精神、体育精神及时代精神
		国际理解教育	在物理情境中培育全球意识和开放的心态，尊重世界文化的广泛和区别，主动参与中外文化交流。关注国际形势，紧握发展机遇，认识人类命运共同体的内在意义等
	人生观教育	理想信念教育	对物理发展寄予期待，肩负民族复兴的重任，制定远大理想，追求高层次人生价值
		生涯规划教育	从物理学科价值出发，结合时代特点，根据自身认知，确定奋斗目标，制订行之有效的计划
		健康情感教育	具备美好的物理审美意识和高格调的物理审美能力。能够热爱生活。尊重生命，增强体质，完善人格
	道德观教育	道德规范教育	团结友爱，宽容大度。具备社会责任感，积极维护公共利益，有序参与社会公共事务
		科学精神教育	崇尚物理真知，具有求知心和创新力，保持好奇心，实事求是，认同合作共赢，具有锲而不舍的意志和勇攀高峰的勇气，能主动收集资料解决疑难等
	法制观教育	法制教育	由物理的相关情境催发尊法学法守法用法，理解物理与法制的关系，维护国家法治建设
		纪律教育	理解纪律与自由的关系，知道作为学生应遵守的纪律及如何遵守纪律

总之，中学物理教学中的课程思政内容应在《纲要》的指导下，在义务教育和高中物理课程标准的指导下，全面涵盖思想政治、道德、法制等多个方面。

三、融合课程思政教育的物理教学策略

(一)课程思政的建设路径

课程思政的关键在于如何高效开展实践，将其内在价值充分发挥，以达到"三全"育人的效果。对此，学者们认为，可以从内容、关系、功能、整体这四

个方面深入理解并贯彻实行,从而推动课程思政与思政课程的协同共进。[①]

第一,在内容上,提炼各学科思政元素融入教学。"课程思政不是系统化、体系化地进行德育活动,而是结合各门课程的具体内容,挖掘并嵌入适当的德育元素,进行非系统化、非体系化的德育。"[②]卢黎歌等提出,应该从宏观、中观和微观三个层面去进行思政元素的挖掘。[③]课程思政要坚持以马克思主义理论为引导,将知识传授与价值引领结合,通过挖掘学科课程中有关思政的内容,提高学生明辨是非的能力,让学生成为全面发展的人才。

第二,在关系上,构建新型和谐师生关系。师生关系构建的前提是要保证教师自身的思政素养达到要求。教师团队可以从团队组成、团队氛围等方面着手,合力推进思政建设。[④]课程思政的建设基于教师自身的思政素养。[⑤]新型师生关系的构建、师生关系在课堂互动中的体现都要以促进学生全面发展为核心价值追求。

第三,在功能上,实现学科课程与思政课程协同效应。齐鹏飞认为,思政建设要保证显隐教育相结合、知识价值相结合、传承创新相结合及统筹分类相结合。[⑥]思政教学的关键在于古今思政资源的挖掘、教师队伍的建设、完整制度的建设及思政元素与课程的融合。[⑦]

第四,在整体上,要对课程思政进行宏观建设。对于课程思政的设计,肖香龙等提出从理念引导、平台构建、机制建设等方面进行。[⑧]娄淑华等则针对新时代课程思政建设提出在设计中统筹发展、在实践中练习提升,从而推进课程思政的开展。[⑨]

---

① 严锦:《"课程思政"视域下初中物理实验思政元素的挖掘和融合》,硕士学位论文,华中师范大学,2023。

② 何红娟:《"思政课程"到"课程思政"发展的内在逻辑及建构策略》,载《思想政治教育研究》,2017(5)。

③ 卢黎歌、吴凯丽:《课程思政中思想政治教育资源挖掘的三重逻辑》,载《思想教育研究》,2020(5)。

④ 戴健:《高校课程思政教学团队建构探析》,载《江苏高教》,2020(12)。

⑤ 王莹、孙其昂:《高校课程思政教师的政治底蕴:学理阐释与厚植路径》,载《高校教育管理》,2021(2)。

⑥ 齐鹏飞:《全面实现思政课程与课程思政的同向同行》,载《中国高等教育》,2020(Z2)。

⑦ 许家烨:《论课程思政实施中德育元素的挖掘》,载《思想理论教育》,2021(1)。

⑧ 肖香龙、朱珠:《"大思政"格局下课程思政的探索与实践》,载《思想理论教育导刊》,2018(10)。

⑨ 娄淑华、马超:《新时代课程思政建设的焦点目标、难点问题及着力方向》,载《新疆师范大学学报(哲学社会科学版)》,2021(5)。

（二）融合课程思政的物理教学策略

教师的首要教育责任不是"授业"而是"传道"，对受教育者实施思政教育，把学生塑造成社会主义事业建设者和接班人。[1] 学校应强调各类型课程育人的基本功能，以知识传授、技能培养为载体，发掘思政元素，将课程思政高效地融入培养的全过程，最终形成具有中国特色的学校育人的路径和方法。

物理学作为自然科学中的一门基础学科，蕴含着丰富的思政元素。物理教学融入课程思政应遵循潜移默化、由表及里、循序渐进等原则[2]，采取课前设计课程思政目标、课中多维融入课程思政、课后评价引领和促进等教学策略，让课程思政内容有机融入专业课教案、专业课课堂、专业课试卷、学生头脑。

1. 教学设计：设置课程思政目标

教师在教学前，应该结合现行义务教育和高中物理课程标准，挖掘教材中的思政元素，有机融合思政教育与学科核心素养教学目标，不仅在科学态度与责任这一维度设计课程思政目标，而且在物理观念、科学思维、科学探究这几个维度中都应找到课程思政目标与教学目标的契合点，在每一个目标中都融进思政教育的内容。[3]

学校可建立课程思政专业课程组，协同物理教师进行课程思政设计，从而制定物理课程思政标准，研究课程思政课堂教学组织形式，制订课程思政学期计划，建设课程思政素材资源库。物理教师应根据教学目标、教学对象和教学内容，找准课程思政的融入点，探索课程思政教学设计，以达到培养学生物理核心素养的目标。

2. 教学实施：多维融入课程思政

课堂是学校教育的主阵地。在课堂教学中，物理教师应立足课堂教学本位，把理想信念、职业道德等思政元素纳入课程教学，探寻专业知识点和立德树人根本目标的契合点，实现知识传授与价值引领的统一，促进各类课程与思政课相互配合，形成协同效应。

（1）关注科技前沿，激发爱国热情

科学技术的进步与物理学的发展密不可分，物理学为社会文明的发展、生产力的提高做出了重要的贡献。教师通过介绍科技前沿知识，激发学生的好奇心和求知欲，培养学生为社会发展做出贡献的科学精神和改革创新的时代精

① 刘承功：《高校深入推进"课程思政"的若干思考》，载《思想理论教育》，2018(6)。
② 杨玉潇：《融入课程思政的高中物理教学设计研究》，硕士学位论文，上海师范大学，2022。
③ 杨玉潇：《融入课程思政的高中物理教学设计研究》，硕士学位论文，上海师范大学，2022。

神；通过介绍我国科技前沿成果，激发学生的爱国热情，提升学生的文化自信。例如，在讲解完浮力后，可以向学生介绍中国新型核潜艇，一方面可以提高学生学习的兴趣、巩固所学的知识，另一方面能提升学生的文化自信和爱国情怀。

（2）结合物理学史，介绍发展历程

教师通过介绍物理学的发展历程，可以让学生了解众多科学家为科学的发展所做出的努力，了解每一个物理知识发展完善的过程，培养学生热爱科学、孜孜不倦的精神和改革创新的能力。例如，在磁生电的教学过程中，教师可以介绍磁生电实验的探索发展历程：从菲涅耳到安培，再到科拉顿、亨利和戴维，最后才由法拉第对实验进行总结完善。这一发展史的介绍，一方面可以提高学生对于物理的兴趣，另一方面可以潜移默化地培养学生严谨求实的科学态度和改革创新的时代精神。又如，在学习天平的使用方法时，教师可以先介绍天平的发展历程，从春秋战国时期的木衡到现在的精密电子天平，对天平发展史的了解可以培养学生为科学发展做出贡献的责任感和改革创新的精神。

（3）讲好科学故事，培养科学精神

物理学的每个规律、定律和定理都离不开科学家的艰苦探索和艰辛付出，都有科学家或偶然或必然的故事，而这些故事也蕴含着丰富的思政元素。教师通过介绍科学家探索的故事，可以培养学生刻苦钻研、敢为人先的科学精神。例如，在进行电生磁的教学时，教师可以介绍奥斯特敢于突破常规理念，去探索电与磁的关系，最后偶然在课堂上发现电流的磁效应的故事。这样一方面可以让学生对实验背景有所了解，另一方面可以培养学生敢于质疑、持之以恒的科学探究精神。

（4）借助物理实验，强调科学思维

物理学包含力学、电学、光学、热学等多个部分，每个部分都包含着许多思政元素，而物理实验基本也会涉及这些内容。在物理实验探究的过程中，学生学习实验探究的基本方法，这些方法对于学生思政意识的提高也有很大帮助。实验探究的过程可以让学生了解实验进行的流程，学会实验探究的方法，从而培养学生严谨求实、安全操作的意识和动手实践、团结合作的能力。例如，探究阻力的影响因素的实验会将阻力的大小转换成物体运动距离的远近，并且实验结果是在理想化条件下通过合理推导得到的。教师通过介绍转换法和理想实验法，可以培养学生透过现象看本质和实验创新的意识和能力；并且小组实验过程可以培养学生团结互助、合作交流的能力。

（5）结合生活应用，理论联系实际

物理课程应该贴近学生生活，符合学生认知，让学生通过学习物理学基础知识和基本技能为以后的学习、工作、生活打下基础。物理实验与生产生活的联系也能够帮助学生提升自身的思政素养。教师通过介绍实际生活中的现象和应用，可以提高学生学习物理的兴趣，培养其理论联系实际的意识和能力。例如，在学习焦耳定律之后，教师可以向学生介绍电热在日常生活中的应用（电暖器、电饭煲、电热孵化器等），从而培养学生理论联系实际的意识。又如，教师在进行光的反射实验后可以介绍光导纤维的生活应用（胃镜、光纤手术刀、光纤照明等），既可以帮助学生巩固知识，还可以培养学生理论联系实际的意识。

3. 教学评价：增加课程思政考核

在课后的教学评价中，应增加课程思政考核。

考核内容选取：物理课程中包含多个思政元素，所选取的课程思政考核内容应该与物理知识相关，或以物理知识为载体。

考核形式设定：确定考核内容后，需要设定合适的考核形式。物理课程多通过笔试的方式进行考核，因此，在进行专业内容考核的同时以笔试主观题形式进行课程思政考核是一种较为可行的方式。

考核题量：可以单独设置主观题，也可以将课程思政考核内容融入若干道考题；应以专业物理内容考核为主，以课程思政考核为辅，根据课程性质和内容科学设置二者比例。

第二节　发展学生核心素养的物理教学策略

核心素养是党的教育方针的具体化，是连接宏观教育理念、培养目标与具体教育教学实践的中间环节，从中观层面深入回答了"立什么德、树什么人"的根本问题。物理学科核心素养是物理学科育人价值的集中体现，是学生在接受物理教育过程中逐步形成的正确价值观念，以及适应个人终身发展和社会发展需要的关键能力和必备品格。学生通过物理课程的学习所发展的核心素养主要包括物理观念、科学思维、科学探究、科学态度与责任。

一、形成物理观念的教学策略

（一）物理观念的内涵

观念是客观事物在人脑中留下的概括性认识。爱因斯坦指出："在建立一个物理学理论时，基本观念起了最主要的作用。物理书上充满了复杂的数学公式，但是所有的物理学理论都起源于思维与观念，而不是公式。"[1]由此可见，物理观念在物理学理论的形成和发展中发挥着重要作用。[2]

《普通高中物理课程标准（2017 年版 2020 年修订）》将物理观念定义为：从物理学视角形成的关于物质、运动与相互作用、能量等的基本认识；是物理概念和规律等在头脑中的提炼与升华；是从物理学视角解释自然现象和解决实际问题的基础。物理观念主要包括物质观念、运动与相互作用观念、能量观念等要素。《义务教育物理课程标准（2022 年版）》也采用了此定义。

（二）物理观念的内容

依据中学物理课程标准，物理观念主要包括物质观念、运动与相互作用观念、能量观念，下面对这三个方面进一步阐释。

1. 物质观念

观念一：宇宙是物质的、有秩序的，能够凭借理性的推理而被理解。物理课程始终都在诠释这一根本观念，当下人们普遍接受的关于宇宙的起源、演化的理论是"大爆炸宇宙模型"。

观念二：物质由原子组成，原子有内部结构。20 世纪初至 20 世纪 30 年代，量子力学的诞生标志着关于物质结构的科学原理基本形成，其核心观念是：原子由原子核和电子组成，原子核由质子和中子组成，电子带负电荷，质子带正电荷；质子和中子也有内部结构。

观念三：微观世界遵循与宏观世界不同的规律。由于微观粒子的运动表现出与宏观物体非常不同的特性，所以微观世界遵循与宏观世界不同的规律。例如，微观粒子具有波粒二象性，微观世界以统计规律确定因果关系等。

观念四：场是物质存在的一种形式，场具有能量且充满宇宙。例如，地球的引力场存在于它周围的一切地方，如果在其中放一个物体，这个物体就会受到地球引力的吸引。

2. 运动与相互作用观念

观念五：物质运动有机械运动、物理运动、化学运动、生物运动和社会运动五种基本形式。物理学研究机械运动、物理运动的基本规律，物理运动包括分子热运动、电磁运动、微观粒子运动。

---

① ［美］A. 爱因斯坦、［波兰］L. 英费尔德：《物理学的进化》，周肇威译，201 页，上海，上海科学技术出版社，1962。

② 冯华：《以物理观念统领物理教学》，载《课程·教材·教法》，2014(8)。

观念六：宇宙间存在四种基本相互作用。目前，物理学界公认宇宙间存在四种基本相互作用：万有引力（简称引力）、电磁力、强相互作用和弱相互作用。四种基本相互作用有不同的基本性质和基本规律，自然界中千变万化的现象都可以归因于四种基本相互作用。

观念七：物体运动状态或形状发生变化必受到其他物体给予的力。牛顿运动定律揭示了宏观物体低速运动所遵循的规律。

观念八：时空是物质运动的存在形式。物理课程的研究对象始终以时空作为大背景。物理学理论认为，时空是物质运动的存在形式，没有离开时空的纯粹物质运动，也没有离开物质运动的绝对时空。爱因斯坦提出的相对论极大地丰富了人类对于物质运动与时空的认识。

3. 能量观念

观念九：任何过程的全部参与者的总能量在此过程中始终保持不变，而总熵则一定不减少。自然界中一切物质都具有能量，能量有各种不同的形式，能够从一种形式转换为另一种形式、从一个物体传递给另一个物体，各种形式能量的总量保持不变。

观念十：每一种守恒定律必定有其伴随的物理对称性。物理学研究发现，对称现象广泛存在于从宇宙的产生到微观核反应过程的几乎一切自然现象中。例如，守恒定律就是某种时空对称性的表现：时间平移对称性的表现是质量守恒，空间平移对称性的表现是动量守恒，空间旋转对称性的表现是角动量守恒。[1]

（三）物理观念的教学策略

1. 构建核心概念，促进物理观念的形成

普莱斯顿·D. 费德恩将核心概念解释为："希望学生记忆、理解并能在忘记其非本质信息或周边信息之后，仍能应用的陈述性知识。"[2]因此，核心概念及其所涵盖的具体知识不断地充实和发展着物理观念的内涵。同时，物理观念对核心概念具有引领作用，并指导核心概念的有效迁移和应用。

教师首先在教学前以核心概念为目标，思考核心概念与原有概念、核心概念与具体概念之间的联系，将核心概念细化为一系列的具体概念；其次根据形成核心概念的需要精选合适的教学素材，教学素材可以是文字、图片、视频，

---

① 冯华：《以物理观念统领物理教学》，载《课程·教材·教法》，2014(8)。

② ［美］普莱斯顿·D. 费德恩、［美］罗伯特·M. 沃格尔：《教学方法——应用认知科学、促进学生学习》，王锦、曹军、徐彬译，3 页 上海，华东师范大学出版社，2006。

也可以是学生活动，这些内容应与核心概念建构与发展相吻合，以便学生从中总结出具体的知识，再将知识概括和抽象出规律、原理等具体概念，从而增进学生对核心概念的理解；最后创设核心概念的应用情境，在情境中进行迁移应用和反思概括，从而逐步形成物理观念。其框架如图 3-2 所示。

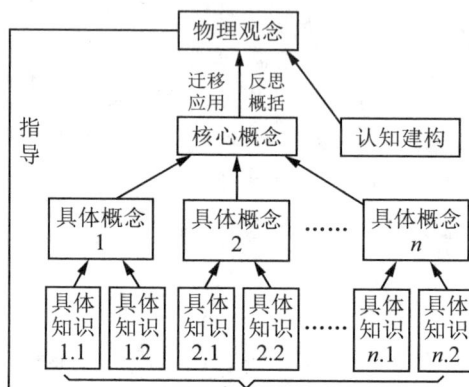

图 3-2 物理观念形成框架①

2. 创设问题化的教学情境，实现物理观念的转化

物理观念的形成既是认知性的，也是体验性的。知识是形成物理观念的载体，也是重要的媒介和手段，而教学情境是将知识逐步转化为物理观念的重要途径。教学必须强化物理知识和情景的关联并提高联系的自觉性，增强学生的实践意识，让学生在情境中进行体验、感悟和感性材料的积累，促进思维活动的发生。

将知识逐步转化为物理观念离不开学生的思维活动，积极的思维活动就是对问题的发现和探求。学生对知识的感悟、观念的形成只有在与情境的互动中才能达成，观念的内化也离不开情境。因此，课堂教学就是要依据教材内容和教学目标的要求设计合适的问题化情境，利用认知冲突形成问题链、问题矩阵以引导和刺激学生进行思考，丰富学生的感知，激发学生的思维，凝练学生的认知，实现物理观念的形成。

3. 引入物理学史，助力物理观念的形成

物理学史是人类对自然界各种物理现象的认识史，也是人们认识世界基本观念的演化史。在研究物理概念、思想发展与变革的过程中，物理观念也不断

---

① 王聿奎：《高中物理观念的涵义、教学价值及培养》，载《教学与管理》，2018(34)。

地发展、变化和更新。将物理学史内容融入教学，可以帮助学生从抽象的概念、规律、定理中跳出来，从更加宽广、更加高远的角度看待物理概念和规律的形成、发展与建立，经受观念变革的洗礼，领会观念的价值和作用。

在教学中融入物理学史的方法主要有两种：一种是以学史发展为主线，再将科学概念融入；另一种是以物理概念发展为主线，再将学史融入。在教学中渗透物理学史，不是简单地追溯和罗列史实，而是通过史实向学生揭示新观念产生的原因、过程和思想方法等。物理学史中有着丰富的情境素材，教师可以通过创设教学情境，如实验情境、问题情境、故事情境、讨论情境等促进物理观念的形成。教师在教学中可以通过认知冲突等形式使学生突破错误观念，克服认识上的片面性，从而促进正确观念的形成。同时，在物理学发展过程中，概念和规律的建立过程也不是一帆风顺的。曲折的发展历程不仅能够使学生感悟物理观念的价值和作用，还可以使学生感受物理观念建立的艰辛过程与科学方法，为学生形成新的物理观念指明方向。

4.通过问题解决实现物理观念的升华

应对现实生活中各种有挑战性的复杂真实任务是促进物理观念内化和升华的重要渠道。《普通高中物理课程标准（2017年版2020年修订）》指出物理观念是要让学生从物理学视角解释自然现象和解决实际问题，可见认识和解释自然界是物理观念的落脚点和价值所在，通过物理观念的形成，使学生获得对世界的更加完整的认识，最终形成自己关于物理世界的图景。

教学应设置各种问题的实际情景，让学生以认知建构的方式去重组问题、重组内容，使学生在解决问题中建立问题与问题之间的联系，进行知识间的沟通。解决实际问题可以使学生增强对知识的掌握和对概念、规律的理解，加深对物理思维和方法的应用，促使学生知识结构逐步完善。学生在与情景的持续互动中不断解决问题并创生新的意义，能够综合运用相关知识技能、思维模式、态度和价值观等内在的动力，在不断质疑、批判和应用中促进物理观念的升华。[①]

二、发展科学思维能力的教学策略

（一）科学思维的内涵

《辞海》对思维的解释有三种：考虑、思量；理性认识、理性认识的过程；意识、精神。科学思维主要援引自思维的第二种解释，指人脑对科学信息的加

---

① 王聿奎：《高中物理观念的涵义、教学价值及培养》，载《教学与管理》，2018(34)。

工活动，其比日常的思维更具逻辑性、严谨性、系统性和客观性。[①]

《普通高中物理课程标准(2017 年版 2020 年修订)》将科学思维定义为：从物理学视角对客观事物的本质属性、内在规律及相互关系的认识方式；是基于经验事实建构物理模型的抽象概括过程；是分析综合、推理论证等方法在科学领域的具体运用；是基于事实证据和科学推理对不同观点和结论提出质疑和批判，进行检验和修正，进而提出创造性见解的能力与品格。科学思维主要包括模型建构、科学推理、科学论证、质疑创新等要素。《义务教育物理课程标准(2022 年版)》也采用了此定义。

(二)科学思维的内容

1. 模型建构

模型建构作为一种认识手段和思维方式，是学生根据研究问题和情景，在对客观事物抽象和概括的基础上构建易于研究的、能反映事物本质特征和共同属性的理想模型、理想过程、理想实验和物理概念的过程。中学阶段模型建构表现在能够分析模型所涉及的各个要素及其结构，使用模型解释物理现象和过程，阐明物理概念和原理，具有在真实情境中构建模型的意识和能力等。

2. 科学推理

科学教育研究和实践提出的科学推理，不仅包括逻辑上的归纳推理、演绎推理和类比推理，而且包括分析与综合、抽象与概括、比较与分类等思维方式，还包括控制变量、组合推理、概率推理、相关推理、因果推理等推理形式。中学阶段的学生要能正确理解和应用上述科学思维方法，从定性和定量两个方面进行科学推理、找出规律、形成结论，并能解释自然现象和解决实际问题。

3. 科学论证

科学论证是以科学知识为中介，积极面对问题，对所获得的数据资料进行解释说明，提出自己的论点，反思自己和别人的论点的不足并提出反论点，同时能反驳他人的质疑和批判的高级思维能力。中学阶段的学生应具有使用科学证据的意识和能力，能运用证据对研究的问题进行描述、解释和预测。

4. 质疑创新

质疑创新是科学思维的高级阶段，是批判性思维与创造性思维的体现。[②]

---

① 廖伯琴、李洪俊、李晓岩：《高中物理学科核心素养解读及教学建议》，载《全球教育展望》，2019(9)。

② 廖伯琴、李洪俊、李晓岩：《高中物理学科核心素养解读及教学建议》，载《全球教育展望》，2019(9)。

质疑创新的核心是科学创造力。科学创造力是在科学知识学习、科学问题解决和科学创造活动中，根据一定的目的，运用一切已知信息，在新颖、独特且有价值地（或恰当地）生产某种产品的过程中表现出来的智能品质或能力。中学生的科学创造力主要表现在思维和想象的流畅性、灵活性和独创性等方面。从物理学习和活动的角度来看，中学生的科学创造力主要表现在观察与实验、物理知识的学习、物理问题的提出、物理问题的解决、物理创造活动等方面。[①]

（三）科学思维的教学策略

1. 科学抽象，培养学生的模型建构能力

理性思维是物理教学的核心，建构和使用模型是形成理性思维的基本途径。物理是一门研究问题复杂、影响因素众多的科学，在实际教学中，为了便于分析问题，经常采用简化方法，即对实际问题进行科学抽象，抓住其主要因素、忽略其次要因素，建立一种理想化的物理模型，再迁移运用物理知识解决问题，同时也培养学生分析问题的能力。

例如，在对汽车的发动机做检修时经常需要抬起引擎盖，要想知道在抬起引擎盖的过程中应用了什么物理原理，就需要把引擎盖抽象成杠杆模型（如图 3-3 所示）。在此基础上，教师可设置问题串：引擎盖属于哪类杠杆？在引擎盖抬起过程中，重力 G 的力臂发生什么变化？向哪个方向施加的力最小？

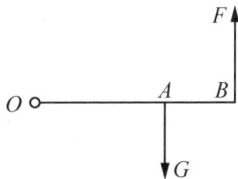

图 3-3　引擎盖杠杆模型[②]

2. 提出问题，培养学生的物理推理能力

物理推理能力是以已有的物理知识和所给的事实与条件进行逻辑推导，推出正确的判断或结论的个性心理特征。学生学习物理的过程实质上就是提出问题、解决问题的思维活动过程，引导学生推理是很重要的解决问题的方式。教师可通过创设情境引导学生提出问题，然后运用推理方法致力于问题解决，从而培养学生的物理推理思维能力。

例如，夏天雨后的天空有时会出现美丽的彩虹，彩虹是怎样形成的呢？教师可引导学生进行推理。太阳光经雨滴发生第一次折射后形成不同的单色光，不同的单色光经雨滴的反射和第二次折射后以不同角度射出（如图 3-4 所示）。由于雨滴高度不同，导致经不同的雨滴折射进入人眼的单色光不同，又由于雨

---

① 胡卫平：《物理学科核心素养的内涵与表现》，载《中学物理教学参考》，2017(15)。

② 沈伟云：《基于科学思维培养的初中物理教学策略》，载《物理教师》，2018(10)。

滴数量巨大，导致大量不同的单色光进入人眼。这就是人观察到彩虹的原因（如图 3-5 所示）。

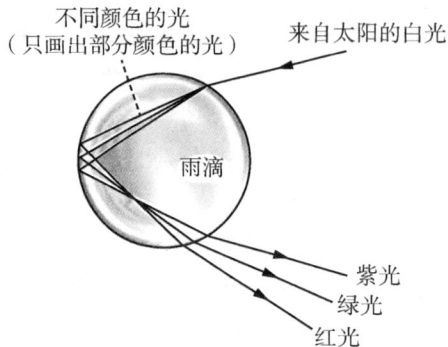

图 3-4　彩虹的形成①

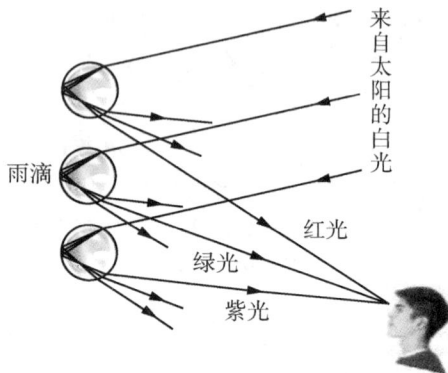

图 3-5　太阳光经过不同雨滴折射

3. 归纳演绎，培养学生的科学论证能力

在物理教学中，教师经常在总结阶段要求建立系统性的知识框架。而思维导图是一种以直观形象的方式来表示知识结构的思维工具，它能有效呈现思考的过程及知识的关联。教师可在归纳总结的基础上运用思维导图增强物理知识的系统性和逻辑性，并且运用演绎思维方法解决一些具体问题。构建思维导图有助于物理陈述性知识结构化、条理化，提高学生的总结综合能力，培养学生的归纳、演绎等理性思维。

例如，在复习光学知识时，教师可引导学生构建如图 3-6 所示的思维导图，接着列举一些生活实例，如树荫中的光斑，岸上的人看到的水中的鱼，湖泊中青山的倒影，遥控器的红外线是否遵循光的反射规律，等等，引导学生结合思维导图，运用演绎思维方法予以解决。

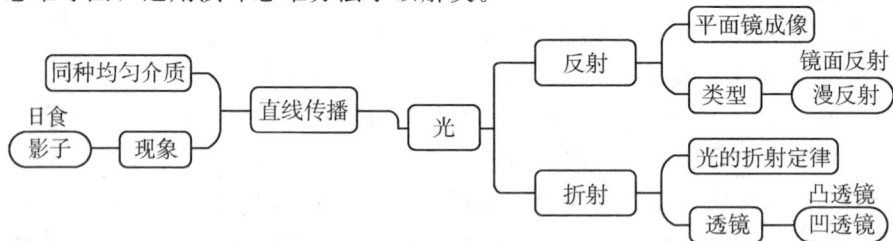

图 3-6　光学思维导图②

① 沈伟云：《基于科学思维培养的初中物理教学策略》，载《物理教师》，2018(10)。
② 沈伟云：《基于科学思维培养的初中物理教学策略》，载《物理教师》，2018(10)。

4. 鼓励质疑，培养学生的质疑创新能力

批判性思维是对自己或别人已有的思考和结论采取批判的态度，进行理由充分、逻辑严密的反思，提出质疑，弄清情况并进行独立分析的过程。教师可结合学生物理学习实际鼓励学生不断质疑，引导学生及时分析解决提出的问题，进而培养学生的批判性思维。

例如，在探究平面镜成像规律的实验中，先在白纸上沿蜡烛 A 和代替像的蜡烛 B 边缘画圆，画出玻璃板边缘 CD 和 $C'D'$。但根据许多小组反馈的数据分析，并不能说明"像、物到平面镜的距离相等"。那么，究竟是规律有问题，还是实验方法有问题？有学生提出了质疑。经小组讨论、认真思考，学生发现是物距与像距测量出现了问题。经学生进一步思考、讨论，最终确定测量方法：$C'D'$ 面虽有反射

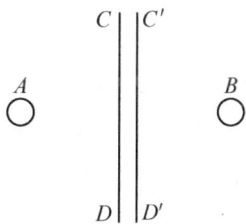

图 3-7　探究平面镜成像

光线成像，但较弱，因此应以 CD 作为反射面，测出 CD 与 A 圆右端距离作为物距，CD 与 B 圆左端距离作为像距，进而测得数据，充分说明"物到镜面的距离与像到镜面的距离相等"。

三、培养科学探究能力的教学策略

(一)科学探究的内涵

探究一词的英文 inquiry 源自拉丁文 inquīrere，意为"探寻事物内部的规律"。科学探究是人们探索和了解自然、获得科学知识的主要方法，与生产生活中的实际情境密不可分。科学探究能力是学生应具备的关键能力之一。[①]

《普通高中物理课程标准(2017 年版 2020 年修订)》将科学探究定义为：基于观察和实验提出物理问题、形成猜想和假设、设计实验与制订方案、获取和处理信息、基于证据得出结论并作出解释，以及对科学探究过程和结果进行交流、评估、反思的能力。科学探究主要包括问题、证据、解释、交流等要素。《义务教育物理课程标准(2022 年版)》也采用了此定义。

(二)科学探究的内容

一般情况下，科学探究包含提出问题、做出假设、制订计划、收集证据、处理信息、得出结论、表达交流、反思评价等方面，可概括为问题、证据、解释、交流等要素。中学生物理科学探究能力主要表现在以下方面。

---

① 廖伯琴、李洪俊、李晓岩：《高中物理学科核心素养解读及教学建议》，载《全球教育展望》，2019(9)。

1. 问题

具有科学探究意识，能在学习和日常生活中发现问题，提出合理猜测与假设。例如，提出或识别可以通过科学探究解决的问题；判断一项探究活动围绕什么问题展开；根据已有研究，提出可以进一步探究的科学问题；针对问题进行合理的猜想与假设。

2. 证据

具有设计探究方案和获取证据的能力，能正确实施探究方案，使用各种科技手段和方法收集信息。例如，能通过观察、调查和实验等方式获取证据；掌握课程标准要求的实验器材使用、实验方案设计和数据收集方法；以图或表等多种方式呈现收集到的数据。

3. 解释

具有分析论证的能力，会使用各种方法和手段分析、处理信息，描述、解释探究结果和变化趋势，基于证据得出合理的结论。例如，基于证据，分析相关现象或原因；使用课程标准要求的方法和技术分析数据；对收集到的证据的可靠性进行评估；评价证据是否支持所得出的结论。

4. 交流

具有交流与合作的意愿与能力，能准确表述、评估和反思探究过程与结果。例如，准确表达自己的探究问题、过程和结果；选择和运用适宜的媒体与他人进行有效交流；对他人的探究过程和结果能提出建设性的意见。[1]

(三)科学探究的教学策略

1. 创设情境，提出问题

在培养学生科学探究能力的教学实践中，教师应重视情境创设，尽量让学生置身于直观的科学探究情境，从而发散学生的科学思维，使其自觉探究物理问题。具体来说，物理教师可以通过以下几种方式来创设教学情境。

(1)展现生活场景，唤起生活记忆

展现生活场景是非常重要的一种情境创设手法，可以直接指引学生展现自身的学习能力、思维能力与实践能力。因此，教师可以尝试在物理课上展现生活场景，据此唤起学生的生活记忆，以便让学生自然而然地分析、解决物理问题。

(2)抛出物理问题，创建问题情境

科学探究活动基本上都是为了解决某类问题，所以会有从感性到抽象再到

---

① 胡卫平：《物理学科核心素养的内涵与表现》，载《中学物理教学参考》，2017(15)。

具象的动态过程。要想顺利指引中学生自觉探究物理知识，教师就要主动创建问题情境，据此锻炼学生的思考能力，让学生围绕问题去整理物理资料，为科学探究活动做准备。

（3）整合媒体资源，呈现直观情境

网络媒体资源可以方便学生在物理课上进行探究，优化课堂教学氛围。这不仅创新了教学手段，还创新了课堂情境的创设方式。教师可以围绕物理知识整合视听结合的媒体资源，呈现直观的物理情境，以便顺利引导学生探索物理知识。

2. 任务探究，寻找证据

要想有效培养学生的科学探究能力，就必须让学生亲自参与任务探究活动，以任务明确探究方向，以自学导入探究活动，以合作优化探究效益，全方位改善学生的课堂学习行为，有效培养学生的科学探究能力。具体来说，教师可以按照如下程序来组织课堂探究活动。

（1）提出探究任务，促使学生自主思考

探究活动的目的性是比较强的，中学生应该在明确的探究目标驱动下参与探究活动，这样才能更好地避免无效学习。教师要明确提出探究任务，促使学生自主思考、积极探究，从而顺利调动起学生的探究欲望。

（2）学生独立学习，锻炼学生思考能力

在探究中，学生虽然可以参加合作学习活动，但是依然需要保持独立的思考状态，不可被动等待同学归纳物理知识，也不可忽视同学的启发与点拨作用。因此，在开展合作之前，教师要鼓励学生独立学习，让学生围绕探究任务自主整理物理知识，有效锻炼学生的思考能力，让学生顺利分析物理问题。

（3）小组合作交流，共同完成探究任务

中学生的个人认知能力有限，通常需要通过小组合作共同解决物理问题，通过集体探讨去攻克探究难题。因此，待学生完成了独立学习任务，教师应组织学生积极参与合作交流活动，促使学生全身心投入小组合作学习活动，帮助学生产生思维碰撞，使其顺利建构物理新知。

3. 总结反思，解释交流

中学生必须有意识地总结物理探究经验，从中提炼有效的学习方法，才能在一轮轮的科学探究活动中迁移认知经验，提高科学探究能力。因此，教师要在课堂上及时组织总结反思活动。

（1）总结探究结论，归纳物理知识

在科学探究过程中，中学生虽然会形成物理知识、物理能力，但如果缺乏总结与整合活动，就很难将物理新知有序内化到个人认知体系，这就会直接影响学生的物理学习状态，不利于培养学生的知识迁移能力。因此，教师要在结束环节组织学生总结物理探究结论，从而及时归纳物理知识，完善学生的知识结构，为促使学生实现有效学习做准备。

（2）反思学习过程，归纳学习经验

为了让高中生自主迁移物理探究经验，教师应指导学生在每一轮科学探究活动结束之后，积极回顾物理探究过程、探究得失，从而切实优化学生的行为表现，逐步提升学生的科学探究能力。[1]

四、渗透科学态度与责任的教学策略

（一）科学态度与责任的内涵

科学态度与责任既是物理教学价值的深层次体现，也是物理学习的高层次追求。[2] 作为物理学科核心素养之一，科学态度与责任对学生良好品格的塑造、科学态度与责任感的形成具有指导意义。[3]

《普通高中物理课程标准（2017 年版 2020 年修订）》将科学态度与责任定义为：在认识科学本质，认识科学·技术·社会·环境关系的基础上，逐渐形成的探索自然的内在动力，严谨认真、实事求是和持之以恒的科学态度，以及遵守道德规范，保护环境并推动可持续发展的责任感。科学态度与责任主要包括科学本质、科学态度、社会责任等要素。

（二）科学态度与责任的内容

1. 科学本质

科学本质是指对科学知识、科学研究过程、科学方法、科学精神、科学的历史、科学的价值、科学的限度等方面的最基本的特点的认识，是一种对科学本身全面的、哲学性的基础认识。科学本质观是一个结构化的观念系统，不同的历史时期和不同的人对科学本质的认识不尽相同。

在《面向全体美国人的科学》一书中，美国科学促进协会将科学本质观概括为三点。第一，科学知识的本质：世界是可以认识的，科学是可变的，科学不可能解决所有问题。第二，科学研究的本质：科学讲究证据，科学是逻辑与想象相结合的产物，科学用于解释和预测，科学试图确定和避免偏见，科学反对权威。第三，科学事业的本质：科学是一种复杂的社会活动，科学被分成专门

① 郑细疆：《高中物理培养学生科学探究能力的教学策略分析》，载《考试周刊》，2021(48)。
② 石炳乐：《高中物理对学生科学态度与责任方面的培养》，载《天津教育》，2022(20)。
③ 彭红艳：《聚焦"科学态度与责任"的物理教学实践》，载《中学物理》，2022(14)。

领域并在不同情况下进行研究，科学研究中存在普遍的伦理原则，科学家既作为专家又作为公民参与公共事务。① 在中学物理教学中，教师要让学生通过知识学习和科学探究逐步理解科学本质。

2. 科学态度

态度是个体对特定对象（人、观念、情感或事件等）持有的稳定的心理倾向，这种心理倾向蕴含个体的主观评价及由此产生的行为倾向性。科学态度是个体对科学对象、科学现象、科学过程、科学事实、科学理论、科学研究等持有的稳定的心理倾向，主要包括好奇心、实事求是、追求创新、合作分享四个方面。学生通过中学阶段的物理学习，应具有学习和研究物理的好奇心与求知欲；具有基于证据和逻辑发表自己的见解的意识和能力，不迷信权威，实事求是；善于从不同角度思考问题，追求创新；能主动与他人合作，尊重他人的情感和态度。

3. 社会责任

社会责任主要包括科学伦理和科学·技术·社会·环境两部分内容。科学伦理的要求是在进行物理研究和物理成果应用时知道需要考虑伦理和道德的价值取向，并能遵循普遍接受的伦理道德规范，理解科学技术的本质。STSE 的要求是理解科学、技术、社会、环境的关系，理解人类活动对自然环境、生活条件和社会变迁的影响，以及科学技术已成为社会与经济发展的重要推动力量；理解社会需求是推动科学技术发展的动力；热爱自然，具有保护环境、节约资源、促进可持续发展的责任感。②

（三）科学态度与责任的教学策略

1. 创设教学情境，理解科学本质

科学本质的提出要求每位教师在教学中注意帮助学生形成正确看待科学的观念，引导学生从三个方面理解科学本质：自然界是可以被认知的；科学认识是发展变化的；科学是有局限性的。具体教学策略如下。

（1）还原历史情境，认识科学本质

教师可以借助物理学史还原真实情境，让学生学会用发展的观点看待问题，使其充分认识到科学是不断向前发展的，且许多科学原理既有持久性和普适性，也有局限性，要用发展的眼光看问题。例如，学生在学习"牛顿第一定

① ［美］美国科学促进协会：《面向全体美国人的科学》，中国科学技术协会译，4 页，北京，科学普及出版社，2001。
② 胡卫平：《物理学科核心素养的内涵与表现》，载《中学物理教学参考》，2017(15)。

律"一课时，通过回顾亚里士多德、伽利略、笛卡尔、牛顿对相关内容进行研究的整个过程，了解牛顿第一定律也并非一成不变。在牛顿之后，爱因斯坦与诺特尔的研究对这一定律的发展影响深远，特别是爱因斯坦的广义相对论，它使得牛顿第一定律变得更具包容性。

（2）创设讨论情境，揭示科学本质

教师可以在教学的关键点为学生多创造些讨论机会，鼓励学生参与，给予学生发表不同意见的机会，从各方面深化学生对新知识的理解和掌握，也在相互启发中加深学生对科学本质的认识。例如，在"液体压强"一课中，当教师讲到液体压强与液体深度的关系时，学生对"液体高度还是液体深度"不理解。高度和深度仅一字之差，但物理意义完全不同。这时教师组织学生讨论，通过澄清概念认清本质，使学生认识到高度是容器底部到液体内某一点的距离，而深度是液体自由面到液体内某一点的距离。

2. 重视实验探究，培养科学态度

在实验探究过程中，教师通过观察现象提出科学问题，形成猜想和假设，培养学生实事求是、敢于质疑的精神；通过小组合作加强学生间的交流，让学生感知团队合作的重要性；当实验结果与预期不一致时，引导学生大胆质疑，提出自己的见解，懂得实践是检验真理的唯一标准，通过寻找实验中的问题再次检验实验，培养学生探索自然的好奇心和热情，不怕失败、克服困难、持之以恒的精神，以及尊重事实、尊重科学、严谨认真的科学态度。

例如，学生通过搓手发热活动感受摩擦生热；用手将空杯子慢慢压入盛水的盆中，感受手掌受力的变化，初步体验物体排水量与浮力的关系；用盛水的玻璃杯和球形烧瓶代替凸透镜研究成像规律；用盛水的玻璃杯代替三棱镜观察太阳光的色散；透过小水滴观察电视荧光屏上的三原色等。

3. 创设人文情境，培育社会责任

教师在开展教学活动时，可以通过创设人文情境使学生在形成观念、发展思维、学会探究的同时形成科学态度与责任。具体教学策略如下。

（1）链接物理学史，涵养科学精神

教师可以挖掘物理学史中蕴藏的精神资源，在物理教学中恰当地引入物理学史，让学生感受科学家的人文情怀，形成严谨认真、实事求是和持之以恒的科学态度。例如，在"原子"一课中，教师可以介绍"两弹一星元勋"邓稼先，他心系祖国核事业发展，毅然放弃美国的优厚条件，隐姓埋名研制核武器，在极度艰苦的条件下默默工作，直到身患绝症离开人世方为人知。教师在教学中通过创设这类感人肺腑的人文情境激励学生、感染学生，让他们从小树立远大理想，涵养其科学精神和社会责任。

（2）链接传统文化，增强民族自信

教师可以利用优秀传统文化，如诗词、建筑等，对学生进行人文教育，不但能增强学生的民族自豪感，还能提升课堂效果，起到锦上添花的作用。例如，在"机械运动"一课中，教师可引入毛主席的诗句"坐地日行八万里，巡天遥看一千河"，讲解"运动是绝对的"这一概念。在"声音的产生和传播"一课中，教师可以播放我国古代乐器编钟的视频，带领学生了解我国古代韵律的研究成就。

（3）链接时事热点，培养社会责任

在教学过程中，教师引导学生将物理与生活、社会有机地联系起来，通过链接时事热点，让学生进一步了解物理知识在社会、生活中的应用，让学生在感受科技进步带给人们的便捷与舒适的同时增强回报社会、服务社会的责任感。例如，许多与物理密切相关的技术成就和物理学本身的研究成就，如航空技术、卫星发射、磁悬浮列车、激光通信、超导现象、纳米材料等，已成为生活中的常见内容。许多与物理相关的技术产品，如电视机、电冰箱、微波炉等已经在社会和家庭中大范围普及，许多与物理相关的技术问题如新能源车、降低能耗、核能利用、噪声污染、温室效应等已经成为人们生活中的重要话题。

（4）链接科技前沿，树立科学伦理

科学是把双刃剑，科学发展给人们带来先进的技术和资源，是推动社会发展的强大动力，但同时也带来能源短缺、环境污染、温室效应、生态破坏等严重问题，影响到人类生存的根本。在教学中，教师应引导学生从人文的角度看待科学，让学生对科学形成一个全面清醒的认识，让学生意识到这些问题的出现并不是科学本身造成的，但这些问题的解决必须要依靠科学技术。例如，在学习"原子能"知识时，教师可以讲述原子能的开发是一个伟大的科学成就，让学生知道利用原子能发电会造福人类，但也面临核危机、核泄漏、核战争的危险。[1]

第三节　渗透 STEM 教育理念的物理教学策略

近年来，互联网技术发展迅猛，移动互联网、智能制造和人工智能等高新

---

[1]　彭红艳：《聚焦"科学态度与责任"的物理教学实践》，载《中学物理》，2022(14)。

技术对社会的发展产生了巨大的影响。但在全球产业分工中，我国制造业仍处于中低端价值链中，我国的工程技术人才尚不能满足制造业发展的要求，存在缺乏工程技术教育、教学内容与社会脱节、学生缺乏创新意识和创新创业能力等问题。[①] 加强技术工程教育，将科学教育、技术教育、环境教育和数学教育融合，创新教育模式，培养创新型复合人才成为教育发展的主体趋势，由此逐渐衍生出以 STEM 教育理念为代表的多学科融合的综合教育理念。

一、STEM 教育概述

人类社会发展的过程其实是科学技术和人文共同发展的过程，在很长的一段时间内，人类与自然环境中的各种生物和谐相处，并在此基础上建立了与之相适应的文化观和价值观。进入 20 世纪后，科学技术的迅猛发展极大地推动了人类的物质文明发展，提高了人类改造自然的能力，而人文发展未能同步，新的价值标准未能及时建立。对科学技术的盲目崇拜导致人类忽视了科学、技术、社会和环境是一个相互联系的整体，人类对自然环境施加的影响逐渐超过自然环境自我调节的能力范围，自然界的生态平衡受到严重威胁，出现人口、粮食、健康、环境、资源、社会秩序和伦理道德等一系列问题。人类在为科学技术提高生活质量而沾沾自喜时，也逐渐意识到科学技术所带来的严重的负面效应，这促使我们不得不对科学发展和人才需求进行深刻的反思。[②]

社会对于人才的需求是教育教学发展改革的方向。时代的发展导致社会对人才的需求发生变化，逐渐衍生出 STS 教育、STSE 教育、STEM 教育、STEAM 教育等多学科融合的综合教育理念。其中，STS 教育是 20 世纪 70 年代兴起的一种科学教育思维模式和价值观，是科学（science）、技术（technology）、社会（society）三门学科的英文首字母缩写，其基本理念为：在科学教育中突出科学、技术和社会的相互关系，使学生理解科学、技术在社会生产和生活发展中的应用，增强对科学本质的认识和社会责任感。STS 教育与以往的科学教育观相比有很大的拓展，但仍脱离不了人类中心主义的价值观，忽视了对环境、对其他物种的影响。20 世纪 90 年代中期，STSE 教育作为一种更全面的科学教育思维模式和价值观逐渐兴起，它在 STS 教育的基础上增加了环境（environment）教育。与 STS 教育不同的是，STSE 教育渗透着人文价值教育，让学生形成一定的价值标准和信念体系。这使学生能明辨是非，理解科学

---

① 杨渝新：《初中物理教学融入 STEM 教育的案例开发研究》，硕士学位论文，河南大学，2023。

② 张海银：《从 STS 到 STSE 和 STEM：世界理科教育从理念到课程的演绎》，载《中学生物教学》，2012（9）。

技术的社会意义，从而树立科学发展观，让科学技术造福人类。[①] 21 世纪初，STEM 教育异军突起，将科学(science)、技术(technology)、工程(engineering)和数学(mathematics)教育有机整合的教学体系开始向中小学阶段延伸。

多学科融合实现多元化育人的教育理念深入人心。物理学是一门实验科学，数学是物理研究的工具和手段。物理学是其他自然科学和各种工程技术，特别是现代新技术革命的基础。物理学极大地推动了科学技术发展和社会进步，引领着信息化时代的发展。STEM 教育是一种实践性很强的项目性活动，而物理学是以实验为基础的学科，所以物理教学可以很好地体现 STEM 教育理念。这里主要讨论 STEM 教育理念与中学物理教学设计的融合策略。

(一)STEM 教育的内涵

1986 年美国国家科学委员会发布的《本科的科学、数学和工程教育》被视为提倡 STEM 教育的开端，此报告充分肯定了发展 STEM 教育的重要价值，并对 STEM 教育的发展提出了指导性的意见，包括经费投入、宣传动员、各机构间协调统一等。[②] 21 世纪初，STEM 教育开始从本科延伸到中小学教育阶段。STEM 教育在国外已有近 40 年的发展历史。2012 年我国的 STEM 相关研究逐渐兴起，到 2015 年我国的 STEM 教育发展逐渐呈现欣欣向荣之态。在此阶段，STEM 开始由理论研究转向实践，主要的研究方向包括 STEM 教学模式、教学方法及教学策略等，逐渐出现具有中国本土特色的 STEM 教育研究。部分学校开始正式实施 STEM 课程，致力于推进中学教育创新。2016 年教育部发布《教育信息化"十三五"规划》，对 STEM 教育做出了进一步要求：有条件的地区要积极探索信息技术在"众创空间"、跨学科学习(STEAM 教育)、创客教育等新的教育模式中的应用，着力提升学生的信息素养、创新意识和创新能力，养成数字化学习习惯，促进学生的全面发展，发挥信息化面向未来培养高素质人才的支撑引领作用。

STEM 教育强调将科学、技术、工程、数学这四门原本相互独立的学科通过一个项目或设计进行自然组合，形成一门涵盖四种内容的学科，使它们共同作用在教学过程中。因此，科学、技术、工程、数学是构成 STEM 教育的四大主体要素。[③] 其中，科学指发现、积累并公认的普遍真理及其运用，已系

---

① 张海银：《从 STS 到 STSE 和 STEM：世界理科教育从理念到课程的演绎》，载《中学生物教学》，2012(9)。

② 任友群：《STEM 视角看教育改革如何促进科技创新》，载《文汇报》，2015-07-17。

③ 闵文静：《基于 STEM 理念下的高中物理教学模式与教学质量评价研究》，硕士学位论文，陕西理工大学，2022。

统化或公式化的知识，建立在可检验的解释和对客观事物的形式、组织等进行预测的有序的知识的系统；技术指解决问题的方法及方法原理，是指人们利用现有事物形成新事物，或改变现有事物的功能、性能的方法；工程指应用有关的科学知识和技术手段，将某个现有实体转化为具有使用价值的产品的过程；数学是研究数量、结构、变化、空间及信息等概念的一门学科。四门学科既联系紧密又承担不同作用，科学是STEM教育的思想指导和展示平台，技术是STEM教育的工具，工程是STEM教育的应用关键，数学是STEM教育的语言。STEM教育并非简单的各学科相加，而是高度融合科学、技术、工程和数学等多学科知识的完整有机体（如图3-8所示）。

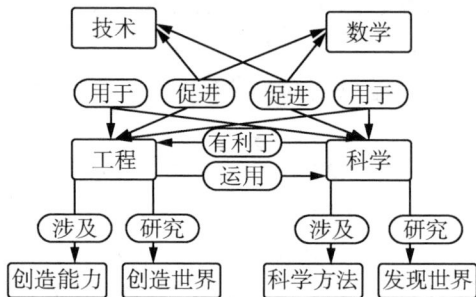

图 3-8　STEM 教育内部结构

STEM教育最显著的特征就是跨学科性和整合性，即把零散的各学科知识整合起来，并应用这些知识去解决生活中的实际问题，也就是把"死"知识变成"活"知识，并将那些原本互相独立的学科有机地联系在一起。[1] 除此之外，STEM教育还具备设计性、趣味性、时代性、情境性、技术性等特点。[2]

（二）STEM教育的价值

STEM教育的重点是加强四个方面的教育：一是科学素养，即运用科学知识（如物理、化学、生物和地球空间科学），以科学的方法认识并参与影响自然界的过程；二是技术素养，包括对科学技术进行评价并做出决定所必需的基本知识和能力；三是工程素养，即对技术工程设计与开发过程的理解和使用能力；四是数学素养，也就是发现并解决多种情境下的数学问题的思维形式。

STEM教育理念运用在物理教学活动中实际上就是融入科学、技术、工程、数学等手段组织课程活动，是对传统教学模式、课程结构的颠覆性改革，能够为学生带来更多新鲜感。在此条件下，学生会对课堂活动更感兴趣，从而提高其学习物理的积极性。再者，由于融入了科学、技术、工程、数学等多学科的知识，STEM教育理念下的物理学习的内容、形式更加丰富，这可以让

---

① 许建明：《STEM 视角下的综合实践活动教学实践研究——以"三极管检测仪的设计与制作"为例》，载《中小学实验与装备》，2018(6)。

② 臧劲松：《基于 STEM 教育理念的课堂教学设计研究》，载《教育现代化》，2018(49)。

学生在学习的过程中增强兴趣和探究欲望，从而逐步提高学生的实践操作能力。

1. STEM 教育是发展学生物理学科核心素养的有效途径

STEM 教育理念重视对于学生创新思维和能力的培养，强调培养全面发展的人，实现从知识教学向素养培养的转变。《普通高中物理课程标准（2017年版 2020 年修订）》对物理学科的特征及其育人的特殊功能进行了界定，遵循中国学生发展核心素养总体框架，确定了物理学科核心素养。《义务教育物理课程标准（2022 年版）》提出跨学科教育，在课程内容中新增跨学科实践并给出了实践案例，指明学校的分科教育模式应逐渐向跨学科和项目式学习发展。STEM 教育强调多学科融合，培养学生实践创新能力的新型教育理念在物理学科中渗透，有助于落实物理学科核心素养教育。

2. STEM 教育是培养学生创新思维和创造能力的路径

智能时代的 STEM 项目式学习的特征是创造。随着社会信息化和智能化的发展，为适应人机协同新秩序，时代对人类的生存和发展提出了更高的要求。仅掌握前人的知识已经不符合时代对人才的需求，只有将学习应用于创造性解决问题，才能成为智能时代具有创新能力的劳动者。STEM 教育正是为适应时代需求变革而提出的，经过多种理论和实践研究的发展，它已经成为一种追求培养学习者创新创造能力的新型教育方式。在解决真实世界问题的过程中，学习者应用所获得的知识，借助计算机和人工智能，提出创新性解决方案，在习得问题解决能力的同时，将在解决过程和解决策略中形成的方法与路径内化为自己的核心概念和思维模式，从而获得创新创造能力发展。STEM 教育追求的就是学习者在丰富的学习内容中感知，在开放的学习中实践，在创造性地解决问题的过程中获得优良的思维品质。[1]

3. STEM 教育是锻炼学生资源整合能力的重要手段

STEM 教育与现实生活紧密相关，强调以探索的视角展开学习，并在综合学科视角下发现问题、解决问题。在物理教学中，STEM 教育通过将科学、技术、工程和数学等学科内容融会贯通，把抽象知识与工程技术结合起来实施教学。虽然传统的分科教学模式可以突出各个学科的专业性，让学生的学科知识更扎实稳固，学科能力更突出，有着一定的教育优势，但它割裂了学生知识储备的系统性和协调性。生活中的实际问题往往交织着多个学科领域的知识，在这一维度上，STEM 教育更强调学科融合教学和知识的多维性，注重培养

---

① 于晓雅：《STEM 教育价值指向：创造性解决真实世界问题》，载《中国民族教育》，2021(4)。

学生的资源整合能力及综合学科应用能力。

二、渗透 STEM 教育的具体教学策略

在物理教学中渗透 STEM 教育的关键在于纳入教学目标、教学内容、教学过程及评价等各个层面，充分发挥 STEM 教育的育人价值，落实物理学科核心素养教育，培养学生的创造性思维及发现问题、解决问题的能力。基于此，这里从教学设计的各个层面讨论在物理教学中渗透 STEM 教育的具体教学策略。

（一）课前准备

1. 教学内容分析

教学内容分析是教师在有限的教学时间内提高课堂教学效率的必备工作，在这一环节教师要对所教课题的内容进行深入了解，主要包括了解课程标准、教材等教学指导文件。除此之外，还需要查阅相关资料，对教材以外的有育人价值的内容进行补充。STEM 教育理念下的中学物理课堂的教学内容包含 STEM 教育所要求的整合学科知识和国家课程标准对物理教学提出的要求。在整个教学内容分析的过程中，教师须结合 STEM 教育理念充分思考，从合理的教学模块渗透 STEM 教育理念。从整体上看，分析思路可以从课程标准与教材的解读，整合具体教学内容，挖掘科学素养、技术素养、工程素养和数学素养与相关能力培养载体三个层面展开。

【案例】

"探究两种滑轮的特点"教学内容分析

本节课选自人教版初中物理教材八年级下册第十二章第二节"滑轮"，建立在学生学习二力平衡、功、杠杆等知识的基础上，以研究定滑轮、动滑轮的特点为主要教学内容，目的是让学生深入认识简单机械，学会组装滑轮组，并归纳出滑轮组的省力公式。

"超重"教学内容分析

人教版高中物理教材必修 1 第四章第七节"用牛顿运动定律解决问题"一节课中展示了超重现象。自制实验仪器（简易超重演示仪）充分运用科学、技术、工程、数学等多学科知识演示超重现象。演示的内容源自科学知识——超重，而在自制教具搭建模型的过程中，需要充分考虑工程学——稳定性，充分运用传感器人工智能技术，在读取受力数值后，能通过数学知识精确计算物体加速上升时的加速度，从而进行定量分析，多学科知识相辅相成。

2. 学情分析

学情分析是在教学活动开始之前进行的，包含学生的年龄特点、思维方式、学习风格、认知水平、已有的认知结构等方面。明确学情的目的是帮助教师对学生的整体特征和个体差异、学生的知识储备和能力基础、学生的情感态度方面进行科学合理的判断，从而更加有效地开展 STEM 课程，优化课堂教学，设计出更加符合学生需要的教学过程，使物理课堂发挥出更加明显的育人作用。

【案例】

"探究两种滑轮的特点"学情分析

滑轮在生活中的应用十分广泛，但学生对滑轮的特点、本质和工作原理等并不熟悉。基于所学的二力平衡、杠杆等知识，通过实验探究滑轮的特点，进一步帮助学生学习滑轮相关知识。组装滑轮组有利于培养学生的动手操作能力，观察滑轮组工作有利于培养学生的观察能力和分析归纳能力。

"电流和电路"学情分析

经过前面四节的学习，学生初步掌握串并联电路相关知识，会正确使用电流表测量电流大小；已经完成大量教学实验，掌握部分实验研究方法，具有一定的实验探究能力和实验数据分析能力；学生初次接触虚拟仿真实验技术，需要教师介绍及演示如何操作，帮助学生了解现代教育技术。

3. 教学目标设计

STEM 课程是基于问题、设计或项目开展的。在 STEM 教育理念下，教师需要尽可能地创造与学生日常生活、科技或工业更为接近、更具有现实意义的问题情境，使学生在解决日常生活、科技或工业问题的过程中获得基础的物理理论知识，这一过程的进行将全面实现物理学科核心素养所要求的培养目标。具体到教学目标设计环节，教师应依据 STEM 教育理念，考虑教材内容特点和学生学情，从科学素养、技术素养、工程素养和数学素养四个层面设计教学目标。

【案例】

"探究两种滑轮的特点"教学目标设计

①科学素养(S)：能识别生活中的定滑轮、动滑轮和滑轮组，能利用科学知识描述定滑轮、动滑轮的特点、作用和实质，培养建立物理模型的科学方法。

②技术素养(T)：设计探究实验，研究定滑轮、动滑轮的特点；掌握两种滑轮和滑轮组的组装方法。

③工程素养(E)：组装两种滑轮或滑轮组，在实践中探究两种滑轮的特点和滑轮组的省力情况，培养工程思维和动手能力。

④数学素养(M)：利用杠杆平衡条件分析滑轮工作原理；基于定滑轮、动滑轮的特点与实质，测量滑轮组运作时的具体数据，分析总结出滑轮组的省力公式。

"电流和电路"教学目标设计

①科学素养(S)：科学描述串并联电路电流的规律——串联电路中电流处处相等，并联电路中干路电流等于支路电流之和。

②技术素养(T)：学会使用虚拟仿真实验技术，熟练掌握电流表的使用方法及串并联电路连接要点。

③工程素养(E)：运用虚拟仿真实验技术模拟探究串并联电路电流规律，并在实际操作中进一步验证，在该过程中培养工程思维和分析能力。

④数学素养(M)：掌握电流表读数方法，学会归纳、总结，培养实事求是、严谨仔细的科学态度。

4. 教学重难点确立

教学重难点是教学设计的关键，也是教学设计必须考虑的内容。在STEM教育理念下，物理教学重难点分析应充分考虑所教内容想要渗透的STEM相关素养。教学重点除了核心知识(基本概念、基本定律、重要原理等)和核心素养(物理观念、科学思维、科学探究、科学态度与责任)，还包括STEM教育理念下的各种教学目标。教师须明确STEM课程不仅要重视知识本身的系统化，还要重视培养学生的创造性思维、合作协调能力、动手操作能力等。一般来说，教学难点主要是在STEM教育理念下与基础物理知识相关的工程技术的应用和把握。

【案例】

"探究两种滑轮的特点"教学重难点

教学重点：研究定滑轮和动滑轮的特点与实质，组装滑轮组。

教学难点：理解定滑轮和动滑轮实质是变形杠杆，能判断滑轮组的省力情况。

"电流和电路"教学重难点

教学重点：探究串并联电路中电流的规律。

教学难点：虚拟仿真实验技术的运用，串并联电路的正确连接方法，数据的分析与归纳总结。

5. 教学方案设计

教师根据教学内容分析、学情分析、教学目标和教学重难点，有针对性地选择与组合相关的教学内容、教学组织形式、教学方法和技术，形成高效、特定的教学方案。教学方案是为实现特定的教学目标服务的，在 STEM 教育理念下，教学方案指为实现 STEM 教育理念的相关素养、解决具体教学问题而采用的计划、策略或方法，是一种对教学系统行为的宏观描述。在教学方案设计环节渗透 STEM 教育理念的关键在于：根据 STEM 教育理念下的教学内容、教学目标和教学重难点，合理地选择与工程技术相关的教学方法和教学用具，使学生在真实情境中利用科学技术手段进行实践，在获取基础物理理论知识的同时发展技术、工程素养，培养解决问题的能力。

STEM 教学理念的核心是以问题解决为引导的多项目制教学，如基于问题的学习(problem-based learning，PBL)模式。PBL 模式以问题为引导，让学生在识别问题、分析问题和解决问题的过程中建构知识，锻炼动手操作能力，进而培养解决实际问题的方法和能力。STEM 课程多是项目制，存在类似 PBL 的教学模式，实施过程难度较高，需要小组合作共同完成，因此，教师在 STEM 教学中应对班级成员进行分组，并在实施项目过程中将任务分配给小组成员。教师不仅要关注项目成果，也要关注学生在小组实验中的表现，这样才能提高学生的 STEM 素养。

【案例】

"电流和电路"教学方案设计

以"串并联电路中电流的规律"为研究对象的融入 STEM 教育理念的初中物理规律课教学案例包含的教学方法有：正向项目教学方法，虚拟仿真实验技术演示实验法，讲授法，归纳法，控制变量法，比较法。

此处的虚拟仿真实验技术脱胎于虚拟仿真技术。虚拟仿真是一种可创建和体验虚拟世界的计算机系统；虚拟仿真实验是将虚拟仿真技术融入教学，主要用硬件全部或部分地模仿某一数据处理系统，使得模仿的系统能和被模仿的系统一样接收同样的数据，执行同样的程序，从而获得同样的结果。[①] 虚拟仿真

---

① 朱敏：《虚拟实验与教学应用研究——以大学物理实验教学为例》，硕士学位论文，华东师范大学，2006。

实验系统以其虚拟性、灵活性、开放性和安全性等特点备受中学实验教学青睐。虚拟仿真实验一般分为桌面式、增强式和投入式，我国中学教学应用最多的是桌面式虚拟仿真实验系统。这节课使用的虚拟仿真实验系统是 NOBOOK 软件，NOBOOK 软件采用 HTML5 技术，支持多终端跨平台访问，电子白板、台式机、平板电脑等终端均可使用，而且 Windows、iOS、Android 系统都能使用此软件。这节课的实验分为八个模块：电与磁、家庭电路、声学实验、光学实验、热学实验、力学实验、力与运动、近代物理。[①]

教学用具准备：电源（干电池），导线，不同规格的灯泡，开关，电流表，虚拟仿真实验系统。

（二）教学过程

余胜泉等在《STEM 教育理念与跨学科整合模式》一文中详细介绍了 STEM 跨学科整合模式。[②] 该文指出：该模式应在"教学分析"的基础上对原课程进行目标分析，在原课程要求的基础上进行 STEM 课程研究；以"项目或问题"为核心立足点，在教学内容中选取合适的问题，从该问题入手，分析讨论相关实验方案；在完成项目或解决问题过程中，针对所需的学习资源与工具、学习活动过程、学习支架、学习评价进行提前分析与预设；同时关注项目完成后学生获得的体验及该体验对于学生学习物理的帮助。

教学过程作为教学中的重要环节，是实现 STEM 教学目标的关键。设计 STEM 课程时，教师应以教学内容及学情分析为基础，根据设计好的 STEM 教学目标与重难点及选择的教学方法和用具，精心设计课堂教学流程，其中包括教师的活动、学生的活动以及师生之间的双边活动。需要注意的是，STEM 课程重视培养学生的实践动手能力，因此，课堂教学流程应以学生的活动为主，教师应成为课堂的组织者、引导者和协助者。教师的工作流程是：创设符合学生认知的真实情境；提出相关问题，引发学生思考；通过情境分析、提问启发、演示实验等方式协助学生进行探究，帮助学生解决问题；安排小组进行成果展示，进行强化练习。学生是 STEM 项目的知识建构者和项目完成者，其主要工作内容为：根据教师创设的情境明确相关问题；结合教师的讲解和已有知识经验，建构核心概念；小组明确分工之后进行合作实践，在实践中发现问题，不断改进，寻找更好的解决方法，体验工程设计的过程；小组派代表进

① 王娇：《虚拟仿真实验在高中物理实验教学中的应用研究》，硕士学位论文，辽宁师范大学，2018。

② 余胜泉、胡翔：《STEM 教育理念与跨学科整合模式》，载《开放教育研究》，2015(4)。

行成果展示，完成教师安排的强化练习。①

教学流程主要包含六个环节：创设情境，明确问题，合作探究，制定方案，设计制作，总结强化。在教师和学生的共同协作下，完成一节课的主要任务，解决实际问题或完成安排的项目。在六个教学环节中将教师活动、学生活动及物理学知识连在一起，可形成一个完整的教学体系。

【案例】

"电流和电路"教学流程设计

1. 创设情境，引发猜想

将规格不同的两个小灯泡串联到电路中，规格较大的灯泡放在靠近电源正极处，规格较小的灯泡放在靠近电源负极处，接通电源让两个灯泡正常发光。将规格相同的两个小灯泡并联到电路中，接通电源让两个灯泡正常发光。

向学生介绍虚拟仿真实验技术，并运用这个技术演示上述两个实验，让学生从多媒体屏幕上再次观察实验现象。提出问题：通过观察上述实验现象，可以推断出串并联电路中电流的规律是什么吗？

2. 设计方案，实验探究

①项目主题确定：教师明确提出项目式学习主题——探究串并联电路中电流的规律。

②项目团队组建：本次项目活动以学过的电流和串并联电路知识为基础，自行设计探究串并联电路中电流的规律的实验。项目任务清晰，实验操作性强。项目团队需要两人。组内学生需有扎实的串并联电路知识和电路连接动手能力，各团队尽量水平相当。

③项目方案设计：主要是项目团队设计实验电路图，并利用虚拟仿真实验系统进行虚拟实验。

④项目实施与检测：各团队基于所画实验电路图，有序连接好电源、灯泡、电流表等实验元件，观察记录 A、B、C 三处的电流表示数，分析实验数据，归纳总结出串并联电路中电流的规律。

⑤作品包装与分享：作品展示以项目团队为单位展开，主要展示项目团队设计的串并联电路图，虚拟仿真实验系统得出的实验结果和实际实验操作得出的结论，阐述虚拟仿真实验技术与实际实验操作的区别，以及通过本次项目学

---

① 王小东：《基于 STEM 理念的初中物理教学设计与研究》，硕士学位论文，赣南师范大学，2022。

习收获的知识与技能。

⑥结果评价与反思：结果评价分为三种，分别是教师评价、团队自我评价和团队互评。教师评价是教师对项目实施过程中学生设计的项目方案、实验结论和分享作品时的语言表达能力这三个方面进行评价。团队自我评价是各团队将设计的电路图、实验方案和得出的结论与教师给出的参考实验方案和正确结论进行对比，评价团队的实验完成度。团队互评是在某团队成员进行作品分享后，其他团队成员提出问题并根据该成员的回答进行评价，主要包括设计方案时某一步的设计意图或者需要改进的地方等。反思主要教师教学反思和学生自我反思。教师教学反思主要是包括各团队是否掌握串并联电路中电流的规律，团队学习效果如何。学生自我反思主要包括电路图设计的改进之处，通过本次项目学习收获的实验技能和团队合作技能。

（三）教学评价

物理教学评价是以教学目标、教学内容和学业质量为依据，关注学生在STEM教育理念下相关素养的发展水平，按照科学的标准，运用有效的技术手段，对教学过程及结果进行价值判断的过程。对STEM教育理念下的教学过程进行评价，判断其质量、水平、成效和缺陷，这一过程可以帮助师生及时了解STEM教育理念在物理课堂中的实施效果，根据反馈信息修订后续教学计划，调整教学行为，从而更有效地达到教学目标。基于STEM教育理念的教学评价主要从项目完成度、知识掌握情况、能力发展水平等角度展开。

【案例】

"电流和电路"教学评价

对整个"探究串并联电路中电流的规律"正向项目教学活动进行评价，主要包括作品整体完成度和知识掌握水平两方面。记录整理出各项目团队得出的实验结论并进行评价，进一步深化学生对该知识的理解程度。布置作业：学生课后自主查询生活中有关串并联电路中电流的规律的实例，在下节课与同学们分享，并完成课后习题。以此加深学生对串并联电路中电流的规律的印象，加强学生的电器连接能力。

串并联电路是初中物理学习内容的重要组成部分，学生掌握串并联电路中的物理规律是这节课的重要教学目标。基于STEM教育理念，上述案例的教学活动以演示实验和虚拟仿真实验展开，激发学生的学习兴趣，使学生在实践的过程中掌握新的实验技术以构建的正向项目教学一般流程展开，学生通过观察实验现象发现问题，自行设计实验方案并实施，以虚拟仿真实验验证实验猜想，分析电流表数据，归纳总结出两种电路的电流规律。整个教学活动遵循STEM教育理念，培养学生的科学素养、技术素养、工程素养和数学素养。[①]

【思考练习】

1. 什么是教学策略？
2. 中学物理教学中的课程思政元素有哪些？
3. 结合中学物理教学实例，分析融合课程思政教育的教学策略。
4. 结合中学物理教学实例，分析发展学生核心素养的教学策略。
5. 简述 STEM 教育的内涵与价值。
6. 结合中学物理教学实例，分析渗透 STEM 教育理念的教学策略。

【推荐阅读】

[1]邱伟光. 课程思政的价值意蕴与生成路径[J]. 思想理论教育，2017(07)：10-14.

[2]何玉海. 关于"课程思政"的本质内涵与实现路径的探索[J]. 思想理论教育导刊，2019(10)：130-134.

[3]严锦."课程思政"视域下初中物理实验思政元素的挖掘和融合[D]. 武汉：华中师范大学，2023.

[4]冯华. 以物理观念统领物理教学[J]. 课程·教材·教法，2014，34(08)：70-73＋85.

[5]廖伯琴，李洪俊，李晓岩. 高中物理学科核心素养解读及教学建议[J]. 全球教育展望，2019，48(09)：77-88.

[6]杨渝新. 初中物理教学融入 STEM 教育的案例开发研究[D]. 开封：河南大学，2023.

[7]于晓雅. STEM 教育价值指向：创造性解决真实世界问题[J]. 中国民族教育，2021(04)：23.

[8]杜明荣，魏靖尧. 新中国科技成就融入高中物理教材的特征分析与教学建议[J]. 物理教师 2023，44(11)，25－28.

[9]杜明荣，尹孟歌，王国庆. 育德于理：课程思政理念下的初中物理教学设计——以《物体的沉浮条件及应用》为例[A]. 中国专业学位教学案例中心案例库，2022045110104.

---

① 杨渝新：《初中物理教学融入 STEM 教育的案例开发研究》，硕士学位论文，河南大学，2023。

第四章 中学物理学习测评设计

章前导语

学习测评是中学物理教学设计的重要组成部分。它可以使教学过程中深藏于学生大脑的知识以及知识和能力的建构和发展情况可知、可见，并为教学的实施提供方向和依据。

本章共有三节内容：第一节从学习测评的基本理论出发，构建学习测评的概念，介绍学习测评的特点和类型；第二节探讨中学物理课堂教学过程中学习测评设计的策略；第三节讨论阶段性学习成绩的测评设计中的整卷设计与题目设计等问题。

第一节 学习测评的基本理论

一、学习测评的含义

学习测评是教育测评的一个重要组成部分，是依据教学目标制定评价标准、收集学生学习信息、分析信息、评价学生学习的系统性工作。学习测评包含测评标准、测量和评价三个要素，分别决定对学习信息进行判断的内容和依据，怎样获得需要的信息，以及如何评价获得的信息。学习测评的这三个要素既是相对独立的，又具有较强的关联性（如图4-1所示），教师需要在教学的特定过程中，依据物理学科特点、课程标准、教材、教学目标、教学规律及测评理论等做系统分析，确定测评标准、测量方式和评价方法。

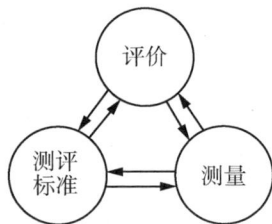

图4-1 学习测评三要素

测评标准包含内容、维度和水平三个部分，制定测评标准的依据主要是物理学科特点、课程标准、教材和教学目标。测评标准直接影响测量方式和评价方法。反过来，测量方式和评价方法对测评标准的制定也具有一定的制约作用。例如，高中物理"摩擦力"一课，教师需要在静摩擦力概念的教学阶段了解学生对静摩擦力的掌握情况，可以根据物理学科特点、课程标准、教材和教学目标，结合在静摩擦力教学阶段教学时间和整个学习过程的制约，制定出如表 4-1 所示的静摩擦力概念建构过程的学习测评框架。

表 4-1　静摩擦力概念建构过程的学习测评框架(部分)

测评标准			测量方式	评价方法
内容	维度	水平		
静摩擦力	知识	知道静摩擦力的特点 知道最大静摩擦力 知道测量静摩擦力的实验方法	问答 讨论 习题	根据完成任务情况进行定性评价
	能力	能识别简单问题情境中的静摩擦力 能定量分析简单问题情境中的静摩擦力 会测量静摩擦力		

二、学习测评的特点

(一)目的性

学习测评是检测学生学习效果，了解、检验和改进教学工作，提高教学质量的一种工具。学习测评的目的就是围绕教学目标促进学生的学习。在整个教学设计过程中，教师要随时思考采取的教学策略是否有效，学生的学习效果怎样。因此，教学设计不仅需要明确的教学目标，而且需要精心设计与高质量教学特征相匹配的学习测评。教师应充分研究教学与测评的关系，科学地提高教学质量。表 4-2 解释了教学与测评之间的紧密关系。[①]

表 4-2　教学与测评之间的关系

具备下列条件时，教学最有效	具备下列条件时，测评最有效
①直接指向一系列界定清晰的预期学习成果	①测评的设计针对一系列界定清晰的预期学习成果
②教学方法和教学材料与欲实现的学习成果一致	②测评的性质和功能与所要测评的学习成果相一致

---

① ［美］诺尔曼·E. 格朗伦德：《学业成就测评(第 7 版)》，罗黎辉、孙亚玲等译，5～12 页，南京，江苏教育出版社，2009。

续表

具备下列条件时，教学最有效	具备下列条件时，测评最有效
③教学设计与学生的特征和需要相匹配 ④教学决策的依据是有意义的、可靠的、相关的信息 ⑤定期告诉学生学习进展 ⑥为没能获得预期学习成果的学生提供补救教学 ⑦定期审查教学有效性，根据需要修正预期学习成果和教学策略	③测评的设计与相关的学生特征相匹配，并且对每个学生都公平 ④测评提供有意义的、可靠的、相关的信息 ⑤及时给学生提供关于测评结果的反馈 ⑥利用测评结果揭示具体的学习弱点 ⑦测评结果为评价教学目标、教学方法和教学材料提供适当的有用信息

（二）间接性

从心理测量的角度看，智力测验、兴趣测验、课堂测验、大学入学考试等都属于心理测验。[①] 学习测评需要测量学生对知识的掌握情况、学生能力的发展情况以及物理学科核心素养的形成和提升情况，这些都属于心理测量，是不易触及的心理品质。对学生精神特性的测量是一种间接测量，只能通过教育影响使学生从行为上表现出来，或者根据学生对测验题目的反应运用推理和判断的方法去间接测定这些行为属性。[②]

测量可以分为直接测量和间接测量。直接测量是指将事物具有相同属性的量进行比较，用一个事物的已知量作为测量工具测评另一个事物的相同量的特征。物理测量中的长度测量就属于直接测量。例如，测量一张桌子的长度，把米尺与桌子的长度相比较，得到桌子的长度值。间接测量不是通过相同物理量的比较得到未知量，而是用一个事物的一个量去推断另一个事物不同量的属性并赋值。物理测量中的温度测量就属于间接测量。例如，水银温度计是通过水银在不同温度下体积变化的规律来测量环境温度的。掌握水银体积随温度变化的规律是正确测量环境温度的基础和前提。因此，从测量角度来说，学习测评的前提是充分研究和了解学习规律、教学规律及问题解决规律，做好测量工具，包括问题、作业、试题的设计，并科学地做好测量、分析和评价工作。

（三）相对性

学习测评分为定性测评和定量测评两类。定性测评是根据学生完成特定任

---

① ［美］麦坚泰、［美］米勒：《心理测量》，骆方、陈晓峰译，5 页，北京，中国轻工业出版社，2009。

② 朱德全、宋乃庆：《现代教育统计与测评技术》，158～159 页，重庆，西南师范大学出版社，1998。

务的情况，对其学习成绩给予定性的描述。定量测评则是用分数定量评定学生完成特定任务的情况，并用测量所得的分数值表征学生的知识掌握程度和能力发展水平。就学习成绩而言，无论是定性测评还是定量测评，结果都是相对的。例如，表4-3为某学生期末测验4科（满分均为100分）的成绩，虽然简单地从分数值上看，语文所得的80分大于物理所得的75分，但由于学习测评的相对性，不能仅凭分数值得出该学生语文成绩优于物理成绩的结论。

表 4-3　某学生期末测验成绩

语文	英语	物理	数学
80	90	75	80

三、学习测评的类型

如何将学习测评有机地融入教学，起到了解、检验和改进教学工作，促进学生学习的作用，是教学设计必须重视的问题。要做到这一点，教师应当围绕物理学科核心素养的具体要求，创设真实而有价值的问题情境，采用主体多元、方法多样的评价方式，客观全面地了解学生物理学科核心素养的发展状况，找出存在的问题，明确发展方向，及时有效地反馈测评结果，促进学生全面而有个性地发展。学习测评的种类很多，通常可按测评的内容、时机、形式等特征分为不同的类型。这里从教学设计出发，根据课堂教学不同阶段教师的教与学生的学的特点，将学习测评分为学习前测评、形成性测评和总结性测评等。

（一）学习前测评

教育心理学的研究表明，学习新知识前与新知识相关的已有知识、技能和经验对学生的学习具有重要作用。课堂教学的一个重要任务就是教师要确保学生掌握了先决技能和知识，并将学生已经掌握的信息与将要呈现的信息以有意义的方式联系起来。[1] 意义的产生主要是教学材料中的新观念与学习者认知结构中原有的（起固着作用的）相关观念之间积极的、全面的相互作用的结果。[2] 因此，了解学习新知识前学生具有的与新知识密切相关的经验、知识和技能是有效教学的前提和保障。在进行教学设计前，教师可通过访谈、前序教学内

---

[1]　[美]罗伯特·斯莱文：《教育心理学：理论与实践》，吕红梅、姚梅林译，214页，北京，人民邮电出版社，2016。

[2]　[美]戴维·保罗·奥苏贝尔：《意义学习新论——获得与保持知识的认识观》，毛伟译，101页，杭州，浙江教育出版社，2018。

容、学生作业等材料，对学生的相关经验、知识和技能等进行测评，确定其与新知识的关系。

例如，初中物理中光的折射的概念、折射现象的特点的教学过程是通过实验观察、探究，利用光线、入射面、法线、入射角、折射角等模型和概念，对光的折射现象进行抽象构建（如图4-2所示）。学习之前，教师需要对学生掌握的关于光的直线传播、光线、法线、入射角等物理知识，对生活中光的折射现象的感知以及初步的实验探究能力等进行测评，了解学生原有经验、知识、技能的特点和差异，为教学设计提供依据。

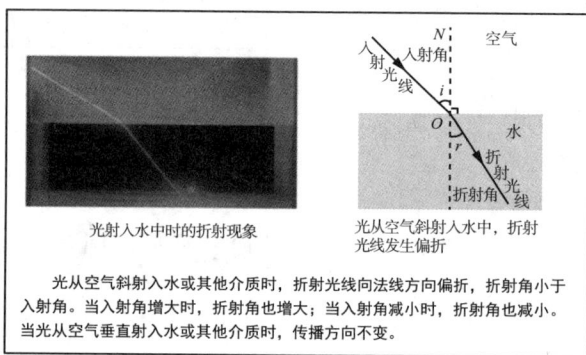

光射入水中时的折射现象　　光从空气斜射入水中，折射光线发生偏折

光从空气斜射入水或其他介质时，折射光线向法线方向偏折，折射角小于入射角。当入射角增大时，折射角也增大；当入射角减小时，折射角也减小。当光从空气垂直射入水或其他介质时，传播方向不变。

图 4-2　光的折射现象的观察与概念建构

（二）形成性测评

形成性测评是通过设置特定任务，如问题、讨论、实验、习题等，收集教与学两方面的信息，通过评价学生达成阶段教学目标的情况以及存在的具体问题，评估教学策略，为教学活动的进程与发展提供决策依据。形成性测评可以针对较短的学习过程，如一堂课的一个阶段、所讲的一个概念；也可以针对较长的学习过程，如一个大概念、一个单元、若干单元等。形成性测评所需信息，一是来自学生在学习过程中的言语、表情和行为，二是在教学设计阶段，根据教学目标、不同阶段任务的特点、教学的重点和难点等，通过设计特定的测评任务，有针对性地获得信息。

例如，在初中物理教学中，某教师在完成"力的大概念"（包括力、重力、弹力、摩擦力、二力平衡、牛顿第一定律）的教学后，参照马克·威尔逊设计的问题[①]，设计了一个如图4-3所示的形成性测评任务图，通过对力与平衡问

---

① ［美］迪伦·威廉：《融于教学的形成性评价（原著第2版）》，王少非译，138～139页，南京，江苏凤凰科学技术出版社，2021。

题的讨论，揭示学生对相关物理概念、规律的理解以及科学思维的深度、广度、精准性和流畅性，测评其物理学科核心素养的发展情况。

可能的原因：小球没受力；桌面阻止小球落下；摩擦力阻止小球落下；小球的惯性；小球受到的重力与桌面的支撑力大小相等、方向相反。

图 4-3　形成性测评任务图

(三)总结性测评

总结性测评又称终结性测评，用来测评在一段较为完整的学习时间中，如一个单元、一个学期或一个学段，达成教学目标的程度。在教学实践中，总结性测评往往采用测验或考试的形式进行，用等级或分数来评价学生的成绩。因为总结性测评需要测评的知识、能力的量或维度较多，加上不同学生的学业水平存在一定的差异，所以作为测评工具的试卷测量的结果应该具有一定的可靠性、有效性和鉴别性。

测评的可靠性是指测评稳定反映考生实际水平的程度，通常用测评结果的稳定性来表征。例如，采用相同的试卷多次测评学生，学生的得分应保持相对稳定。测评的可靠性与参与测评的人数、试题的难易程度以及判分者对评分标准的掌握等因素有关。测评的有效性是指测评真实地测量出所要测量的特性的程度。例如，高中物理必修 1 学习结束后，教师希望测评学生对所学知识的掌握程度与能力发展情况，测评的有效性可用测评所得分数与知识掌握程度和能力发展情况的一致性来描述。测评的鉴别性是指测评鉴别不同考生的水平高低，与题目的难易程度有关。对于专业性质的测评(具有高利害关系的测评，如就高考)而言，测评的可靠性用测评的信度表征，测评的有效性用测评的效度表征，测评的鉴别性可通过难度和区分度来定量描述。

第二节　课堂教学过程中的学习测评设计

学习测评是课堂教学的重要组成部分，其主要任务是以教学目标为基准，了解教学开始前、进行中和结束后，学生的知识、能力和情感的初始状态、发展情况和达成水平，同时激发、引领学生学习。课堂教学的学习测评应有机融入教学各个环节，基于各环节的特点建构学习测评框架，对测评的内容、策略进行系统性设计。本节分别从一节课的导入、习得和巩固三个环节讨论学习测评的设计。

一、导入环节学习测评的设计

导入环节学习测评属于学习前测评，是教师在新的学习内容开始前对学生原有的与学习内容相关的知识、能力和情感等做出测评，从而了解学生所处的初始状态，并起到调动学生学习认知要素并激励、引领学生学习的作用。

导入环节学习测评设计首先要研究学习内容、课程标准和教材，解析教学目标，针对教学的重点和难点确定测量标准和测评框架。导入环节的时间往往不长，测量内容的选择要抓住影响目标达成的关键因素，兼顾其他功能，不能面面俱到。

例如，八年级物理"物体的沉与浮"一课的主要教学内容为浸没在液体中的物体在重力和浮力作用下的运动（趋势）问题，涉及的知识包括：重力、浮力、力的合成、二力平衡、阿基米德原理等。与之相关的知识结构如图 4-4 所示。

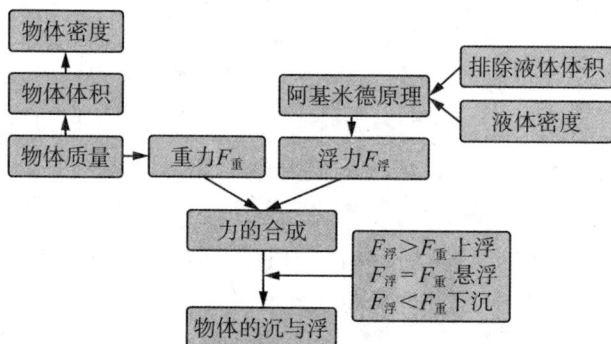

图 4-4　物体沉浮问题的知识结构图

96

这节课的教学目标为：知道物体浮沉的条件，会用物体沉浮条件分析生活中常见的沉浮现象。从图 4-4 可以看出，要达成这一教学目标要达成教学目标，学生需要将近期学习的浮力和阿基米德原理，与较早学习的重力、质量、密度、力的合成和力的平衡等知识建立起联系，重点为阿基米德原理的运用，难点为纠正学生存在的"重的物品下沉，轻的物品上浮"的错误前概念[①]，掌握从受力分析入手，运用物理概念和规律进行推理的方法。为此，教师可以从教学设计的整体出发，确定导入环节需要测评的知识，如将与新课学习关联度最高的阿基米德原理、重力和力的平衡等知识作为导入环节的测评知识。表 4-4 为教师设计的"物体的沉与浮"一课导入环节的测评框架。

表 4-4　"物体的沉与浮"一课导入环节的测评框架（部分）

测评目标			测量方式	评价方法
内容	要素	水平		
阿基米德原理	知识	知道阿基米德原理	提出问题、分析讨论	根据完成任务情况进行定性评价
	能力	能在简单情境中运用阿基米德原理分析问题		
与物体沉浮相关的经验	知识	前概念		
	能力	运用前概念进行推理		

根据新课导入环节的特点，教师可采用问答以及预测、观察并解释实验现象等方法收集信息。问题是获取有效信息最为关键的手段。问题的设计应根据测评的需求，对学生已有的现象、概念、规律、原理等不同类型的知识，以及运用知识分析和解决问题的能力进行测量。表 4-5 列出了低级和高级提问的特点。[②]

表 4-5　低级与高级提问的特点

项目	低级提问	高级提问
所需知识	用记忆的知识照原样回答	在学习者的内心引起新知识
思考	不需要更深入地思考，判断较容易	需要自己思考，需要根据提问的意图做出判断

---

① Jelena Radovanovic，Josip Slisko，"Applying a Predict-observe-explain Sequence in Teaching of Buoyant Force,"*Physics Education*，2013，48(1)，pp. 28-34.

② 皮连生：《教学设计——心理学的理论与技术》，145 页，北京，高等教育出版社，2000。

项目	低级提问	高级提问
答案	只有一个正确答案，答案要么正确要么错误	判断答案是否有道理，有无独创性，或者在几个答案中比较哪一个更好些
具体分类	回忆	理解、运用、分析、综合和评价

下面为教师在八年级物理"物体的沉与浮"一课中将测评融入导入环节的设计思路。

①测评掌握阿基米德原理的情况。

测评问题1：同学们，上节课我们学习了阿基米德原理，哪位同学能说说阿基米德原理？

测评问题2：对××同学的回答有没有补充？认为回答正确的请举手。

设计意图：复习与巩固，低级提问，为评价学生掌握阿基米德原理的情况提供信息，对学生的回答做出评价并给予反馈。

②测评关于"物体的沉与浮"的经验、知识和推理。

测评问题3：在生活中我们都有这样的经验——将物品放入水中，有的物品会下沉，有的物品会漂浮。你们思考过为什么吗？哪位同学能说说为什么有的物品会下沉，有的会漂浮？

设计意图：激活学生原有的经验和知识，高级提问，为评价学生关于"物体的沉与浮"的知识与思维提供信息。

③演示实验："物体的沉与浮"实验（如图4-5所示）。

测评问题4：物体的轻与重决定物体的浮与沉吗？

图4-5 "物体的沉与浮"实验

设计意图：针对学生存在的"重的物品下沉，轻的物品漂浮"的错误前概念，通过重的锁下沉、轻的香蕉漂浮的实验，"支持"其前概念。剪掉香蕉头部的一部分，将含香蕉柄的部分放入水中，观察其沉浮情况，多次剪掉一部分香蕉，直到含香蕉柄的部分沉入水底，说明学生的前概念是错误的。由此引发认知冲突，提出学习课题。

二、习得环节学习测评的设计

习得环节是课堂教学的主环节，主要任务是加工信息、建构概念、探究规律。习得环节学习测评的主要任务是对达成教学目标的过程和结果进行监测。评价学生的习得情况以及在学习过程中存在的问题或困难，了解教师的教与学生的学之间的关系，有效推进教学过程向实现教学目标的方向发展。

习得环节学习测评的设计首先要对学习内容、教学目标及学习规律进行系统分析，有针对性地确定评价标准和测评框架、设计测评任务。

知识的习得、能力的发展需要经历较长过程，学习面临的难点通常是综合且复杂的。习得的核心在于理解，特征是联系性和在一定环境中的实用性。[1] 联系性强调在原有知识基础上对新知识的理解。奥苏贝尔有意义学习理论认为，知识的习得、保持和组织过程是新知识与原有知识之间的同化过程，新知识同原有概念或命题相互作用，这种相互作用的过程导致新知识的意义和它所依附的概念或命题的意义都同时发生变化。[2] 实用性强调在新环境中，习得的知识能被迅速激活并用于分析和解决问题。因此，习得环节学习测评的设计重点是激活原有知识并测评其在新知识习得过程中的参与情况，促进学生对新知识的理解。测量工具（如提问、讨论、实验、试题）的设计要根据不同学习阶段的特点，围绕测评目标进行，否则难以获得有效信息，甚至会打乱教学节奏。

这里以高中物理"向心力"一课为例，讨论习得环节学习测评的设计问题。

圆周运动是物理学常见的运动。圆周运动问题研究涉及的主要物理概念和规律有速度、角速度、向心加速度、向心力、重力、弹力、摩擦力、万有引力、牛顿运动定律、机械能守恒定律等。图 4-6 为圆周运动问题的知识结构。

① 裴娣娜、吴国珍：《国外中小学教育面面观：科学学习心理学》，王磊等译，43 页，海口，海南出版社，2000。

② ［美］D. P. 奥苏泊尔等：《教育心理学——认知观点》，佘星南、宋钧、邵瑞珍等译，150～152 页，北京，人民教育出版社，1994。

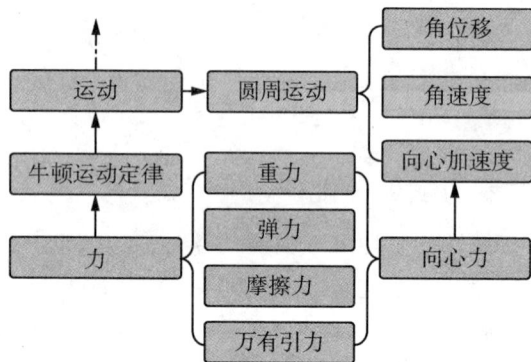

图 4-6　圆周运动问题的知识结构

　　《普通高中物理课程标准(2017 年版 2020 年修订)》对圆周运动内容的要求为：会用线速度、角速度、周期描述匀速圆周运动。知道匀速圆周运动向心加速度的大小和方向。通过实验，探究并了解匀速圆周运动向心力大小与半径、角速度、质量的关系。能用牛顿第二定律分析匀速圆周运动的向心力。了解生产生活中的离心现象及其产生的原因。

　　向心力、向心加速度是高中物理中较难的学习内容。向心力和向心加速度是两个相关度高且较难理解的概念，教材在向心力、向心加速度的教学顺序设计上也在一直探索。例如，人教版高中物理教材就由先学习向心加速度后学习向心力改革为先学习向心力后学习向心加速度。教学顺序会直接影响学生的概念建构过程以及教师的教学策略和教学测评设计。

　　例如，如果先学习向心力后学习向心加速度，那么如何在缺乏向心加速度概念的情况下促进新旧知识相互作用的同化过程、理解向心力概念就是教学测评的关键。

　　下面讨论按照先学向心力后学向心加速度的顺序，向心力一课的习得环节"认识向心力"的教学测评设计(如表 4-6 所示)。这节课的物理观念维度的教学目标是：通过实验探究并了解匀速圆周运动的向心力大小与半径、角速度、质量的关系。在教学测评活动开始前，教师通过游乐场"旋转飞椅"的情境导入新课，然后进入向心力的学习过程。

表 4-6　"认识向心力"的教学测评设计(部分)

测评目标			测量方式	评价方法
内容	维度	水平		
向心力	知识	理解向心力的定义 理解牛顿运动定律	问答、讨论	根据完成任务情况进行定性评价
	能力	能识别简单问题情境中的向心力		

【教学与测评活动 1】

实验：松弛的细线一端固定在光滑水平面上，另一端系有一个塑料小球，用手指弹击塑料小球，观测小球的运动。

测评内容：运用所学物理概念、规律讨论小球运动。

测评问题 1：弹击小球前，静止在光滑水平面上的小球受什么力？

测评问题 2：弹击小球后，细绳被拉直前，小球做什么运动？

测评问题 3：细绳被拉直后，小球受什么力、做什么运动？

测评问题 4：小球受细绳的拉力，但速度大小不变，如何用牛顿第二定律分析这一情况？

【教学与测评活动 2】

实验：绳子的一端拴一个物块，另一端握在手中，使物块围绕手做圆周运动，观察并思考小球运动受到的向心力。

测评内容：结合游乐场的"旋转飞椅"或类似的生活情境，运用所学知识，分析、讨论小球受到的向心力。

测评问题 1：小球在匀速旋转的过程中受到什么力？

测评问题 2：有同学认为小球做圆周运动，向心力是绳子对小球的拉力，这种观点正确吗？为什么？

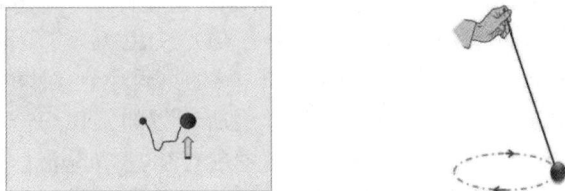

图 4-7　"认识向心力"教学测评实验

教师可通过提问或小组讨论来收集信息。学生可能存在错误或不准确的前概念有：根据小球受力情况及对牛顿第二运动的理解(速度的改变包括速度大小的改变和速度方向的改变），认为向心力为绳对小球的拉力，小球围绕手握绳点做圆周运动；不考虑重力，认为绳的张力在小球旋转水平面上的分力为向心力；只知道教材给出的结果，但不知道为什么；等等。教师在讨论过程中应鼓励学生发表意见，充分挖掘学生观点，做出全面评估；有针对性地引导学生进行受力分析，引出方向的改变和牛顿运动定律等，促进学生对向心力的理解，为后续学习向心加速度、进一步理解向心力打下基础。

三、巩固环节学习测评的设计

巩固环节是课堂教学的最后环节，主要任务是评估教学目标的达成情况，促进记忆和迁移。

巩固环节学习测评的设计首先要对学习内容、教学目标进行系统分析，教师通过讨论、问答、练习等形式获取学生学习信息，做出评价并采取措施促进教学目标的达成，巩固学习成果，促进记忆和迁移。

这里以高中物理"电磁感应现象及应用"一课为例，讨论巩固环节学习测评的设计问题。

电磁感应是电磁学的核心内容，同时也是现代电磁技术的理论基础。人们对电磁现象不断深入的认识及对其技术的应用推动了科学技术的迅速发展，带来了人类历史上的第二次工业革命。

《普通高中物理课程标准（2017年版2020年修订）》将电磁感应的内容分在必修3和选择性必修2两个模块。其中，必修3对电磁感应内容的要求为：知道磁通量。通过实验，了解电磁感应现象，了解产生感应电流的条件。知道电磁感应现象的应用及其对现代社会的影响。选择性必修2对电磁感应内容的要求为：探究影响感应电流方向的因素，理解楞次定律；通过实验，理解法拉第电磁感应定律；通过实验，了解自感现象和涡流现象；能举例说明自感现象和涡流现象在生产生活中的应用。

学生在初中阶段已经初步学习了电磁感应现象，具有"闭合电路的一部分导体在磁场中做切割磁感线运动时，导体中就产生电流"的知识。

图4-8为教师在"电磁感应现象及应用"一课的巩固环节设计的学习测评活动。

设计意图：通过问题与讨论，激活学生所学过的知识——当穿过闭合导体回路的磁通量发生变化时，闭合导体回路中就产生感应电流——分析三种条件下闭合线圈内是否会产生感应电流。收集学生讨论信息并给予评价，引导学生理解产生感应电流的条件。在问题的基础上开发实验，让学生通过实验观察、检验其判断是否正确。该实验的结果与判断不完全相符，鼓励学生对新问题展开讨论，使学生进一步理解产生感应电流的条件，提高其分析和解决问题的能力。

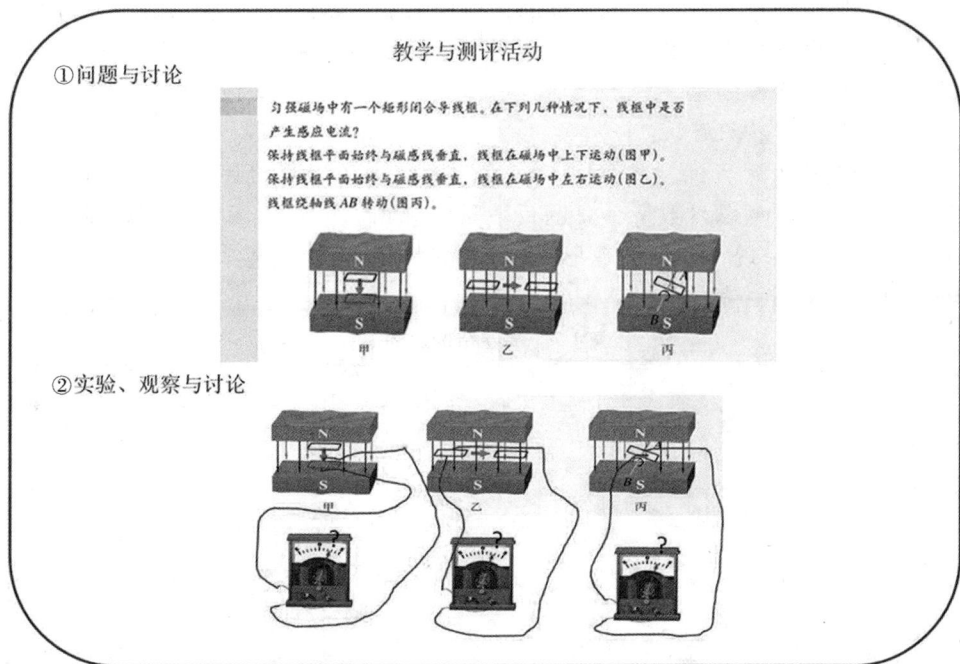

图 4-8　"电磁感应现象及应用"一课巩固环节学习测评活动设计

第三节　阶段性学习成果的测评设计

在中学物理教学过程中,一个阶段(如一个单元、一个学期、一个学年等)的学习结束后,需要对该阶段学生的学习进行测评。这种测评可以视为总结性测评,教师需要依据课程标准、教学内容和教学目标来设计测评工具,进行测评工作。一般采用纸笔测验的形式,编制试卷进行测评。试卷的编制包括整卷设计和题目设计两部分,通常需要先进行整卷设计,再进行题目设计。

一、整卷设计

(一)测评目标设计

试卷的测评目标是由教学阶段、测验目的、学科特点、课程标准、测评特点等因素决定的。例如,高中物理必修 1 教学结束后,教师可组织一次时长为 90 分钟的纸笔测验,对学生的学习情况进行总结性测评。教师需要依据课程标准中该模块的学习内容和学业要求,以及物理学科核心素养和学业质量水平的要求，制定评价目标。评价目标的描述要明确、具体、可测，体现一定的概括性；要说明学生在什么样的问题情境中运用哪些物理知识、思想和方法，其行为应达到什么样的水平。

（二）试卷结构设计

教师根据测评目标、测评时长、答题速度、学生水平等进行试卷难易程度、题型、各题型题目数量、总题目数量的规划。可以用试卷结构规划表（如表4-7所示）来呈现，这种呈现形式也被称为试卷结构信息表、命题双向细目表、命题多维细目表、命题蓝图等。

表 4-7　试卷结构规划表

题型	题号	分数	内容	水平						难易程度
				知识			能力			
				知道	理解	……	实验	计算	……	
选择题	1									
	…									
填空题	1									
	…									
计算题	1									
	…									

（三）选题与组卷

编制试卷应根据测评目标，兼顾试卷结构选择题目，必要时可对试卷结构进行微调；对题目难易程度应根据学生以往答题情况做出预判，对于正式考试，可用难度值进行试卷难度和题目难度的设计、预设和调整。

将所选题目组成试卷时，题型、题目应按从易到难原则排序。一般按选择题、填空题、计算题的顺序排题型，再根据小题的难易程度，按先易后难的顺序的排入对应题型。

测验指导语是试卷必不可少的一部分，通常包含整体指导语和各类型试题指导语。[1] 整体指导语应包括测验时间、总分、试卷张数、大题数、每类题目的总分数、小题分数及答题要求等。

二、题目设计

在不同应用场景中，题目也被称为习题、作业题、试题等，是一种基于特

---

[1] 李坤崇：《教学评估：多种评价工具的设计及应用》，64页，上海，华东师范大学出版社，2011。

定需要编制的、期待学生解决的问题，是促进、测评学生学习的重要工具，也是构成作业、试卷的基本单元。

物理题目设计的理论基础涉及物理学、教育学、心理学和测量学等多学科的理论和方法，需要从多个视角、按一定的流程进行，可参照图 4-9 所示的流程。

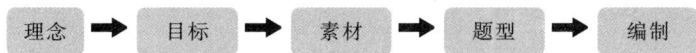

理念 ➡ 目标 ➡ 素材 ➡ 题型 ➡ 编制

图 4-9　题目设计流程

（一）确定设计理念

设计理念是设计者教育、教学和测评思想的综合体现，对制定测评目标、收集和选择素材、确定题型等都具有重要的作用和影响。题目既可以基于简单模型（如小球、斜面），也可以基于真实问题（如生产、生活），还可以基于未知世界（如科技前沿、科学幻想）来建构物理问题情境。题目的设计理念不同，其测量目标、题型和形态等差异也会很大。下面以一道高中物理题目及其设计思想为例来讨论。[①]

宇航员在月球上做自由落体实验，将某物体由距月球表面高 h 处释放，经时间 t 后落到月球表面（设月球半径为 R）。据上述信息推断，飞船在月球表面附近绕月球做匀速圆周运动所必须具有的速率为（　　　）。

A. $2\sqrt{Rh}/t$　　　　B. $\sqrt{2Rh}/t$　　　　C. $\sqrt{Rh}/t$　　　　D. $\sqrt{Rh}/2t$

该题目的设计希望通过月球、宇航员、飞船这些既熟悉又陌生、充满未知的物理问题情境，引导中学物理教学的发展方向，激发中学生学习物理的动机，并培养运用所学知识将未知变为已知、探索世界的能力。从问题解决的角度看，该问题的解决需要将高中物理必修 1 学习的自由落体运动、重力加速度知识，与必修 2 学习的匀速圆周运动、向心力、向心加速度、万有引力概念、第一宇宙速度等知识建立起联系，构建模型并运用数学方法进行分析。该问题的解决可测评学生对相关物理知识的掌握，以及其理解能力、物理建模能力和知识迁移能力。

（二）制定测评目标

题目测评目标是在设计理念的指导下，依据物理学科特点、课程标准、教

---

①　科研课题组：《高考物理试题分析及功能探索：以重庆市 2006—2012 年高考物理试题为例》，44 页，重庆，重庆大学出版社，2014。

材、教学特点和题目用途制定出来的，包含主题和概念（规律）水平。其中，主题的确定可根据课程标准中的主题，也可根据教材的章名。例如，设计作业题时可采用教材中的章名，设计包含若干模块的测验题时可采用课程标准中的主题。表 4-8 为教师设计的"牛顿运动定律"作业题的测评目标。

表 4-8　"牛顿运动定律"作业题的测评目标

主题	概念和规律	水平
牛顿运动定律	力	理解重力、压力和滑动摩擦力 会分析真实情境中的重力、压力和摩擦力
	力的合成和分解	会运用力的合成和分解方法进行受力分析
	牛顿第二定律	理解牛顿第二定律 会运用牛顿第二定律定量分析一维运动动力学问题

（三）收集题目素材

为了创设问题情境，特别是基于自然、生产、生活等真实情境的物理问题，教师需要积累题目素材。物理学是研究自然的基础学科，同时也是现代技术创新与发展的知识源泉。自然、生产和生活中存在大量鲜活的物理问题素材。一个好的物理问题往往来自自然、生产和生活，来自人们对自然的探索，教师要注意收集这些资源，可以制作如表 4-9 所示的题目素材卡，随时收集、整理题目素材，以备设计、编制题目时使用。

表 4-9　题目素材卡

素材编号		素材主题		来源	
素材内容 （原题或情境）					
测评目标构想					
题目设计构想					

（四）选择适当题型

中学物理学习测评常用的题目类型有选择题、填空题和计算题。题目的设计要根据测评理念、测评目标和题目素材，结合不同题型的特点，选择适当的题型。

选择题的优点主要为在一次测验中可使用的题量较大，测评的知识覆盖面较大，评分标准明确，评分客观、容易；缺点主要为有猜测机会，不便于通过问题解决过程测评分析、综合、策略使用等较高层次的能力，命题难度相对较大。

填空题的优点主要为在一次测验中可使用的题量较大，测评的知识覆盖面较大，通过猜测给出答案的可能性相对较小，命题相对容易；缺点主要为测评结果存在一定主观性，不便于通过问题解决过程测评分析、综合、策略使用等较高层次的能力。

计算题的优点主要为通过猜测给出答案的可能性相对较小，便于通过问题解决过程测评分析、综合、策略使用等较高层次的能力，命题相对容易；缺点主要为在一次测验中可使用的题量较小，测评的知识覆盖面较窄，测评结果存在一定主观性。

（五）遵循题目编制技术规范

一道物理题通常由题干（含问题情境、解答要求）和答案组成，其设计与编制除了应具备坚实的相关理论基础，熟悉课标、教材和学生外，还必须遵循一定的编制技术规范。

一般性技术规范有：题目陈述要简明扼要、准确完整，切忌含义不清，须无科学性错误；符号使用规范，物理量用斜体（如力 F，加速度 a，劲度系数 k）、数学量用斜体（如点 q，长度 L，角 θ），函数符号（非物理量，数学量）用正体（如 $\sin$），导线、物品、器材、元器件等用正体（如开关 K），可用物理量表达的元器件用斜体（如电容器 C，电源 E）。

不同题型也有具体的编制技术规范。

选择题编制技术规范：题干意义完整，选项简明扼要；题干与选项之间具有明确的逻辑关系，题干用语避免提供正确答案线索；错误答案应具有似真性和迷惑性；备选项的代码用 A，B，C，D 大写字母表示，正确答案在选项中的位置应随机排列。

填空题编制技术规范：叙述应该简洁、清楚，填上正确答案后句意完整；一道题的空格不宜太多，一般以 3 个以下为宜；所填空格应与需要测评目标密切相关，具有重要意义的内容应避免使用教材中的原话；空格不应放在句子的最前面，一般放在句子的中后部。

计算题编制技术规范：由物理问题情境、物理条件、必要的图表及需要求解的问题构成；问题情境叙述完整、术语规范、条件充分、逻辑缜密；问题情境与问题之间具有明确的逻辑关系；多个需要求解的问题相对独立，且应由易到难。

【思考练习】

1. 学习测评有哪些特点？

2. 学习测评在学生概念建构过程中有什么价值？

3. 怎样才能做好教学和测评的有机结合？

4. 什么是形成性测评？如何理解形成性测评与总结性测评的关系？

5. 简述什么是错误前概念。收集资料，举例说明学生在高中物理温度概念学习前可能存在的关于温度的错误前概念。

6. 参考第二节"向心力"一课习得阶段的讨论，设计一个较为完善的测评框架。

7. 选择一节课，完成教学过程中的学习测评设计。

8. 选择一个学习单元，完成单元的试卷结构规划表。

【推荐阅读】

[1] 中华人民共和国教育部. 普通高中物理课程标准(2017年版2020年修订)[M]. 北京：人民教育出版社，2020.

[2] 迪伦·威廉. 融于教学的形成性评价：原著第2版[M]. 王少非，译. 南京：江苏凤凰科学技术出版社，2021.

[3] 诺尔曼·E. 格朗伦德. 学业成就测评：第7版[M]. 罗黎辉，孙亚玲，等，译. 南京：江苏教育出版社，2009.

[4] 皮连生. 教学设计：心理学的理论与技术[M]. 北京：高等教育出版社，2000.

[5] 杜明荣. 五种能力在高考物理试题中的体现水平分析[J]. 中学物理教学参考，2014，43(11)：60-62.

[6] 曹义才. 基于SOLO理论的思维测评量表建构与启示：以2022年全国甲乙卷高考物理试题为例[J]. 物理教师，2023，44(6)：74-76，80

[7] 杜明荣. 基于核心素养不同表现水平的高中物理学业质量测评：SOLO分类理论的视角[J]. 物理教学探讨，2020，38(4)：15-18.

[8] 谢晓雨，董少彦，罗莹. 基于学科关键能力的"互联网＋"初中物理测评体系的开发与实践[J]. 中国考试，2020(10)：46-53.

第五章 物理概念课的教学设计

章前导语

  刚进入物理课程学习时，学生会发现他们要面对诸多此前并不熟悉的物理学概念，而经过几年的学习后，学生又会发现自己在说明现象的时候会不自觉地运用这些物理概念，甚至有时如果离开物理概念就无法对一个简单的事物进行描述和表达。可见，物理概念是科学表达的基础，物理概念教学是物理教育的重要组成部分。本章主要阐述物理概念的特征和物理概念教学的基本要求，以及如何设计一节物理概念课。

  本章共有三节内容：第一节主要对物理概念课进行特征分析；第二节分析物理概念课的教学要求；第三节阐述物理概念课的教学设计思路，并以"摩擦力"一节为例进行教学设计的案例展示及分析。

第一节 物理概念课的特征

一、什么是物理概念

  实际上，人们在现实中运用概念这一术语时，表达的意思很多时候并不相同。例如，从思维的角度来界定概念，认为概念是从感性认识上升到理性认识，把所感知的事物的共同本质特点抽象出来，加以概括的思维方式；从心理学的角度来看，概念指的是具有共同特征（或关键属性）的物体、符号或事件的标记系统，通常用词语来标识。物理学中的概念属于后一种解释，即物理概念就是具有共同特征（或关键属性）的物理现象和物理过程的标记系统。

  人类进入文明时代最重要的特征就是创造了语言符号，人们通过语言符号进行说明、解释、沟通、协作等活动。也正是因为有了语言符号，人的抽象思维得到了加强，并在运用语言文字的过程中重新塑造自己。但要知道这样一个事实，那就是任何一种语言文字都发端于远古时期，囿于当时落后的文化和思维水平，人们更多地关注相似性，难以深入事物的本质。比如，汉语中的"鲸"字，体现了古人将鲸视为一种鱼；而"蝠"字的写法体现了人们把蝙蝠与蝴蝶等视为同类。即使在远古时期，人们也力争用语言文字表达事物的本质、体现事物之间的联系，但在当时的原始状态下难以构建起严格的理论体系，古老的概念之间往往存在着歧义或冲突。因此，科学的目标之一就是消除这些歧义，构建一种对自然界更为简明的、有逻辑的秩序原则体系。因此，以物理学为代表的科学不是大自然的产物，而是有人类之后经历了相当漫长的发展历程而形成的。科学术语（也包括物理学的概念）不是任意制造出来的，而是遵循一定分类原则的。在运用这些术语的时候，它们被寄希望于准确地传达人们的思想，并能够协调人们的实践活动。

二、物理概念的特征

在学习物理学之前，学生会遇到各种用"力"来表达的情况，如"当那个长得很壮的人走过来的时候，我会感到压力""我用力把书塞进书包里""女孩子力气小，用了很大的力也没把桌子推开，而这个男生轻轻一推，桌子就被推开了""这个家伙可有力气了"……在这些表达方式里，"力"有各种意义，既可以是内在的，也可以是外显的；既可以是自我的，也可以是互动的。但是，进入物理学体系的时候，"力"这个概念有了非常清晰的界定：力是物体间的相互作用。根据这个界定，还可以进一步分析得到：①力是物质的，不能脱离物质而存在；②力是相互的，一个物体在施力的时候必然会受到反作用力；③力有方向性，必须用矢量运算来分析；④力的大小与相互作用的物体间的作用情况有关联，所以力具有瞬时性；⑤力作用于物体后会对物体有影响，要么使其形状发生变化，要么使其运动状态发生变化，要么兼而有之。根据以上对力这个概念的分析，我们发现物理概念具有以下特征。

第一，物理概念必须与现实世界相关联，必须是可以被理解的。这是因为一方面，科学本身就是人类为了说明和解释自然界而创造出来的，因此科学概念所表述的含义必然与自然界的现象和规律相关联；另一方面，虽然科学是人类文明发展的最高阶段，但是在科学发展之初，科学理论必须采用日常语言来表述才能被人们理解，于是原始的语言对于自然界的分类就得到了充分运用。仍以"力"这个概念来说，它舍弃了那些感性的、心理的内涵，而保留并发展了机械运动中两个物体相互作用的情况。因此，物理概念要得到人们的广泛认可并得以传播，前提是其可以被理解，在有了严格界定的前提下与人们的经验相一致。当然，越到物理学的高级阶段，物理概念就越抽象，对数学的依赖性就越强，与人的感官经验的直接关联就越少。这也提示我们，在教学中让学生理解某个物理学概念不是一蹴而就的，要循序渐进。

第二，一个物理概念与其他物理概念相匹配，并一起构成一个逻辑自洽的概念体系。如对"力"这个概念的界定，与时间、空间、加速度、参考系、伽利略变换等其他概念相呼应，牛顿三大定律表明了它们之间的关系。"力"这个概念告诉我们，力必须有施力物体，而且这个作用是客观的，与参考系无关。如果一个物体没有与其他物体相互作用，它呈现出来的状态就是匀速直线运动或静止，那么就可以把与它保持相对静止或匀速直线运动状态的参考系作为一个惯性系；而当物体受到某一个力的作用的时候，因为力是客观的，与所选取的参考系无关，所以只要在惯性系中，在这个力的作用下，物体的加速度都是相同的，这就是伽利略变换的理论基础。可见，任何物理概念的含义都在理论体系中得到了严格的界定。

第三，物理概念一般都有数的规定性。数千年前，古代中国人就发现了四季轮转的周期性，金属冶炼需要炉火的确定性，磁针的南北指向与实际南北方向有一个固定的交角……这些都要用数据来清晰地界定。古代欧洲人也有许多类似的发现，并且他们痴迷于数的逻辑性和普遍性，如毕达哥拉斯将"万物皆数"作为信条，而伽利略则认为自然界这本书是用数学写成的，要理解大自然就必须借助数学。的确，翻遍物理学的教材，我们会看到其中主要的物理概念无不与数学有着密切的联系。它们用数来表达，用数学公式和法则表明相互的关系，每一个状态都在函数图像中被清晰表达，以至于没有数据就无法认识物理概念的本质，更无法认识自然界本身。仍以"力"这个概念来说，如果不懂得如何用矢量法则来表达和计算力的大小和关系，不懂得力与物体质量和加速度的关系，不理解力在时空中的积累效果，也就没有真正理解"力"这个概念。

第四，物理概念具有抽象性和发展性。物理概念是对一类事物的本质特征的概括，抽象性是它的基本属性。另外，随着人们认识的深化，物理概念的内涵也在发展。例如，人们对质量这一概念的认识经历了四个阶段：第一阶段——物体所含物质的多少；第二阶段——物体惯性大小的量度；第三阶段——物体产生引力和受引力场作用能力大小的量度；第四阶段——物体所蕴含的能量大小的量度。

三、物理学中的概念表示

当学生要学习一个新的概念时，教师要关注以下问题。

第一，这个概念使用了什么样的语词。所有概念都需要用语言进行表达和交流，可以说"概念是语词的思想内容，语词是概念的语言形式"，概念必须依附于语词。学生学习某个物理概念的时候，其基本任务就是学习用语言表征概念，表征学习是概念学习的基础。但是，语词与概念之间并不是一一对应的，因为同一个概念可以用不同的语词来表达，而同一语词也可以用来表达不同的概念。例如，"物体在做变速运动"与"物体的加速度不为零"虽然表达方式不同，但表达的概念是相同的；又如，可以用"快慢"来表示各种发生变化的概念，"位移变化的快慢"即速度，"速度变化快慢"即加速度，"做功快慢"即功率，等等。所以在概念教学中，教师既要关注如何用标准的语言描述和表达概念，也要关注学生是否有其他语言表达形式，对不恰当的表达教师要及时予以纠正。

第二，概念的内涵。概念反映的是事物的特有属性，一般也被称为概念的内涵。概念的内涵是概念的质的规定性，它表明概念所反映的对象是什么，这是物理教学的核心部分。如在描述物体的运动时，引入了位移、速度、加速度、时间这几个概念，它们分别表达了位置的变化、位置变化的快慢、运动变化的快慢及运动经历的时间，它们都对运动的某一特征有着独一无二的描述和解释。理解物理概念的内涵以及各个概念间的相互关联是学生构建物理学体系的基础。

第三，概念的外延。所谓概念的外延，是指具有概念所反映的特有属性的事物的全部对象，说明概念所反映的对象有哪些，或者说是概念的适用范围。物理概念具有普遍性，所以通常来说不能用列举的方法来明确其外延。常用的确定概念外延的方法是划分，也就是把一个概念按照一定的标准分为若干子项的过程。例如，物理学中将机械运动按照轨迹的不同分为直线运动和曲线运动，按照运动是否有变化分为匀速运动和变速运动，根据加速度与速度的关系将变速运动分为变速直线运动和变速曲线运动，等等。通过划分我们可以理解概念的外延。

第四，概念的例证。从前面对概念的内涵和外延的剖析我们可以发现这些表达都比较抽象，学生如果仅接受这样的描述，就很难形成科学概念。因此，教学中教师需要为学生举出诸多的例子，帮助学生理解概念的内涵和外延。例如，在学习"力"这个概念的时候，教师一般会列举许多例子，如漂在水面的木桶所受的浮力、手托书本时受到的压力、地球对其表面物体的引力等，从而使得学生既理解"力是物体间的相互作用"，又理解"只要两个物体有相互作用，就有力的产生"。通常举例既要举正例又要举反例，从而让学生能对相似的概念或表达形成辨识，如竞赛中选手感受到的压力就不是物理学中的力。

第五，学生头脑中已有的与此概念相关的认识和看法。仍以"力"这个概念为例，学生此前遇到过诸多的表达方式，如"比赛中的压力""我的力气很大"

"我用力把足球踢出去"等，它们有的与科学概念相近，有的则与科学概念并不相关。然而，这是设计教学过程的起点，教学应该从学生已有的经验、观点出发，让学生反思、对比自己的观点与科学概念之间的联系和差异，去除错误的观点。因此，教学实际就是让学生经历概念转变的过程，从生活、经验的观点走向科学、系统的概念体系。

四、物理概念的分类

为了更加清晰地理解概念，人们常常对物理概念按照概念的外延进行分类。不过，对物理概念的分类并不是仅有一种方法。按照不同的标准，物理概念可以分为不同的种类。例如，按照学科领域，可以分为力学概念、光学概念、热学概念等。按照外延的独特性，可以分为单独概念和普遍概念，如"力"是普遍概念，凡是两个物体间的相互作用都可以被视为"力"而"阿基米德原理"是单独概念，特指阿基米德发现的关于浮力大小的原理。教学活动中的物理概念一般是从学生认知的角度进行分类的，将物理概念分为经验概念、理论概念和模型概念。

经验概念是学生利用自己的感官或仪器可以直接观察或探测到的概念。例如，对长度、时间、熔点等概念，学生可以通过自己的感官直接感受到；对电流、电压、电阻、场等概念，学生可以通过电流表、电压表、验电羽等设备来很好地理解。

理论概念通常不来自人们的感受，如人们只能感受到物体位置的变化、物体运动的快慢，为了描述机械运动与其他形式运动间的关系，就要引入动能这个概念。理论概念是为了让物理学原理更加清晰而创立的，如动能、动量等。理论概念较为抽象，教师不能孤立地教授，应该让学生在进行理论推导和构建的过程中形成对相关概念的理解。例如，在推导动能定理的过程中，等式的一边是做的功，另一边是 $\frac{1}{2}mv^2$，这说明做功的结果导致与运动相关的能的变化，于是便把 $\frac{1}{2}mv^2$ 定义为动能。

模型概念则是人们在一定的精度要求范围内，对现实中的研究对象或物理现象、物理过程构建的一种模型。例如，常见的质点模型就是当物体的形状、大小对要研究的问题影响很小的时候，把物体看作一个只有质量而没有大小、形状等其他特征的点。除了质点模型，中学物理还要求学生建立杠杆模型、理想弹簧模型、理想气体模型、晶体结构模型等，这些模型是对物体的空间结构或基本作用形式进行抽象而得到的。另外，物理学还将许多物理过程也抽象成模型，如匀变速直线运动模型、动能与其他形式能转化的模型、薛定谔的猫模型等，这些模型来自对物理过程中的主要因素及其关系的理想化和抽象化。

第二节　物理概念课的教学要求

一、物理概念课的特征

《义务教育物理课程标准（2022 年版）》指出：义务教育物理课程旨在促进人类科学事业的传承与社会的发展，帮助学生从物理学视角认识自然、解决相关实际问题，初步形成科学的自然观；引导学生经历科学探究过程，学习科学研究方法，养成科学思维习惯，进而学会学习；引领学生认识科学技术、社会、环境之间的关系，形成科学态度和正确价值观，增强社会责任感、民族自豪感；激发学生热爱党、热爱祖国、热爱人民的情感，为培养德智体美劳全面发展的社会主义建设者和接班人奠定基础。《普通高中物理课程标准（2017 年版 2020 年修订）》指出：高中物理课程在义务教育的基础上，帮助学生从物理学的视角认识自然，理解自然，建构关于自然界的物理图景；引导学生经历科学探究过程，体会科学研究方法，养成科学思维习惯，增强创新意识和实践能力；引领学生认识科学的本质以及科学·技术·社会·环境（STSE）的关系，形成科学态度、科学世界观和正确的价值观，为做有社会责任感的公民奠定基础。

可见，物理概念教学是中学物理课程的重要内容。对学生来说，学好物理概念是构建物理学体系的基础。

（一）物理概念教学要重视学生的现实经验

对学生来说，虽然有些概念与其切身体验相关，但因为物理概念都具有抽象性，所以有些学生即使可以把教材上关于物理概念的界定一字不落地背诵出来，对物理概念进行辨别和剖析的时候也会出现错误。例如，有学生虽然知道作用力与反作用力的关系应该符合牛顿第三定律，但在分析拔河或掰手腕等现象的时候，仍旧会说胜利的一方给予另一方的力更大；虽然他们知道力的分解可以有无穷多的方法，但他们认为重力只能沿斜面和垂直于斜面的方向分解；虽然他们知道加速度表示物体速度变化的快慢，但仍认为加速度的大小与速度的大小直接相关。这样的例子不胜枚举，图 5-1 为通过 FCI 测试卷分析得到的学生在学习力学问题时出现的错误概念关系图。

作用力与反作用力错误概念

马拉车加速前进，马对车的拉力大于车对马的拉力

作用力与反作用力的相对大小决定一个物体的加速度

积极、主动的物体产生较大的作用力

牛顿第一定律错误概念

物体向某方向运动，也必然受到该方向上的力

速度越大的物体惯性越大

持续的作用力决定物体的运动状态

加速度错误概念

加速度意味着不断增加的作用力

力会给物体一个力方向的加速度，使物体在该方向加速

运动轨迹判断错误概念

在光滑面水平匀速运动的物体受到水平撞击力后做弯向力方向的曲线运动

物体受到瞬时力的作用后速度一定先增大后减小

竖直上抛的物体受到向上的来自手的"抛力"

做圆周运动的物体向心力消失后会先做一段时间的圆周运动

做平抛运动的物体会先在水平方向运动一段距离再做抛物线运动

力的作用效果具有滞后性

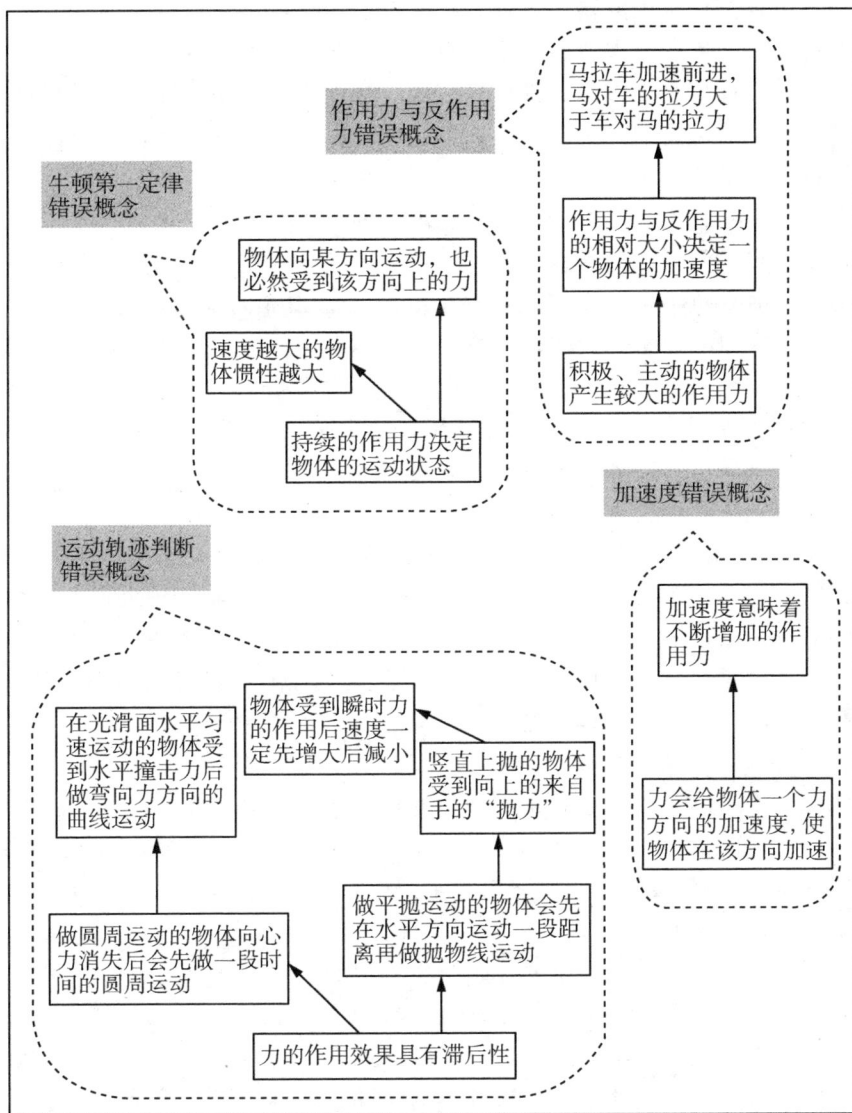

图 5-1 学生在学习力学问题时出现的错误概念关系图

因此，教师在教学中要关注学生的实际情况，注意以下几个方面。第一，要分析学生的已有经验，在学习新的物理概念时他们对相关问题是如何说明、如何解释的。学生有些经验是与科学概念相关联的，这是教师上课要充分利用的有利条件，由此触发的教学活动更容易被学生接受。

第二，要分析学生的错误概念。教师可以通过课下与学生谈话或课堂上学生的发言了解学生的错误概念，不用急于纠正学生的偏差或错误，而应该倾听学生是如何对物理现象或问题进行表达的，从而了解学生的知识体系与物理学体系的关系，通过追问知道学生出现偏差或错误的原因是什么，从而针对他们的问题展开教学活动。

第三，要知道不同阶段对学生概念理解的要求会有所变化。例如，关于重力加速度，在学习匀变速直线运动时，重力加速度就是一个定值，而在学习万有引力定律时，重力加速度则成为一个可以随着物体高度的变化而变化的量。许多学生在学习万有引力定律时会感觉迷惑，搞不清楚为什么重力加速度为定值这一结论到后来就不对了。究其本质，是因为学生教条地记忆结论，而不能从根本原理上进行分析和推理。教师在教学中一定不能让学生教条地背诵概念，而应该随着学习的加深鼓励学生从基本原理出发进行分析、推理和解释，从而形成前后一致的物理概念体系。

第四，要为学生提供机会进行关于概念理解的讨论。让学生用自己的语言进行解释、说明和辩论，既能用文字，也能用图表和数据，还能通过举例来表达他们对物理概念的理解，这样，学生才能从各个角度审视自己的理解是否合理、是否自洽。而且概念在表达的过程中也能更好地与已有的知识关联起来，从而构建逻辑自洽的物理学理论体系。

(二)物理概念教学要与物理现实相关联

课程标准指出，要让学生从物理学的视角认识自然、理解自然，建构关于自然界的物理图景。"从物理学的视角"需要学生在面对自然界时能形成物理学的问题并做出解释。如在读到"飞流直下三千尺"的时候，学过物理的人可以抽取出平抛运动的轨迹。

需要说明的是，物理不是要抹杀学生心中的诗意，而是要让他们在领略诗意的同时洞悉背后的精确性和自洽性，这也是一种美。正如伽利略认为的那样，自然这本书是用数学写成的，只有把自然现象与数学结合起来才能认识到自然现象蕴含的逻辑，才可以洞察其中的精髓。物理学正是这样一门将自然界的现实性与数学的精确性结合起来的学问，这本身就是一种美。物理教学让学生既能感受到诗意的美，也能体会到理性的美。

物理学家不是随意地构建某个概念，恰如奥卡姆的剃刀定律：如无必要，勿增实体。今天学生学习的物理是人类在数千年尤其是近五百年里创建的对自然界最好的解释。因此，在进行物理概念教学的过程中，教师需要注意以下两点。

第一，要让学生感受到物理概念引入的必要性、独特性。这种感受的前提是为学生提供诸多形式不同但本质相同的情境，让他们对情境中的各要素进行识别、辨析和判断，从而抽取出核心的要素，理解概念的内涵。情境中的各个实例又提供给学生形成概念外延的机会，例如，有教师在讲解"动能"这个概念时，为了让学生理解这是物体由于运动而具有的能量，于是选择海浪冲击岩石、子弹打碎苹果、狂风吹折小树的情境，用这些极具冲击力的实例为学生呈现"运动的物体可以做功"，而且这几个例子让学生认识到无论物体是固态、液态还是气态，只要运动，都具有做功的本领。

第二，物理概念教学要与精准的实验现象和数据结合。例如，在自由落体运动中物体真的在做匀变速直线运动吗？导体真的会对电流起阻碍作用吗？力的合成真的符合平行四边形定则吗？在教室里呈现给学生的定量实验通常是教师在课前精心设计好的。无论是教师演示实验还是学生自主探究，随着实验过程的展开，实验中的各个要素相互作用，向学生呈现出相互关联的变化情况，各种测量仪器给出精确的变化情况，数据之间又呈现规律性。图5-2展示了运用二维运动传感器的平抛运动实验仪及实验数据。在本实验中，随着小球的抛出，传感器每隔相同时间记录并呈现小球的位置坐标。从各点的位置情况，学生很容易理解平抛运动的轨迹是曲线，而且通过数据运算，得到这是一条抛物线的结论，从而真正理解平抛运动是水平方向的匀速直线运动和竖直方向的匀加速直线运动的合成。

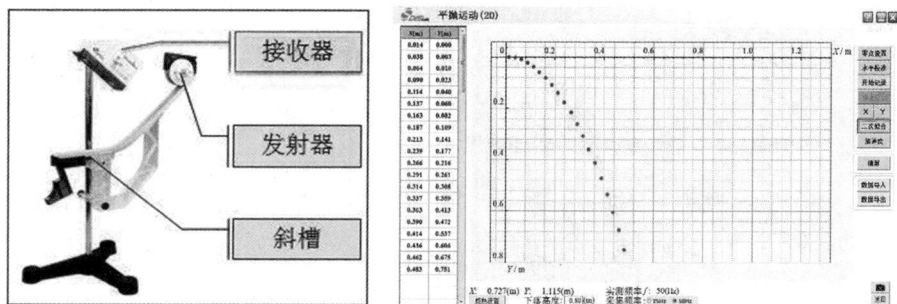

图 5-2 平抛运动实验仪及实验数据

(三)物理概念教学要关注概念间的联系

物理学的重要概念及规律形成了物理学的基本体系，但物理教学无法同时呈现它们之间的关系，而是一个循序渐进的过程。虽然现在提倡大概念、大单元教学，但是在实施过程中学生仍需要逐个学习概念。所以在进行教学时，教师应该根据课程标准和选用的教材及学生的情况，构建起某一专题的学习进阶脉络。无论哪一个概念，学生都知道它所处的位置以及与其相关的概念和联系。

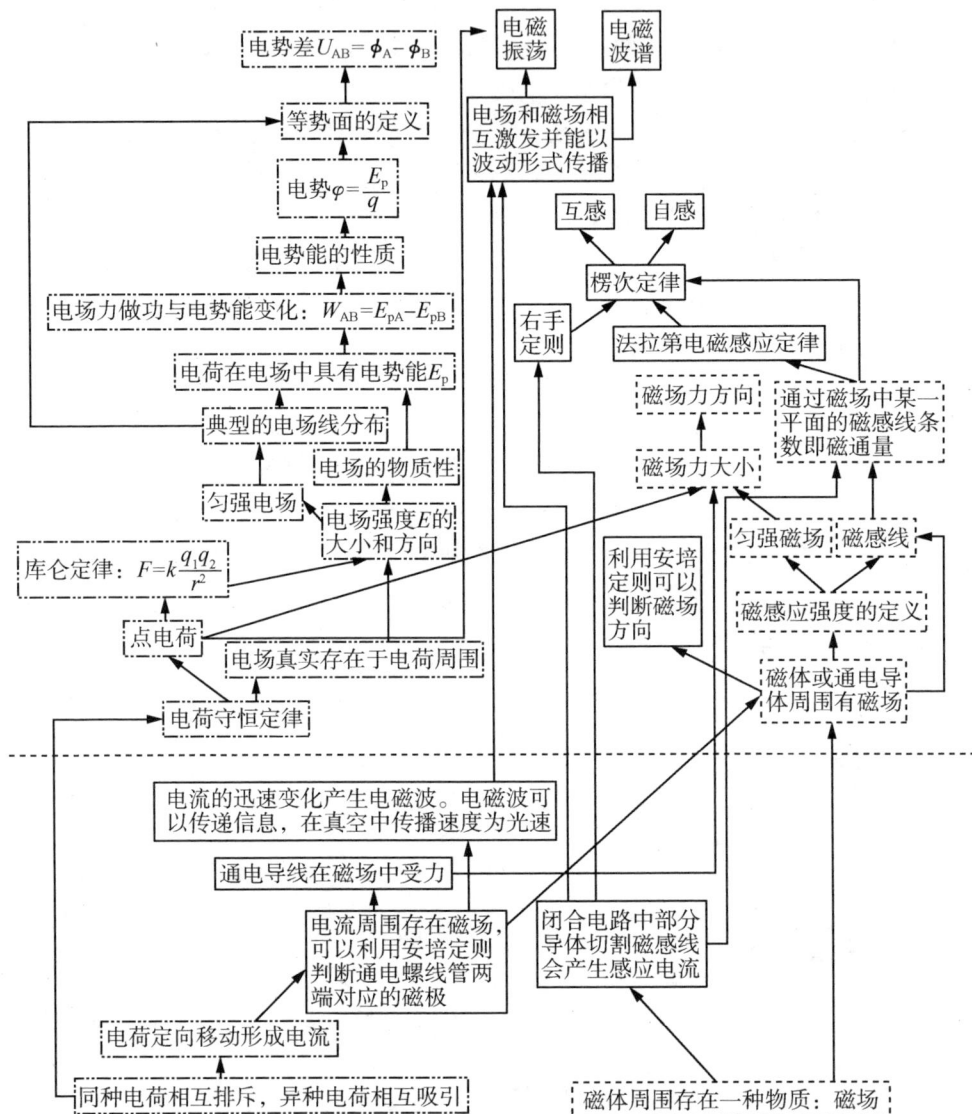

电势差 $U_{AB}=\phi_A-\phi_B$

电磁振荡

电磁波谱

等势面的定义

电场和磁场相互激发并能以波动形式传播

电势 $\varphi=\dfrac{E_p}{q}$

电势能的性质

互感　自感

电场力做功与电势能变化：$W_{AB}=E_{pA}-E_{pB}$

楞次定律

右手定则

法拉第电磁感应定律

电荷在电场中具有电势能 E_p

典型的电场线分布

磁场力方向

通过磁场中某一平面的磁感线条数即磁通量

电场的物质性

磁场力大小

匀强电场

电场强度 E 的大小和方向

匀强磁场　磁感线

库仑定律：$F=k\dfrac{q_1q_2}{r^2}$

利用安培定则可以判断磁场方向

磁感应强度的定义

点电荷

电场真实存在于电荷周围

磁体或通电导体周围有磁场

电荷守恒定律

电流的迅速变化产生电磁波。电磁波可以传递信息，在真空中传播速度为光速

通电导线在磁场中受力

电流周围存在磁场，可以利用安培定则判断通电螺线管两端对应的磁极

闭合电路中部分导体切割磁感线会产生感应电流

电荷定向移动形成电流

同种电荷相互排斥，异种电荷相互吸引

磁体周围存在一种物质：磁场

图 5-3　电磁场部分重要概念学习进阶导航图

图 5-3 是根据课标、教材及学生情况构建的电磁场部分重要概念学习进阶

导航图，图中的箭头指出了概念发展的方向。从该导航图可知，高中物理电磁场部分的进阶层级为四阶。第一阶，学生需要用牛顿力学的观点来理解库仑定律，以牛顿力学为基础对电荷间的受力情况进行解释。第二阶，学生需要建构起"场"的概念，超越牛顿力学的超距作用，不再依赖场源电荷，而是将场作为基本要素来重新解释包括库仑定律在内的实验电荷的受力，并且超越库仑定律，建构起场中的相互作用观，从电场的角度出发理解电场力；在磁场部分，基于场从宏观、微观的角度理解磁体受力，包括安培力、洛伦兹力等。第三阶，从电磁运动与其他形式的运动的关系上构建场中"能量"的观点，从能量守恒和做功的角度理解并分析电场中、电磁感应等现象中电磁能与其他形式能的转化问题。第四阶，从整体上把握电场和磁场相互作用的结果，能够从场的物质性和场具有能量的角度来解释有关电磁波的性质。

从图 5-3 可以看出，重要的物理概念之间相互联系，构成概念网络。在教学过程中，教师依靠重要概念的发展脉络来组织教学内容，设置学生的学习路径，促进学生主动建构对各个概念的理解；通过同化和顺化等过程，使学生形成对某一主题的学习和理解，主动构建知识网络。

二、物理概念教学的一般过程

学生要形成物理概念，就要经历从具体的感性认识上升到科学严谨的理性认识的过程，并且能在理性认识的基础上重新对现实中的具体问题进行解释和说明。在此将物理概念课分为"创设情境，认识物理现象""构建物理概念，理解物理意义"和"运用物理概念，促进深入理解"三个阶段。

（一）创设情境，认识物理现象

1. 创设情境

"情境"一词最初是指一个人产生某种行为的具体条件。情境可以是真实的，也可以是虚拟的或暗含的。在物理概念教学中，情境有双重含义：其一，物理情境，包括自然情境和实验情境，它展现某个物理现象或过程，并使它成为认识物理概念的客体对象和问题情境；其二，教学情境，包括教学活动的组织形式以及信息呈现和传播的方式、手段等。教师创设一种教学环境，促进师生共同参与教学活动，在情境中完成教学任务。创设情境意味着构建一个物理概念的教学环境，使得物理概念教学在特定的环境中进行。教学产生在学生、教师与情境的互动过程之中，是人与情境的结合。因此，创设情境不仅是为了引入课题、激发学生的学习动机，还要把物理概念教学的整个过程置于所创设的情境之中。

创设情境的一个重要方式是物理实验。它不仅包含课程内容、知识背景、假设和猜想、仪器和数据，还包含教师与学生之间的交往、学生之间的交流和其他相关的社会因素等。

2. 辨别现象

学生在学习物理之前已经有相当丰富的对自然现象的观点，教师在教学中要充分运用学生观点中与科学观念一致的部分，创设条件，引发他们对自身观念中与科学观念相悖的部分的思考，充分暴露他们的前概念，从而为建立新的物理概念创造条件。

创设情境的教学任务是把学生在与情境互相作用的活动中所获得的经验转化为对物理现象或过程清晰、准确的描述，达到对现象的表征。在这个过程中，学生首先能顺利地操作实验装置，展示典型的物理现象。这是以操作为特征的活动，主要是学生知道怎样做，并能把实验操作中的体验和展示的物理现象特征联系起来。然后，学生自主对现象的特征做出反应，通过思考，利用情境所提供的信息对现象进行解读，分离出相关变量，进而使用语言、符号、图画来描述现象，初步认识变量之间的关系。在这个过程中，操作活动和现象解读两方面沿着各自的路径发展并交替进行。

以光的反射定律中"法线"概念的教学为例。"法线"概念是为了说明光的反射和折射而引入的，在自然界中是找不到的。它是一个重要的光学概念。许多教师的做法是直接告诉学生作一条垂直于界面的线，这就是法线，但仍有许多学生不理解为什么要作法线，为什么入射角、反射角是光线与法线的夹角。教师应该为学生提供相应的器材，让学生通过操作发现光的传播路径是可以被镜面改变的，而且是有规律的。学生能够找到入射光线、反射光线、镜面，并且可以对反射过程进行描述。

3. 提出问题

学生随着教师的演示或自主操作仪器，能够根据情境提出问题，也就是发现与物理学有关的问题，并且从物理学的角度明确地表述这些问题，对于发现问题和提出问题有一定的认识。概括来说就是：发现问题，表述问题，认识问题的意义。

然而，学生根据情境提出问题是相当困难的，他们可能认为这里没有问题，或者并不能从物理学视角提出恰当的问题，又或者虽然认识到有物理问题但找不到恰当的语言对问题进行描述。这样一来，教师的引领作用就体现出来了。教师要有足够的耐心，营造一种宽松但严谨的学习气氛，尽可能让学生进行充分的观察和体验，发现情境中共性的或有特色的东西，鼓励学生用他们自己的语言进行描述，并且启发学生参与对不同观点的说明和论证。

在学生表达自己观点的过程中，教师应尽量鼓励学生，同时要注意不急于纠正学生观点中的问题和错误，而是让学生在讨论中意识到自己观点的缺陷，这样学生才能进行真正的问题讨论。学生提问会让他们对问题的思考更为深入；学生回答则会促使他们对已有知识进行反思，并建立起知识间的联系。因此，在进行概念教学的过程中，教师既要注重问题的严谨性，也要注意对学生发表自己观点表示支持，让学生在反复讨论、批判和辨析中形成对物理概念的最佳理解。

仍以"法线"这个概念为例，如果在操作过程中入射光线、镜面都在变化，学生则难以发现现象背后蕴含的规律。若学生能将镜面固定，仅改变入射光线，则能看到反射光线会随之变化。心细的学生或许能发现整个光路会呈现一种对称（如图 5-4 所示），这为学生建立"法线"概念提供了有利条件。

（二）构建物理概念，理解物理意义

1. 构建物理概念

在上一阶段，学生认识了典型的物理现象，并把现象和物理概念及概念中蕴含的规

图 5-4　光的反射实验

律联系起来。在这一阶段，学生则要在上一阶段的基础上建立物理概念，清晰地将概念表达出来，并阐明它的物理意义和适用范围。

前面将物理概念分为经验概念、理论概念和模型概念，这也反映了物理概念的多样性。物理课程标准要求运用实验探究自然界的本质，这就要求设置的物理情境要蕴含物理概念。物理概念对学生来说是全新的，教师需要设置典型的物理实验。这些精心安排的实验的背景知识和目的都是明确的，可以更有效地突出概念的内涵，让学生在实验展开的过程中发现问题，并在重复实验中把握其共同性。在具体化、情境化和操作化的实验中，让学生构建起物理概念的意义。例如，在学习"弹力"这一概念时，学生进行拉伸或压缩弹簧、揉捏橡皮泥、掰弯塑料尺等操作。虽然是对不同的物体进行操作，但是学生们可以归纳出这些现象的共同点，即物体在外力作用下形状发生了改变，他们的手也感受

到了形变物体的反作用力，也就理解了"发生形变的物体要恢复原状，对与它接触的物体会产生力的作用"的概念。

对于经验概念，教师可以从学生的经验入手，运用归纳的方法是比较有效的。理论概念一般不直接与人们的经验相关联，而是来自理论的推导。例如，让学生理解"动能"这个概念，如果不涉及机械运动与其他形式运动间的转化，也就不需要"动能"这个概念。因此，在初中物理教学中，虽然学生不需要对能量转化情况进行计算，但也要在物体间的相互作用中体现出由于运动而具有的动能对其他物体状态的影响，从而显示动能与物体质量及速度相关。而到了高中，学生通过对典型情境中的加速减速等问题的分析得到：由于做功，物体关于运动的能量需要表达为 $\frac{1}{2}mv^2$。也就是说，理论概念来自理论推理。在进行这类概念教学时，教师不能让学生孤立地学习概念，而应该进行典型实验的展示，并让学生经历理论推导的过程，这样学生才能真正明白物理概念的意义。

对于模型概念，教师应该在情境中让学生经历抽象、概括、去粗取精的过程，明确研究问题的视角。例如，任何物体都有大小、性质、颜色、温度、软硬等诸多特征，当对物体的位置变化进行提问时，它的空间特征便会受到关注；而若物体运动的空间足够大，其自身的形状、大小不会对研究问题产生大的影响的时候，质点模型就建立起来了。

2. 物理概念的表达

物理概念需要用文字进行表达，同时物理学是与数学有着密切联系的科学，所以学生不仅要用恰当的文字进行表达，还应该运用数学公式和图像/图表进行表达。虽然表达的形式不同，但表达的内容和意义应该一致。物理规律的数学表达式可以在一定条件下由数学变换得到一些变式，这些变式可以看作演绎推理的结果。变式对于理解物理规律或解决实际问题有重要的作用。不同表述形式的转化是以对物理规律的意义和规律表述中各个组成要素的理解为基础的，也就是说，只有对表述规律的各种判断、定义或关系等有清楚的认识，才有可能将它们转化为不同表述形式而又不改变其含义，并对它们的使用条件有清楚的表述。

有时候，同一个物理概念在不同课程或在不同学习阶段中可以有不同表述和不同教学要求。例如，对于"惯性"概念的理解，初中的要求是知道惯性是物体具有的保持原来运动形式的特征，而高中要求理解惯性可以由质量唯一地描述，当受到同样大小的力的时候，质量越大的物体速度越难以改变。图 5-5 是某教材中对不同质量的物体的加速度与受力的关系的描述。从图中的斜率可以看出，斜率越大的物体质量越小，也就说明它维持原来的运动状态的特征越弱，它的惯性就越小。

在学习物理的过程中，学生应该能在文字表达、公式表达和图像/图表表达这三种表达方式之间无障碍地"互译"。

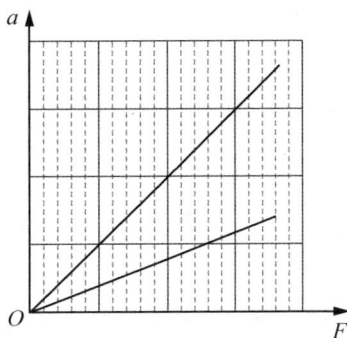

图 5-5　质量不同的物体的加速度与受力的关系

3. 理解物理概念的意义

物理概念无论是用文字来表达还是用公式、图像/图表来表达都是抽象的，并且有着严格的规定性。所以学生在学习物理概念的过程中要经历从感性的、具体的现象走向抽象规定的概念，并且要发生从感性认识到理性认识的飞跃。但这种飞跃不是自然而然地发生的，而是需要经历一个非常困难的过程。如"摩擦力"这个概念，与生活语言中的"摩擦"相关，但是又有着严格的规定，如摩擦力产生的条件、摩擦力方向的判定、摩擦力的大小等，教学就是要根据概念的特点和课程标准的要求来设定学生的学习活动。

促进理解物理概念的意义的教学活动多种多样。对于经验概念，教师应强调学生的直接经验和体验，由学生通过探究发现这种经验和体验，并总结归纳得出概念。理论概念往往超越了直接感觉的东西，因此教师要通过实验把现象和理论联系起来，让学生在对整个理论的理解和把握中理解物理概念的意义。而对于模型概念，教师则需要让学生对要研究的物理现象或物理过程进行剖析，从而明确所研究的问题包含哪些因素，从而找到主要因素，根据主要因素构建起一个理想化的模型。在此过程中，实验依然是重要的，它能帮助学生构建理想化的模型，搭建起与现实世界的桥梁。

综上，学生要生成并理解物理概念的意义，首先应该进入具体物理情境。因为概念涉及的各个要素只有在具体的情境中才可以具体化，概念的意义在具体的情境中才能明确。其次应该经历对概念及概念涉及的相关原理的探索过程。学生通过亲身体验，不仅可以将对概念的抽象界定与物理现象或物理过程联系起来，还可以领悟科学方法，提升对科学本质的认识。这样一来，学生的学习过程就不是一个被动的按照既定模式的流程，而是一个主动的构建过程，学生探索自然的好奇心和自信心也将得到提升。

(三)运用物理概念，促进深入理解

通过师生在具体情境中的共同活动，学生在感性认识的基础上运用科学方法，进行思维加工，实现从感性认识上升到理性认识，完成认识上的第一个飞跃。不过，学习物理概念的目的是运用所学的知识说明现象、分析和解决现实的问题，即从抽象的规定回归现实世界，是把知识变成实际行动的过程，这样才能完成认识上的第二个飞跃。这是学生在学习中从"懂了"到"会用"的飞跃，主要教给学生运用所学知识对问题进行分析、处理的思路和方法。然而，从前面的分析中可以看出，不应该把理解和应用看作两个分离的阶段，学生是在不断经历理解、解释和应用的过程中生成概念的意义的。理解是内在的心理过程，解释和应用是外在的行为表现。内在的心理过程与外在的行为表现是一件事情的两个方面，理解就是不断对物理概念进行解释以及在新的问题中应用物理概念的过程，通过解释和应用促进对概念的理解。从这个意义上说，学生不是在理解之后再对概念进行解释和应用，而是从现实的情境出发，为了这种情境而理解物理概念的意义。因此，理解、解释和应用是内在的统一。

正如前两个阶段不仅有形成并理解概念的意义的活动，还有在新情境中运用概念的活动一样，物理概念教学的第三个阶段并非仅是对概念的运用，而是在前两个阶段的基础上把现象和概念整合进一个理论体系，是知识结构和思维结构的进一步转换、整合和建构。在第三个阶段，学生面临更加丰富的问题情境。在运用新概念解释或解决问题的过程中，概念的意义得到加深，概念的适用范围也得到扩大。

需要提醒的是，诸多概念并非通过一次学习就可以完成意义的建构，有些核心概念需要多次学习。如"加速度"这个概念，虽然学生在学习"运动如何描述"的时候就知道了加速度，但对于加速度的产生、大小、方向，以及在各种情境中加速度对物体运动状态的改变而导致的多种多样的运动形式等，都需要在后面的学习中不断加深理解。学生对物理概念的理解是不断加深的，其内涵、外延、相关例证随着学习的进程不断拓展。所以教师在教学中不要揠苗助长，毕其功于一役不可取，要根据学生的实际情况进行教学。

第三节　物理概念课的教学设计案例分析

一、物理概念教学设计思路

课程标准提醒教师不要仅以知识为线索展开教学，因为这样会导致教学设计聚焦于知识。而若仅专注于让学生获得知识，就会忽视物理课程对学生的物理学科核心素养的培养。课程标准指出，中学阶段物理课程目标是促进学生的物理学科核心素养的养成和发展，也就是在物理观念、科学思维、科学探究以及科学态度与责任方面有所提升。物理概念是形成和发展物理观念的基础，同时，概念和规律的建立离不开科学思维和科学探究，并且在构建概念的过程中，学生的学习热情和求知欲望被激发，科学态度和情感得到升华。

因此，学生学习物理概念的过程对物理学科核心素养各个方面的提升都有着重要的作用，物理概念课是中学物理教学的重要任务之一。为取得更好的教学效果，教师在进行教学之前需要根据具体的教学任务和学生的情况形成一个可行的教学工作方案，这个过程就是教学设计。

（一）分析教学背景

要使教学能够有的放矢，首先教师应该分析学生将要学习的概念在课程标准及教材里是如何安排和界定的，此概念的内涵和外延为何，此概念与其他概念的关联是怎样的。其次教师应该对相关的知识体系加以梳理，最好做出与此概念相关的概念图，既分析此概念在整个物理学体系中所处的位置，也应该分析本节课关于此概念的定位。例如，学习"平抛运动"这个概念时，学生应该知道平抛运动是曲线运动（如图 5-6 所示）的一个分支，由于其初速度及受力的特征，这种运动有着独特的运动规律。在这节课中，学生要理解"平抛运动"这个概念，不仅要知道它的运动性质，还要理解物体运动的基本规律，这样才能构建起完善的对平抛运动的理解。

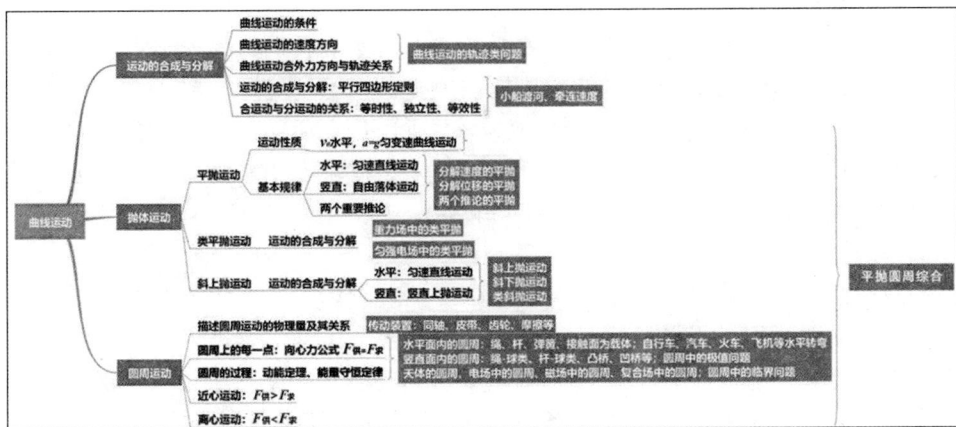

图 5-6　曲线运动的概念图

分析课标和教材之后，教师还应该分析学生在学习这一概念时有怎样的经验、知识、方法等储备，教材安排的内容序列是否与学生的学习水平相符，如果不相符，对学生来说困难是什么，或在哪里出现问题。仍以平抛运动为例，学生在学习这节课之前虽然知道了曲线运动的条件，学过了运动的合成与分解，但他们是否掌握了分析方法、能否熟练运用矢量运算等问题的答案并不明确。调查发现，虽然学生们知道平抛运动的物体是以一个水平初速度抛出去的，而且在空中飞行时只受重力，但仍有许多学生认为物体是先沿着直线向前飞，然后才竖直掉下去。

（二）设计教学目标

恰当的教学目标可以让教学有的放矢，也便于师生对学习成果进行评价。物理概念是物理学最重要、最核心的内容，做好物理概念教学对提高物理教学质量具有十分重要的意义。物理概念不仅是物理基础知识的重要组成部分，而且是构成物理规律、建立物理公式和完善物理理论的基础和前提。物理概念教学是发展能力、掌握方法、提升价值观的重要途径。物理概念不仅是结果，而且是联系结果的过程。在这个过程中，学生要运用物理学的研究方法，经历观察、试验和复杂的思维过程，获得知识、发展能力，同时理解学习的过程、获得掌握知识的方法。

物理概念教学是发展学生物理学科核心素养的重要途径。教师在进行物理概念课的教学设计时，应该从物理学科核心素养的各个方面来规划设计教学目标。

（三）设计教学策略

在设计好教学目标之后，教师就要考虑如何实现教学目标，学生通过该学习过程会得到怎样的成长，以及应该提供怎样的学习环境和学习条件。

例如，应该设置怎样的教学情境？学生通过什么活动可以暴露自己的已有想法？推动学习发展的教学事件有哪些？为学生提供哪些实验器材？是否需要为学生提供额外的图片、视频或文字材料？应该在什么条件下向他们呈现？

（四）设计教学过程

在厘清了知识脉络和学生的学习基础，并且收集了诸多相关的教学素材之后，教师就要根据教学条件安排学生的学习进程。整个学习进程可以分成若干个教学事件，对每一个教学事件教师都要分析所用时长、实现的目标和任务、师生的活动、所用的素材四个方面。所有教学事件所用时间之和便是课堂的总时间，每个教学事件的任务之和就是此节课设定的总教学目标。在教学情境中，学生通过教师的引领与教学资料进行互动，发现自己原有知识的不足或错误，然后通过倾听、讨论、实验、推理等活动，逐步构建起对概念的理解，这个过程对物理学科核心素养各个部分的提升都有所帮助。具体操作可以参照后文"摩擦力"的教学设计。

二、物理概念课教学设计案例——摩擦力

【教材分析】

教材的地位和作用：摩擦力与人们的日常生活紧密相连，是常见的三种力之一，学好本节内容可以为学生下一步进行力学乃至整个物理学的学习奠定基础，也有利于学生利用物理知识解决实际问题，达到学以致用的目的。因此，摩擦力的学习有着广泛的现实意义。

教材编排分析：摩擦力对于高一学生来说是个难点，但教材把本节安排到重力与弹力之后，学生掌握了研究力的基本方法之后再学习这一节就相对容易了。这一节分为三个板块：第一板块讲授滑动摩擦力，这是在初中所学的有关摩擦力的知识基础上的深化，这一板块可以使学生加深对滑动摩擦力的认识；第二板块讲授静摩擦力，这一板块可以帮助学生完成对整个摩擦力意义的构建；第三板块讲的是摩擦力的调控，这一板块紧密联系生产生活，体现了STSE 的教学理念。总之，本节在内容的选择上既注意与初中物理和小学科学课程的衔接，又力求进一步提高学生的科学素养。

【设计理念】

实验是科学研究的重要手段，它既是检验理论的试金石，又是产生理论的一种方式。课程标准非常重视实验的作用，教师在教学中要贯彻这一理念。所以这一节的内容不但要使学生定量地分析摩擦力的有关问题，还要让学生经历实验探究的过程，用探究来解决问题，以提高其信息收集和处理的能力，使其领悟科学研究的方法，提高其科学素养。

因为高一学生在日常生活中已经积累了大量与摩擦力有关的切身体验，形成了丰富的感性认识，并且他们在初中阶段接触过摩擦力的部分内容，利用控制变量法对影响滑动摩擦力的因素进行了定性探究，具备了一定的动手实验能力，所以针对摩擦力的几个板块可以设计学生自主探究及师生共同探究的实验。在教学中，教师层层引导，学生合作探究，分析实验数据，得出对摩擦力有关问题的理论解释。为使学生更好地建构知识，教师还引入摩擦力理论假设（如图 5-7 所示），其效果相当于在滑动摩擦力、静摩擦力这两个下位概念与摩擦力这个上位概念之间架设了一个支架。支架本身不是重点内容，但它的引入更有利于学生顺利完成对于滑动摩擦力、静摩擦力概念及摩擦力规律的意义

建构，以达到掌握知识、了解科学研究方法、激发探索自然界的兴趣与热情的目的。

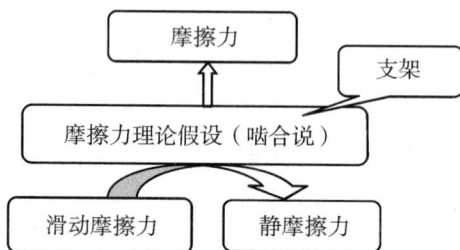

图 5-7　理论假设图

【教学目标】

通过实验认识滑动摩擦力、静摩擦力的规律，从摩擦力的角度强化运动与相互作用观念的形成。

构建摩擦力产生的模型，能基于模型计算摩擦力的大小。

通过实验体会怎样进行科学探究，学习实验探究的思想和方法。

通过实验提升获取证据、推理和论证的能力。

在实验探究的过程中形成实事求是的科学态度。

【教学的重点和难点】

1. 教学重点

实验探究滑动摩擦力规律，会应用公式 $f = \mu N$ 解决实际问题。

实验探究静摩擦力规律，正确理解最大静摩擦力。

2. 教学难点

设计实验方案，确定实验步骤，根据实验数据分析得出结论。

【教法与学法】

教法：运用改进的实验设备，创设良好的物理情境，巧用提问的方式来激发学生的积极性；采取教师层层引导、师生共同实验探究的教学方法，指导学生围绕摩擦力这个主题逐步展开科学探究活动。

学法：学生在教师的引导下、在情境中发现问题并主动探索解决方案，经历一系列分析、实验、推理、交流论证的活动，从实践到理论，再从理论到实践。构建起摩擦力的理论，提高实验探究的能力。

【教学用具】

多媒体课件。

实验器材：二维力学平台、传感器、弹簧测力计、带钩的木块、毛巾、砝码、长木板。

【教学程序设计】

1. 摩擦力概念的结构图（如图 5-8 所示）

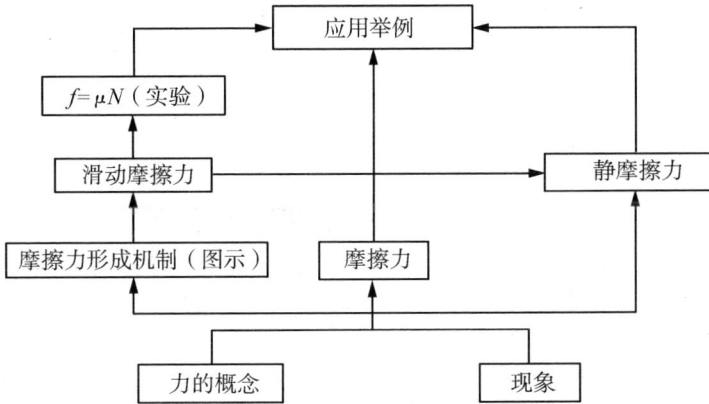

图 5-8 摩擦力概念的结构图

2. 教学程序示意图（如图 5-9 所示）

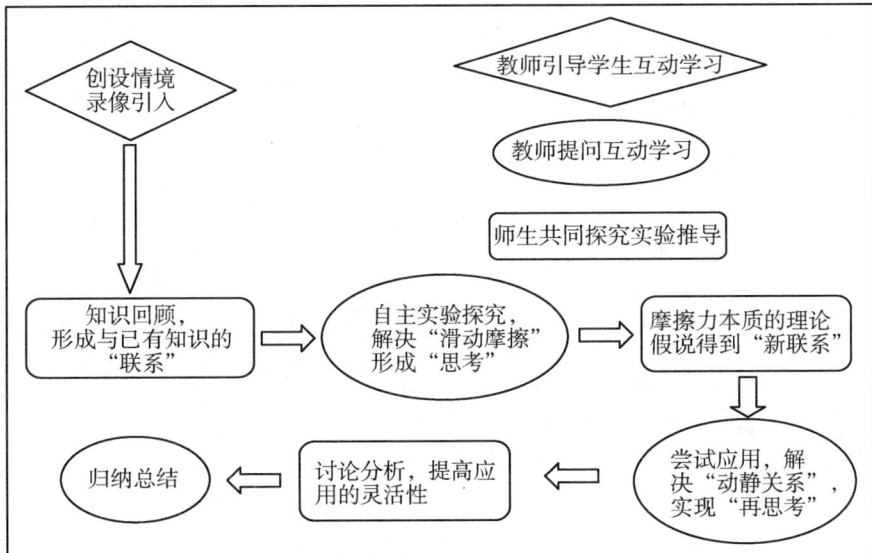

图 5-9 教学程序示意图

3．教学过程（如表 5-1 所示）

表 5-1　教学过程

教学事件及所需时间	教师活动	学生活动	媒体与实验	评价与反思
创设情境 录像引入（3 分钟）	演示录像，引导学生辨别实例，进行分类	观看录像，对摩擦力进行辨别与分类	[多媒体课件] 花样滑冰；拖车拉卡车，卡车由静止变为运动	用录像将学生引入实验探究的情境，丰富学生的感性认识，明确本节课的任务——研究摩擦力
知识回顾，形成与已有知识的"联系"（2 分钟）	引导学生回忆滑动摩擦力的概念、产生条件以及与正压力和接触面的定性关系，提出第一个探究问题——探究压力与滑动摩擦力的定量关系	回忆已有知识，列举生活应用实例	[板书] 条件：接触 挤压 相对运动	引导学生复习已有知识，明确本节课的第一个探究活动——探究压力与滑动摩擦力的定量关系，为新授课做好准备
学生分组探究实验——滑动摩擦力与正压力之间关系，形成"思考"（10 分钟）	准备材料 / 点拨讲解实验器材、实验设备；强调注意事项	思考实验方案，阅读导学案，明确实验目的；了解注意事项；熟悉实验步骤	图 5-10 实验器材：弹簧测力计、砝码、木块、长木板、毛巾，导学案	通过恰当的引导使学生明确探究目标、具体操作步骤，为顺利完成滑动摩擦力的探究实验奠定基础；借助导学案，学生可以把精力集中于科学探究方法的思考，增强实验的目的性

教学事件及所需时间	教师活动	学生活动	媒体与实验	评价与反思
学生分组探究实验——滑动摩擦力与正压力之间关系，形成"思考"（10分钟）	巡回指导学生进行实验	采用控制变量法研究滑动摩擦力与压力及接触面粗糙程度的关系；实验，记录数据，得出结论	[导学案（表格）] 见下方表格	使学生经历科学探究过程，明确科学探究方法；培养学生的合作意识；培养学生的科学态度和科学精神
	引导学生进行数据分析，从而得到实验结论；对学生的实验结果给予评价反馈	按照教师的引导分析实验数据，交流实验结果，总结实验规律	[板书] 实验结果 $f = \mu N$	使学生在教师的适当引导下分析实验数据并得到实验结论；培养学生的分析能力和交流能力；使学生掌握滑动摩擦力与压力的定量关系以及动摩擦因数的物理意义
摩擦力本质的理论假说，得到"新联系"（5分钟）	投影摩擦力本质的理论假说，并做简单解释；引导学生在了解滑动摩擦力产生原理的基础上得出对静摩擦力的存在及大小的猜想	学习学案上的相关内容，对拉而未动的情况下物体受摩擦力的情况进行推测，并说明理由	分发学案 投影摩擦力产生的理论假说： 图 5-11	使学生理解滑动摩擦力的产生机制，通过演绎得出对静摩擦力的存在的猜想，从而引出对静摩擦力的教学；培养学生的逻辑分析能力和逻辑推理能力

导学案（表格）：

滑块重力	每个砝码重力			
实验次数	1	2	3	4
压力				
摩擦力				
摩擦力与压力之比				

续表

教学事件及所需时间	教师活动	学生活动	媒体与实验	评价与反思
实验探究课题——静摩擦力，实现"再思考"（10分钟）	演示实验，得出拉力与静摩擦力的大小及方向的关系的曲线	观察演示实验，思考、分析实验所得曲线	实验器材：传感器、二维力学平台、砝码、滑块、计算机	验证物体静止时静摩擦力与拉力等大反向，使探究过程更加完善
	引导学生利用简易设备感受静摩擦力	改变拉力大小，观察弹簧测力计的示数变化，总结静摩擦力规律	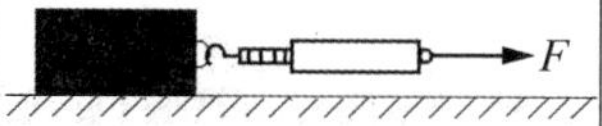 图 5-12 实验器材：弹簧测力计、砝码、木块、长木板、毛巾 ［板书］ (1)静摩擦力大小可变； (2)静摩擦力有一个最大值	通过实验丰富学生对静摩擦力的感性认识；使学生形成一系列有关静摩擦力探究的问题，使得对静摩擦力的精确探究变得相对简单；激发学生的求知欲，从而提高课堂效率
	演示实验：用力的传感器作出物体由静止到运动的过程中摩擦力随拉力变化的精确图像；引导学生分析图像的起始阶段、最高点以及近乎水平的阶段分别说明了什么问题	观察演示实验；分析曲线得出：①静摩擦力随拉力变化的关系；②影响最大静摩擦力的因素；③最大静摩擦力和滑动摩擦力的大小的关系	实验器材：传感器、二维力学平台、砝码、滑块、计算机、毛巾 ［板书］ (3)最大静摩擦力＜滑动摩擦力 影响最大静摩擦力的因素：(1)压力；(2)接触面材料	学生运用所学知识分析测量结果，培养学生学以致用的习惯；在学生形成对摩擦力变化过程的感性认识的基础上，通过展示摩擦力—拉力图像，使学生对整个摩擦力的变化过程形成深刻认识

续表

教学事件及所需时间	教师活动	学生活动	媒体与实验	评价与反思
生活实例分析,提高应用灵活性,与知识形成呼应（5分钟）	演示录像,引导学生利用已学知识对实例进行分析讨论	观看实例,讨论并对实例进行受力分析	投影生活实例:①人在路面上行走;②骑自行车	通过对实例进行分析,加深学生对摩擦力的理解;检验学生的学习成果
归纳总结,布置作业（5分钟）	引导学生回顾知识点:滑动摩擦力的大小与正压力之间的关系;静摩擦力与拉力之间的关系 布置作业:结合所学内容,收集与摩擦力相关的生活或生产中的事例,选择其中一个,就其如何利用摩擦力的有关知识进行分析	回顾本节课知识点	[板书] 小结:滑动摩擦力 静摩擦力 作业	学生通过对实例的分析可以加深对摩擦力规律的认识与理解,培养学以致用、理论联系实际的习惯;体现"从生活走向物理,从物理走向社会"的理念;学生通过回顾和作业使学到的知识形成系统,得到升华

【思考练习】

1. 如何界定物理概念? 物理概念的主要特征有哪些?

2. 物理概念教学的要求有哪些?

3. 物理概念课一般需要哪些阶段? 在各个阶段中,对概念的理解和运用是否完全分离? 请联系具体教学任务说明。

4. 结合摩擦力这一教学案例,说明概念课的教学如何促进物理学科核心素养各个部分的提升。

5. 任选一个物理概念,尝试做出此概念的物理概念图,说明此概念在整个中学阶段的地位以及进阶状况。

【推荐阅读】

[1]中华人民共和国教育部. 普通高中物理课程标准(2017 年版 2020 年修订)[M]. 北京：人民教育出版社，2020.

[2]弭乐，郭玉英. 概念学习进阶与科学论证整合的教学设计研究[J]. 课程·教材·教法，2018，38(05)：90-98.

[3]邢红军，张抗抗，胡扬洋，等. 物理概念与规律的教学要求：反思与重构[J]. 课程·教材·教法，2018，38(02)：91-96.

[4]高嵩. 体现"从生活走向物理"的教学设计：兼谈"摩擦力"的教学设计[J]. 物理教学探讨，2013，31(11)：30-33.

[5]张玉峰. 基于学习进阶的科学概念教学内容整合[J]. 课程·教材·教法，2019，39(01)：99-105.

[6]罗莹，张墨雨. 科学概念转变教学的新视野与新思路[J]. 教育学报，2018，14(02)：49-54.

[7]张玉峰，郭玉英. 围绕学科核心概念建构物理概念的若干思考[J]. 课程·教材·教法，2015，35(05)：99-102＋75.

[8]胡玉华. 科学教育中的核心概念及其教学价值[J]. 课程·教材·教法，2015，35(03)：79-84.

[9]陈刚. 论物理概念和规律意义学习的教学设计：学习心理学的视角[J]. 全球教育展望，2014，43(12)：58-71.

第六章　物理规律课的教学设计

章前导语

　　物理规律是物理课程内容的重要组成部分，基于物理学科核心素养培养的物理教学要求在建构物理规律的过程中激发学生的学习动机，发展科学探索的兴趣，培养科学探究能力，使学生逐步形成物理观念与科学态度。本章可以帮助教师了解物理规律课的内涵、特征、教学要求，提高物理规律课的教学设计能力。

　　本章共有三节内容：第一节对物理规律课的特征进行概述；第二节阐释物理规律课的教学要求；第三节展示并分析物理规律课的教学设计案例。

第一节　物理规律课的特征

一、物理规律课的内涵

　　物理规律是物理现象、物理过程在一定条件下必然发生、发展和变化的本质联系。物理规律课是指在观察和实验的基础上，通过分析、归纳、总结而得到物理量之间的必然联系的典型规律类课型，是物理课堂教学的基本课型之一。物理规律教学是物理教学的核心组成部分，目的是阐述物理教学过程中存在的本质联系。

　　从课程内容的角度看，物理规律教学以重点物理规律为核心内容展开。物理规律是物理科学知识的核心，是联系物理概念的桥梁，是物理知识结构的骨架。广义的物理规律包含物理定律（如牛顿运动定律、机械能转化和守恒定律、动量守恒定律）、物理定理或原理（如动量定理、动能定理、阿基米德原理）以及物理假说（如原子核式结构模型、原子能级假说）等。

　　从教育目的的角度看，物理规律课是培养学生核心素养、使学生形成物理思维的关键途径。巴甫洛夫说："切勿成为事实的保管员，要透彻地了解事物的奥妙，持之以恒地搜寻支配它们的法则。"①物理规律教学就是通过一定的手段，让学生对物理概念间的联系有深入的理解。中学物理规律教学的重点在于引导学生关注物理规律发现和建立的过程，使学生感受到每一个物理规律的发现和建立对科学和社会发展的贡献。因此，在物理规律课的教学中合理地建构教学模式，对于更有效地提高教学效率、使学生更好地学习物理学是至关重要的。

二、物理规律课的主要特征

要达到物理规律课的预期目标，教师首先要对物理规律课的特征有较为深入的理解。就中学物理教学而言，物理规律课具有以下四个主要特征。

（一）物理规律课以学生掌握并应用物理规律为根本目标

物理规律课是以学生掌握并应用物理规律为根本目标的物理课型。无论对物理课型进行怎样的划分，物理规律课始终处于与物理概念课并重的主要地位，对于培养学生的探究能力、思维能力、运用知识解决实际问题的能力和创新能力有着尤为重要的作用。

（二）物理规律本身具有鲜明特点

1. 因果性

物理规律以理想过程为建构环境，搭建物理概念单元间的因果逻辑网络。通过对概念网络的编织，在大量感性材料认识的基础上，经过分析、综合、比较、概括和抽象等思维环节，构成相关物理概念之间的因果逻辑关系，这就是发现和建立物理规律最基本的思维过程。

2. 条件性

物理规律的条件性体现在两个方面：一是物理规律的建立是有条件的，物理规律的外延是受限制的；二是物理规律的探究要考虑现实条件的限制。复杂问题的处理总是要抓主要矛盾、忽略次要因素，对问题做适当的简化之后才能找到其中的内在联系，发现物理规律。因为忽略了真实物理运动的一些次要因素，所以人们只是在一定程度上逐步靠近物理规律，这决定了物理规律的探究过程是受条件限制的。

3. 实践性

物理学是实践性很强的学科，实验是物理学的基础，物理结论和规律都是通过大量的实验得到的，物理规律的发现无法脱离实践活动，对物质世界的观

① ［苏联］巴甫洛夫：《给青年们的一封信》，见李维清：《巴甫洛夫学说基本规律汇编》，1 页，北京，人民卫生出版社，1953。

察与实验是认识物理规律的基本前提。物理规律所描述的对象——物质结构和物质运动——是在实践中感知的，物理规律所描述的关系——物质结构和物质运动中诸要素之间的联系——也是在实践中提炼的。

4. 联系性

从内容分析，物理规律反映物质结构及物质运动中诸要素之间内在的必然联系，表现为某物理状态下或某物理过程中相关要素之间在一定条件下所遵从的关系。物质结构和物质运动中的各种要素由物理概念来表征，而且物理概念常常是具有定量性质的物理量，并总与测量及数学表示相联系。因此，物理规律也是物理概念之间的一定关系的语言逻辑表达和数学逻辑表达。从方法分析，规律蕴含的多种科学方法互相联系。利用相应的科学方法开展物理规律教学设计符合规律建构的过程，规律教学的逻辑就是科学方法的逻辑。物理规律、科学方法、思维训练等视角则在教学的逻辑中交汇和统一。从思维分析，规律是多种科学思维相互作用的结果。在发现规律时，内隐的思维能力主要包含科学推理、分析、假设；在运用规律时，内隐的思维能力主要包含科学推理、抽象概括。单一的、孤立的科学思维无法支撑规律的理解和迁移应用。

（三）物理规律课具有理论完善、丰富鲜明的教学模式

物理规律课因物理规律的显著特点而明显区别于其他学科和其他课型，因此也形成了大量成熟完善、特点鲜明的教学模式。

传统物理规律课的一般教学过程是：引入，建立，讨论，运用。在此基础上，这一过程不断丰富。天津市教研室物理学科室课题组提出"猜想、实验、探究式"。[①] 孙登全提出创设生活情境，强化学生理解，注重理论探究，提升学生思维，关注问题分析，引导学生应用。[②] 李美会提出两种物理规律课探究模式：多种假设并存的探究模式、理想实验探究模式。[③] 范永梅提出规律课教学的四大环节：情境创设，引入规律；实验探究，建构规律；问题互动，研讨规律；训练强化，应用规律。[④] 从学习心理的角度看，物理规律学习主要有：有意义的接受式，归纳式，演绎式。从教学过程的角度看，物理规律教学有：讲授式，实验归纳式，理论演绎式。

---

① 米岳舟：《实施素质教育目标教学构建初中物理教学模式体系》，载《天津教研》，2000(2)。

② 孙登全：《以动量定理教学为例谈高中物理规律课教学策略》，载《中学物理教学参考》，2019(12)。

③ 李美会：《如何上好一节物理规律课》，载《考试周刊》，2014(18)。

④ 范永梅：《简介"规律课"教学的四大环节》，载《物理教学探讨》，2009(12)。

（四）物理规律课具有阶段性

物理规律教学过程的阶段性一般指对物理规律认知过程的阶段性。根据物理规律的类型，其阶段性体现在：第一，实验规律都是经过多次观察和实验，进行归纳推理得到的；第二，理想规律都是由大量的物理事实经过合理推理而发现的；第三，理论规律是由已知规律经过理论推导而得到的新规律。引入规律阶段更加关注物理情境的创设以及探究问题的提出，建立规律阶段则以归纳和演绎为主。几乎所有模式都强调在规律建立后学生对规律的应用与实践。物理规律教学模式的特点与物理规律建立与发展的历史脉络密不可分。

三、物理规律课的类型

经过对物理规律课的内涵及特点的分析，根据中学阶段研究规律的三种主要科学方法，这里将物理规律课分为实验探究类、理论分析类和假说验证类。

（一）实验探究类物理规律课

实验探究类物理规律课要求学生从实验结果中直接分析、归纳、概括，进而总结出物理规律。它强调学生对感性认识和经验有丰富的积累，通过对这些感性材料的分类、比较找出其表征的共同属性，随后应用归纳法推理并验证该属性的共通性。学生在知识层面要有对基本概念的正确理解，学生在思维层面要有直觉思维、抽象思维与形象思维等思维活动的相互作用，学生在能力层面要有知觉的洞察、灵感的激发、想象的发挥。例如，理性气体状态方程的建立、光的反射等都是实验归纳的结果。

（二）理论分析类物理规律课

1. 理论演绎类物理规律课

学生掌握一般物理规律后，教师通过阶梯式的问题引导学生利用逻辑推理或数学推导等思维活动推出特殊的物理规律。例如，利用运动学规律和牛顿第二定律推出动能定理等。

2. 理论归纳类物理规律课

理论归纳类物理规律课的设计要充分考虑学生的前概念，即已掌握的物理概念和规律，学生经过归纳与推理得出更具普遍性的物理规律。例如，通过牛顿第二定律和开普勒第三定律推导得出万有引力定律等。

（三）假说验证类物理规律课

教师需要对呈现的研究问题进行充分引导，给学生留有足够的想象和讨论空间，帮助学生在观察和实验的基础上，根据物理原理和事实，对未知物理现象背后的本质、规律做出假定性的说明和解释。需要强调的是，这里的引导不是暗示学生只提出正确的假说，而是提供隐藏线索和可选择的科学方法，既要保留学生提出创造性假说的空间，又能明确实验的主要方向。例如，研究物体的动能时，猜想物体的动能与其质量和速度有关等。

第二节　物理规律课的教学要求

在中学物理知识结构中，物理规律占主干位置。物理规律课能否有效建构的关键在于学生能否从本质出发，深入理解规律的物理意义并运用规律解决问题。因此，教师必须明确物理规律课的教学要求。本节从物理规律课的教学目标要求、教学过程要求、教学评价要求三方面去阐述课程实施过程中需注意的细节，阐释物理规律课的基本环节，并讨论如何建构物理规律教学模式。

一、物理规律课的基本原则

（一）基于课程标准的教学目标要求

物理课程标准从核心素养的角度对学生的物理规律学习提出了明确的要求，包括物理观念、科学思维、科学探究、科学态度与责任四个方面。

物理观念方面要求学生理解物理学科发展中的重点规律。物理学的发展过程也是人类认识世界的过程，人类在探索物理现象内在联系的过程中形成了物理原理和规律，这是人类认识世界的基础。学生通过物理课程的学习，能够认识和理解自身生活的客观世界，认识自然界的构成、现象和规律，认识物质存在的多样性、复杂性和统一性，形成科学的唯物主义世界观。

科学思维方面要求学生运用科学思维方法，尝试从定性和定量两个方面对物理实验进行科学推理，找出规律，形成结论；具有使用科学证据的意识和评估科学证据的能力，能运用规律对研究的问题进行预测。

科学探究方面要求学生在观察和实验中发现问题，提出合理猜想与假设；具有设计探究方案和获取证据的能力，能正确实施探究方案，使用不同方法和手段分析、处理信息，描述并解释探究结果和变化趋势；具有交流的意愿与能力，能准确表述、评估和反思探究过程与结果。对于科学探究素养的培养，课堂教学可达成的目标是：积累科学方法运用的经验，进行科学方法意义的学习。

科学态度与责任方面要求学生正确认识科学的本质；具有学习和研究物理的好奇心与求知欲，能主动与他人合作，尊重他人，能基于证据和逻辑发表自己的见解，不迷信权威；了解真实的科学史发展，形成严谨认真、实事求是和持之以恒的科学态度。

(二)物理规律课的教学过程要求

1. 创设便于探索规律的物理环境

在物理规律课上，教师首先要创设便于探索规律的物理环境，使学生在物理环境中通过动口、动手、动脑发现问题，利用大量感性材料，充分体验物理现象、物体运动，进而以探索原理为初始动机，发现事物的本质属性，形成物理概念之间的关系网络，掌握物理规律。

2. 引导学生进行科学思维加工

教育的一个重要目的就是教会学生正确地思考问题，体现在物理教育领域就是进行科学思维。停留在感性认识阶段的物理规律课是单薄的，无法支撑学生终身学习能力的形成。掌握物理规律的核心在于引导学生对感性材料进行科学思维加工，使感性认识上升到理性认识，这是掌握物理规律的关键环节。通过推理与论证的形式，学生对多变量因果关系进行信息加工，积极主动地建构物理规律，对其物理意义做出总结，并用精练的语言进行表述。与此同时，教师还必须引导学生分析，讨论物理规律的适用条件和适用范围。

3. 不同类型的物理规律应采用不同的学法和教法

物理规律一般可分为理想规律、理论规律和实验规律三大类。在实际教学中，教师往往要把各种教学方法结合起来使用。

(1)理想规律

理想规律是以大量的经验事实为基础，对这些经验事实进行分析、综合，抓住主要因素、排除次要因素，并通过合理外推而总结得出的。需要注意的是，因为理想规律所需的实验条件无法实现，所以不能直接用实验来验证它们。例如，在牛顿第一定律的教学中，对于斜面实验的探究，教师利用控制变量法，引导学生进行思想实验，在斜面倾角趋于无限小、表面趋于无限光滑时，推理得到小车将会永远运动下去，从而由观察实验、分析总结得出牛顿第一定律。

(2)理论规律

理论规律是以已知的事实为依据，经过科学方法的选择，通过严谨的逻辑推理得出结论，如动量定理、动能定理、万有引力定律等。理论规律教学要求教师对学生已知的物理规律进行测查，在学生正确的前概念之上得出新的物理规律，应采用理论推导法。

（3）实验规律

实验规律是在观察和实验的基础上，通过分析、归纳、总结得出的，可以用实验探究法、演示实验法等教学方法。例如，在楞次定律教学中，教师从理论层面解释磁铁悬浮，通过设计实验验证理论假设，学生对磁铁悬浮的科学本质进行猜想探究，最后对规律进行迁移应用。

4. 指导学生运用物理规律

学生初步形成物理概念、掌握物理规律后，需要对其进行二次加工。教师应当结合具体情况，帮助学生迁移应用所学知识，以此来激活学生的新思维，使其发现新问题，不断优化其物理知识结构。在运用物理规律的过程中，学生加深理解、巩固、修正和活化所学的物理规律，使经验得以概括化、系统化，从而提高分析、解决实际物理问题的能力。

5. 关注物理学史知识的重要作用

教师将学习物理规律同物理学史联系起来，把物理学史的有关内容渗透于物理规律教学，使学生既学到物理知识，又受到科学素养、思想品德等多方面的教育，可以有效地帮助学生掌握物理规律、发展学生的思维能力。常见的做法主要有以下两种。

（1）介绍物理学史，让学生体验物理规律的发现

物理学史的融入不能以生硬的单调的说教方式，而应该通过阅读、交流、合作讨论等形式融入物理观念和科学思维培养，力求做到"随风潜入夜，润物细无声"。例如，在讲到法拉第电磁感应定律相关内容时，教师可以结合电磁感应定律的发现过程，渗透法拉第对待科学的态度及其高尚的人格品质等内容。

（2）通过物理学史教育，帮助学生掌握物理学的思想方法

实验思路的设计与科学方法的选择不是凭空产生的，而是在科学家的启发下产生的。科学家经常使用一些基本的研究方法，在物理教学中穿插物理学史教育有利于帮助学生掌握物理学的思想方法，让教材中研究物理学所应用的各种基本方法不再以单调的文字形式呈现，而是立体的、鲜活的、具有历史温度的。

（三）物理规律课的教学评价要求

物理课程标准注重教学评价，让教学评价成为激活师生发展内驱力、改进师生教与学的策略以及教研活动的证据。教学评价是教学过程中的重要阶段，它的使命在于对学生的学习进行跟踪与评价，对教师的教学进行反馈与改进。教师需要通过问答、纸笔练习、小组讨论、独立学习等课堂活动中的外显行为

来判断学生的学习状态，也要注重与学生的外显行为相关联的内隐的学习状态。

教学的主要目的是帮助学生实现一系列预期的学习结果，包括物理观念、科学思维、科学探究、科学态度与责任四个维度的培养，这使得教学评价成为教学过程中不可缺少的一部分。教学评价可以分为过程性评价和结果性评价两个维度。

1. 过程性评价

过程性评价强调教学评价应当贯穿教学活动，从学生的学习兴趣、学习结果、方法的应用等角度开展评价活动。教师和学生要形成动态的、多元化的、具有互动性的评价意识和能力，充分发挥评价的正反馈功效，有效地完成课堂节奏、课堂提问、课堂氛围的动态调整。

2. 结果性评价

课堂教学的结束并不意味着教学过程的结束，相反，教学因此无限延长，评价的地位和作用也愈加重要。课后评价可以以课堂小结的形式进行，也可以以家庭作业或小测验的形式进行。

结果性评价包括教师针对学生学习的诊断评价与教师针对自身教学能力的反思评价两个主要方面。教师针对学生学习的诊断评价可以通过课后作业，如口头作业、书面作业、实践活动作业等形式进行，也可以通过标准化测评或自编测验化评价的形式进行学习诊断。教师可以通过各种评价方式引导学生对自己的学习过程和学习行为进行回顾和反思，提升学生的元认知能力，使其监控自己的学习行为和思维习惯，帮助学生实现有效的学。教师针对自身教学的反思评价可以通过自我反思、教学探讨、询问学生意见、询问专家意见等形式开展。教师也要对预设教学目标的完成、教学内容的讲授、教学方法的实施情况进行分析、反思，找出自己的收获与失误，及时记录、纠正错误，从而实现有效的教。

二、物理规律课的基本环节

物理规律课不仅需要分析物理规律的特点和教学要求，还要以帮助学生理解物理规律并发展科学素养为教学核心。因此，物理规律课的基本环节应当是学生在教师的引导下与物理世界相互作用，发现问题、探究规律、讨论规律和运用规律的过程。物理规律课的基本环节一般包括以下四个。

（一）创建物理情境，激发问题意识

物理从生活中来，最终也要走向生活中去。学生以真实问题与思维主线为探索指引,进入真实或类真实的情境,借助自身的探究行为、身体的多维度感知,产生个性化的情境体验,建构起属于自身的经验。物理规律的发现需要基于大量真实的物理现象和实验的观察与归纳,需要以学生在真实情境中积累的个人经验为基础。因此,物理规律课的教学应当关注真实情境的构建,在物理学科核心素养的导向下帮助学生达成预期的学习结果。

首先,物理学科核心素养导向的教学要求教师为学生自主探究感兴趣的现实问题提供时间和空间。时间包括课上的讨论时间和课下的深度学习时间,空间包括思维空间和实践空间。只有真正激发和保持学生解决问题的动机,使学生体会自我价值,才能促进学生拥有真正的主动权。

其次,物理学科核心素养导向的教学要求教师为学生创设面对未知的"原始"的问题情境。很多课堂提供给学生的都是良构物理问题,即"发现问题→界定问题→解决问题"的过程清晰顺利,一个被束缚的、精致化的、理想化的解决途径被提前预设。学生愿意沿着坦途前进,但忽略了许多可以产生创造性思维活动的可能。因此,对于诞生于复杂实践的物理规律而言,其内容的学习需要学生暴露在劣构问题中,在不断尝试和批判的过程中开阔视野、发展能力。如此,学生可获得知识、激发问题意识,更重要的是可经历完整的问题解决过程,体验科学探究的乐趣和科学精神,养成良好的科学研究态度。

(二)运用科学方法建立物理规律

科学方法方面的核心素养表现为了解并掌握研究世界的基本思想和方法。物理学家为了更有效地认识和研究自然界,探索出了许多研究思想和方法,这些思想和方法比科学知识更有价值。例如,忽略次要因素的理想化模型法、控制变量法等,都是学生今后思考和处理问题的重要方法。学生通过物理课程的学习,能够了解物理学研究问题运用的思想和方法,并认识到这些思想和方法在解决问题中的价值。由物理规律的获取途径可知,应用的科学方法有实验归纳与理论分析。需要特别说明的是,在实验归纳与理论分析这两个方法的应用过程中,假说、类比、理想化、猜想等科学方法也起到了至关重要的作用。

(三)理解物理规律的本质

物理规律的本质既不是其表达公式,也不是其文字表述。对于物理规律本质的理解也绝不是通过机械地记忆教材中的情境、条件、数学推导、概念就可以达成的。真正的理解是搭建一个立体的、有逻辑性的概念网络,以核心概念为逻辑延伸的起点,以真实情境为框架,从因果关系角度出发,通过科学方法的应用形成彼此相联系的概念网络。只有从物理规律的本质出发,才能训练并激活概念网络的通路,培养学生的物理观念和科学思维。相反,机械的、表面化的记忆形成的惰性知识之间未形成紧密的逻辑关系,最终学生无法灵活调度来解决实际问题。因此,对于物理规律本质的理解是物理教学的核心内容。

(四)运用物理规律解决物理问题

在核心素养理念下,通过问题解决过程达成学生对于物理规律的深度加工和理解,培养学生"见物思理、就物论理"的意识,能够促进新旧知识的有效联系。引导学生将已有的知识迁移到新情境并做出决策、解决问题,其核心是知识迁移、问题解决、思维提升,其本质是学会学习和应用。

三、物理规律教学模式的构建

(一)讲授式物理规律教学

讲授式物理规律教学是以教师的系统讲解为主,以提问、板书、联系、演示等为辅,促进学生理解和掌握物理规律的教学。讲授式物理规律教学要充分发挥教师的主导作用,使学生在较短的时间内达到对规律的系统、全面掌握。讲授式物理规律教学流程如图 6-1 所示。

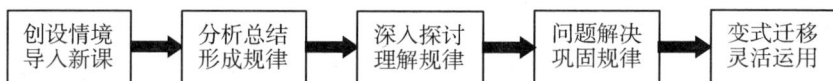

创设情境 导入新课 → 分析总结 形成规律 → 深入探讨 理解规律 → 问题解决 巩固规律 → 变式迁移 灵活运用

图 6-1 讲授式物理规律教学流程

这里以"电场强度"一课为例,分析讲授式物理规律教学。课程结构如图 6-2 所示。

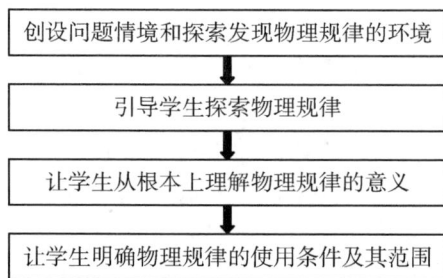

创设问题情境和探索发现物理规律的环境

↓

引导学生探索物理规律

↓

让学生从根本上理解物理规律的意义

↓

让学生明确物理规律的使用条件及其范围

图 6-2 讲授式物理规律教学课程结构

1. 创设问题情境和探索发现物理规律的环境

教师设问:通过前面的学习,我们知道了电荷间是有相互作用力的,那么电荷间的相互作用力是怎样产生的呢?

举例:引导学生分析教材上的图片,从图中可以看到电荷 A 对电荷 B 有作用，电荷 B 对电荷 A 也有作用，但是电荷 A 与电荷 B 并没有相互接触。那么，是什么使得它们之间产生相互的作用力呢？

讨论：学生纷纷质疑，有学生提出可能是电荷。

评析：在教材逻辑安排上，对电场的学习是在电荷之后进行的，以电荷为课堂的切入点符合学生学习的认知规律。教师提出确切的教学问题，有助于学生自主思考，并且可以避免学生思维过于发散，教学流程不好推进的情况。

2. 引导学生探索物理规律

引导分析：引导学生分析物理研究者探索此物理规律的实验。将检验电荷放入点电荷周围的电场中的某点，然后对该点的场强进行计算，得出该点的场强与是否放入电荷无关。研究者们通过引入点电荷，最终得出了点电荷周围的电场强度满足 $E = \dfrac{kQ}{r^2}$。

解释物理含义：公式中 Q 是场源电荷的电荷量，r 是场中某点到场源电荷的距离。学生更加明确空间中某点的场强是由产生电场的场源电荷和该点与场源电荷的距离决定的，与检验电荷无关。

评析：高中生有构建简单模型与理解复杂模型的能力以及数学计算能力，但是用数学模型解决物理问题的能力不强。因此，学生无法自己得出电场强度的规律，需要教师的准确引导和适当的提醒，小步慢走，慢慢引导。

3. 让学生从根本上理解物理规律的意义

强调重难点：电场强度 E 的公式为：$E = \dfrac{F}{q}$。对于该公式，学生不能单纯地从数学的角度去理解，简单地认为对于电场中的一点而言，电场强度 E 与电场力 F 成正比，与电荷量 q 成反比，这样的理解是不正确的。因为电场强度 E 由电场和电场中该点的位置决定，而与该点的电荷量 q 无关。

4. 让学生明确物理规律的使用条件及其范围

强调重难点：真空中点电荷的电场强度 $E = \dfrac{kQ}{r^2}$ 的使用范围是点电荷的电场，并不是对所有情况下的静电场都适用。学生要理解点电荷这个概念是相对而言的，只有带电体本身的大小跟它们之间的距离相比可以忽略时，带电体才可以被看作点电荷。严格地说，点电荷是一个理想模型，实际上是不存在的。

评析：教师在课堂中扮演的角色是教导者，既要引导学生，也要教授学生。在前面的环节中，教师的主要角色是引导者；在这一环节中，教师的角色是教授者。他需要向学生强调学习内容的重难点，帮助学生加深对学习内容的理解。

小结：与上文的教学流程对照来看，该教学设计缺少了"变式迁移，灵活运用"环节。如果从课堂的完整性来看，这部分内容可以通过课下作业完成。整体来看，该教学设计教学过程完整，规避了传统物理规律教学容易"满堂灌"的缺点。

（二）实验归纳式物理规律教学

实验归纳式物理规律教学是指在实验的基础上，教师引导学生分析实验结果，进而归纳总结出物理规律的教学。实验归纳式物理规律教学流程如图 6-3 所示。

创设问题 → 分析问题 → 交流讨论 → 实验探索 → 深入讨论 → 拓展练习

图 6-3　实验归纳式物理规律教学流程

这里以"探究加速度与力、质量的关系"一课为例，分析实验归纳式物理规律教学。课程结构如图 6-4 所示。

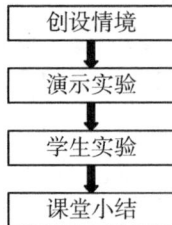

创设情境
↓
演示实验
↓
学生实验
↓
课堂小结

图 6-4　实验归纳式物理规律教学课程结构

1. 创设情境

播放视频：战斗机歼-20 完成垂直升空动作。

提出问题：可以从哪些方面提高战斗机的性能，使其获得更大的加速度？

思考回答：减小阻力，增大动力，减少质量。

评析：教师利用战斗机视频创设情境，引入新课，让学生猜想影响物体加速度的因素，将知识和问题隐藏在真实情境中。

2. 演示实验

提出问题：研究多个因素的关系要采用什么方法？在这个实验中如何控制变量？

板书：将学生的回答进行板书。

介绍器材，演示实验：小车质量相同情况下改变砝码质量；砝码质量相同情况下改变小车质量。

评析：演示实验可以让学生更直观、更清晰地观察加速度、力与质量的关系，基于物理学习作用理论，学生自己利用仪器动手操作会取得更好的效果，但考虑到课堂时间限制，教师可以做演示实验。

3. 学生实验

设计实验步骤，小组合作学习。

实验任务：实验分为两部分，M 一定时探究 a 与 F 的关系；F 一定时探究 a 与 M 的关系。

小组分工：分工合作，按照任务单明确分工。

注意事项：平衡摩擦力后，垫板位置不要移动；细线一定要跨过定滑轮与轨道平行；挂上小桶后，先点击页面上的"开始"按钮，待小桶稳定后再由静止释放小车。

收集数据：测出 5 组数据。

分析交流：A 组怎么逐步确定 a 与 F 的函数关系？B 组如何建立坐标系？计算机程序根据测量数据进行描点，根据点的分布猜测可能是什么关系。A 组线性拟合，B 组反比拟合。数据分析，小组展示。

实验结论：根据图像得出结论。A 组进行误差点评——平衡过度或平衡不足。B 组进行计算机程序描点作图，对比反比图像可以确定反比关系。把 a-M 图像转换为 a-$\dfrac{1}{M}$ 图像，如果成正比，也可以确定两者的反比关系。这也是处理数据时常用的方法。实验误差除了平衡摩擦力问题，还有只有重物质量远小于小车质量时，绳上的拉力才近似等于重物的重力，造成这个问题的原因需要今后通过学习去解决。

评析：小组实验可以培养学生的合作意识和探究精神，教师的分组工作会影响实验的开展以及取得的效果。在此节课中，可以让学生自主设计实验方案，使学生对物理规律的理解和应用达到更高的水平。

小结：与上文所给的教学流程对照来看，该教学设计缺少了"深入讨论""拓展练习"两个步骤。从课堂来看，"深入讨论"应该存在，这样才能使物理规律课真正有效，这是该教学设计需要弥补的地方；而"拓展练习"可以通过课后作业或设置到下节课来完成。整体来看，该教学设计过程有欠缺，而且已有过程中也存在问题，这使实验归纳式物理规律教学失去了部分意义，并不能使学生掌握规律和实验。

(三)理论演绎式物理规律教学

理论演绎式物理规律教学是指教师引导学生在相关概念或规律的基础上，通过理论推导得出新的物理规律，形成对新物理规律的理性、客观认识的过程。理论演绎式物理规律教学流程如图 6-5 所示。

图 6-5　理论演绎式物理规律教学流程

这里以"动量守恒定律"一课为例，分析理论演绎式物理规律教学。课程结构如图 6-6 所示。

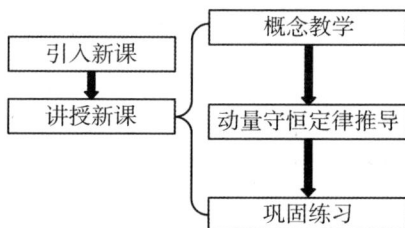

图 6-6　理论演绎式物理规律教学课程结构

1. 引入新课

创设问题情境：在生活中有许多相互作用的物体，存在许多对应的物理现象。观看"打台球""平衡车""汽车追尾"视频片段，让学生从熟悉的生活开始接触新课，明确这节课开始研究相互作用的物理规律，激发学生的学习兴趣。

评析：从生活情境引入新课是最普遍的引入方式，而且此种方式应用于物理规律课有利于学生将物理规律应用于生活，使物理与生活结合得更加紧密。

2. 讲授新课——概念教学

任务驱动：任务一——阅读物理教材的内容，回答问题。

问题一：什么是系统？什么是内力和外力？

问题二：依据视频中的实例，分析系统的内力和外力。结合"打台球"实例，体会内力和外力的相对性。

3. 讲授新课——动量守恒定律推导

任务驱动：构建理想化模型，将视频中的"汽车追尾"情境通过理想化的方法抽象为物理模型——两个质点的相互作用，推导动量守恒定律。

如图 6-7 所示，在光滑水平面上做匀速运动的两个质点，其质量分别是 m_1 和 m_2，沿着同一直线同方向运动，速度分别是 v_1 和 v_2，且 $v_1 > v_2$。

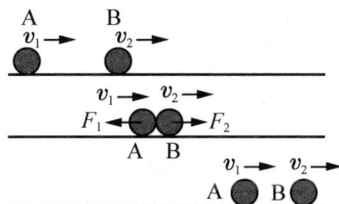

图 6-7 动量守恒定律推导

学生由已经学过的动量定理推导。

设碰撞过程中两个质点所受的平均作用力为 F_1 和 F_2，分别用动量定理进行计算。

对 A，由动量定理可得：$F_1 \cdot t = m_1 v_1' - m_1 v_1$。 ①

对 B，由动量定理可得：$F_2 \cdot t = m_2 v_2' - m_2 v_2$。 ②

对 A 和 B，由牛顿第三定律可得：$F_1 = -F_2$。

冲量：$F_1 \cdot t = -F_2 \cdot t$。 ③

效果：$m_1 v_1' - m_1 v_1 = -(m_2 v_2' - m_2 v_2)$。 ④

整理：$m_1 v_1 + m_2 v_2 = m_1 v_1' + m_2 v_2'$。

即 $p = p'$。

任务驱动：引导学生得出动量守恒定律的几种数学表述并分析意义；通过动量守恒定律的推导，让学生总结动量守恒定律的条件是什么。

总结定律及其适用条件。

内容：一个系统不受外力或所受外力的和为零，这个系统的总动量保持不变。

守恒条件：

①$F_合 = 0$（严格条件）。

②$F_内$ 远大于 $F_外$（近似条件）。

③某方向上合力为 0，在这个方向上成立。

评析：此过程符合理论演绎式物理规律教学的"逻辑推理"环节，学生在此环节中可以增强理论推理能力。

4. 讲授新课，巩固练习

【练习】如下图所示，子弹打进与固定于墙壁的弹簧相连的木块，在从子弹开始射入木块到弹簧压缩到最短的过程中，子弹与木块作为一个系统的动量是否守恒？说明理由。

如下图所示，在列车编组站里，一辆 $m_1 = 1.8 \times 10^4$ kg 的货车在平直轨道上以 $v_1 = 2$ m/s 的速度运动，碰上一辆 $m_2 = 2.2 \times 10^4$ kg 的静止货车，它们碰撞后结合在一起继续运动，求货车碰撞后的运动速度。

图 6-8　巩固练习题

小结：与理论演绎式物理规律教学的一般环节相比，该案例缺少"实验验证"环节，此环节在物理规律课中是十分必要的。物理是一门实事求是、以实验为基础的学科，想让学生具有物理思维，实验是必不可少的。所以该案例应该设置"实验验证"环节，让学生从实验中验证或探究物理规律。

第三节　物理规律课的教学设计案例分析

本节以"楞次定律"为例，通过同课异构的方式展示物理规律课的教学设计。

一、"楞次定律"教学设计案例分析一

(一)激发认知冲突，提出思考问题

【案例描述】

教师：大家请看，这是一个铜管，这是一个重物，老师将重物放入竖直的铜管中，重物穿过铜管的时间约为 0.3 秒，同学们，你们能接住吗？想不想试一试？

学生进行尝试，没能接住重物。

教师：这是第一个重物，这是第二个重物，一个是橡皮泥，一个是磁铁，你们再来试一试。

学生再次尝试，接住重物。

教师：那么磁铁穿过铜管为什么会如此缓慢呢？

【案例分析】

演示实验设疑，认知冲突引趣。在课堂导入环节，教师通过两次实验的不同结果引发学生的认知冲突，让学生对实验现象产生疑问，激发学生的学习兴趣，引导学生思考：橡皮泥与磁铁有什么不同？为什么磁铁穿过铜管会如此缓慢？让学生带着问题进入新课的学习，充分调动学生的主观能动性，激发学生的学习动机。

(二)创设物理情境，引导学生猜想

【案例描述】

教师：这是线圈，这是两个二极管构成的发光板。若红灯亮起，则表明电流从上往下流过；若黄灯亮起，则表明电流从下往上流过。(教师播放 PPT)

教师：现在，我将磁铁插入，拔出线圈，改变其磁通量，从而产生感应电流，使发光板发光，请同学们认真观察发光板的发光颜色和顺序。(教师进行演示实验)

教师：接下来我改变磁极再次实验，注意观察。(教师再次进行演示实验)

教师：哪个颜色的灯先亮起取决于感应电流的方向，那么感应电流的方向由哪些因素决定呢？满足怎样的规律呢？这就是这节课我们所要研究的内容——楞次定律。请同学们结合刚才的实验现象提出猜想：感应电流的方向由哪些因素决定？(教师播放 PPT、写板书)

学生小组讨论。

教师：这位同学，你来说一下。

学生1：和原磁场的方向有关。

教师：磁场的方向，还有其他意见吗？这位同学你认为呢？

学生2：感应电流的方向。

教师：感应电流的方向由哪些因素决定？

学生2摇头。

教师：好，请坐，有没有其他意见？我们再来看一下。(教师再次进行演示实验)

学生3：磁通量。

教师：磁通量的变化，很好。刚才我通过磁铁的运动使磁通量增大、减小，而 N 极插入、拔出线圈是为了使线圈中的磁通量向下增大、减小，那么 S 极插入、拔出呢？是为了怎么样？(教师写板书)

学生：向上增大、减小。

教师：因此，我们可以把这些因素统一为磁通量变化，我们就来探究一下，感应电流的方向与磁通量的变化有怎样的关系。

【案例分析】

从情境出发，以问题为导向。教师引导学生反复观察演示实验的现象，分析其内在规律。产生感应电流的条件是穿过线圈的磁通量发生变化，教师提出问题：感应电流的方向由哪些因素决定？引导学生不断做出猜想，最终找到磁通量的变化是决定感应电流的方向的关键因素，自然地过渡到本节课的探究主题——感应电流的方向与磁通量的变化之间的关系，符合学生的认知规律。学生对实验现象进行概括与解读，围绕问题进行分析论证与归纳总结，进而生成新的问题，形成探究的起点。

（三）学生分组探究，构建物理规律

【案例描述】

学生分四个小组开始探究实验，教师有针对性地进行指导。

教师：实验结束，我们来看一下，这是第一小组的实验结果。（教师投屏展示实验记录纸）

教师：大家有不一样的吗？哪儿不一样？来，说一下哪个地方不同？

学生1：原磁场 B 的方向，我们跟第一小组正好相反，我们的是下、上、下、上。

教师：很好，请坐。这位同学说得很有道理，大家看 N 极插入，线圈中的磁场方向应该向哪儿？

学生：向下。

教师：很好，所以第一小组应该是写反了。其他有不一样的吗？都一样，很好，我们得到了统一的实验结果。下面我们来分析实验结果，尝试概括感应电流的方向与磁通量的变化之间的关系，给大家两分钟时间思考。

学生小组讨论。

教师：有没有什么发现？

学生纷纷摇头。

教师：其实19世纪中期的物理学家在遇到这个问题时也非常困惑，但正是由于磁通量的变化才导致了感应电流的产生，他们坚信规律必然存在。他们做出这样的思考：感应电流产生的效果和磁通量的变化之间有无明确规律呢？大家可以讨论一下。

学生小组讨论。

教师：同学们有什么想法吗？

学生纷纷摇头。

教师：大家认真思考，感应电流产生什么效果呢？这位同学你来说一下。

学生2：我们可以用感应电流的磁场方向来表示这个关系。

教师：很好，这位同学提出用感应电流的磁场方向，我们顺着他的思路来研究一下。为了区别于磁铁的磁场，我们将感应电流的磁场称为感应磁场，记作$B_感$，将磁铁的磁场称为原磁场，记作$B_原$。下面我们找出每一种情形下感应电流的磁场的方向，填在我们的表格多出的一栏中。（教师板书）

学生小组讨论。

教师：现在有没有什么发现，这位同学你来说一下。

学生3：我们可以把线圈等效为一个条形磁铁，它的感应电流的方向是逆时针的，根据右手螺旋定则，它的$B_感$是向上的。

教师：很好，思路已经很正确了，谁来补充一下？这位同学，你刚才提出让我们关注$B_感$，$B_感$的方向有什么特点？来给我们说一下。

学生2：当磁通量变大的时候，它们的方向相反；变小的时候，它们的方向相同。

教师：很好，请坐。他说得是否正确？刚刚这位同学简洁清晰地表达了感应电流的磁场方向与磁通量的变化之间的关系，我们可以通过磁通量的变化情况找到感应电流的磁场方向，进而通过右手螺旋定则找到感应电流的方向。我为这位同学的智慧所折服。当磁通量的变化和感应电流的方向找不出直接关系时，他想到了找中间物理量$B_感$。其实寻找中间物理量来研究两个无法找出直接关系的物理量的方法是物理学中很重要的一种思想方法。好，我们再来看一看，磁通量增大时$B_感$、$B_原$反向，减小时同向，其中有怎样的物理内涵呢？为什么会反向、同向呢？（教师板书）

学生小组讨论。

教师：这位同学你来说一下。

学生4：我觉得当磁通量变大的时候，阻碍就变小了。

教师：就不想让它增大，是不是这个意思？阻碍它增大。磁通量变小的时候呢？

学生4：变小的时候就促进它增大。

教师：促进它增大也就是阻碍它减小了。

学生4：不，促进它减小。

教师：促进它减小，好，请坐。有不同意见吗？这位同学你来说一下。

学生5：应该是阻碍它减小。

教师：为什么呢？

学生 5：因为同向。

教师：好，请坐。那么对于这样一个规律，我们能否描述得再简洁一些呢？这一小组来说一下。

学生 6：感应电流的磁场总是阻碍引起电流的磁通量的改变。

教师：其他小组有没有补充？都赞同。好，我们来看一看楞次总结的跟我们是否一样。1834 年，物理学家楞次分析了大量的实验事实，得出了一个普遍适用的规律：感应电流具有这样的方向，即感应电流的磁场总要阻碍引起感应电流的磁通量的变化。可以看到，和这位同学的总结几乎一样。（教师播放PPT）

【案例分析】

第一，小组合作，引导学生积极参与。

学生分为四个小组，按之前讨论的方案进行探究实验，教师不断观察学生，注意他们的想法是否合理，操作是否得当，以便及时提供有针对性的帮助。在同伴的交流中与教师的帮助下，学生积极主动地完成探究实验，形成一个和谐亲密、积极活跃的学习氛围。这培养了学生的操作能力，发展了学生的思维能力。

第二，层层递进，师生共同交流探讨。

在探究实验结束后，学生对物理规律有了初步的认知，但对感应电流的方向与磁通量的变化之间的关系理解得不够清晰、深入。教师给予学生思考、交流、分析的时间与机会，让学生在交流中相互启发。同时，教师适当点拨，让学生思考感应电流产生的效果和磁通量的变化之间的关系，让学生准确地理解物理规律。

第三，结合学史，助力学生探究规律。

在规律逐渐建立的探究过程中，在学生遇到关键思维转折的时候，教师引入科学家思考的思维逻辑。这一过程影响着学生的科学责任与态度，并且使学生感觉自己与科学家面临着共同的问题。这可以激励他们积极思考问题，想办法验证猜想。

第四，化繁为简，规范学生规律表述。

学生已经可以完整描述由楞次定律所引发的实验现象，但楞次定律在学生头脑中仍然是繁杂的，缺少一定的语言组织，表述还不够凝练。物理规律教学很重要的一点在于规律的表述。在学生明确规律的物理意义的基础上，教师不断引导学生规范表述、化繁为简，最终得到楞次定律。

（四）强化学生理解，破除思维障碍

【案例描述】

教师：楞次定律中提到了阻碍，我们来看这样一个实验，这是两个由弹簧、磁铁组成的振动系统，现在我让它们分别振动起来，大家可以看到它们的振动幅度基本一样。现在我让它们重新振动起来，同时让我左边的磁铁穿过线圈振动，注意观察，你们看到了什么现象？这位同学说一下。（教师进行演示实验）

学生 1：振动的幅度减小了。

教师：哪一个振动的幅度减小了？

学生 1：经过线圈的这个。

教师：灯泡呢？

学生 1：灯泡发光。

教师：好，请坐，我们来思考一下，磁铁的振动幅度为何会减小得更快呢？（教师播放 PPT）

学生 2：线圈有磁场，对磁铁有洛伦兹力。

教师：线圈有磁场，所以把线圈也等效成了磁铁，它们两个有相互作用的力，是不是这个意思？很好，请坐，还有其他意见吗？

学生 3：在线圈和磁铁相对运动的时候，产生感应电流，然后感应电流的磁场与磁铁相互作用，阻碍它。

教师：阻碍相对运动，很好，请坐。这位同学提出感应电流的磁场阻碍了线圈的运动，还有其他想法吗？发光板亮了，这说明什么呢？这位同学说一下。

学生 4：我觉得能量是守恒的，发光板发亮说明它把能量转移到了发光板上，所以它的运动幅度会减小。

教师：磁铁的能量减少了，具体严格地说，应该是磁铁和弹簧系统的机械能减少了。很好，我补充一个问题，功是能量转化的量度，线圈对磁铁做功吗？

学生 4：不做功。

教师：磁铁的能量减少了。

学生 4：做功。

教师：做什么功？

学生 4：做负功。

教师：大家赞同吗？很好，请坐，大家想一想，磁铁的能量要转化为电能必须做负功，不阻碍能做负功吗？不能。所以要满足能量守恒就必须阻碍，我们可以说，楞次定律是能量守恒的一种表现形式。同时，我想问大家这样一个问题，大家在完成实验的时候是否感受到了磁铁和线圈的相互作用力？没有，实事求是地讲，很难感受到，这是由于线圈中的感应电流太小，相互作用力太小，无法明显感受。我给大家准备了一个铜环，现在将磁铁插入、拔出铜环，感受一下。

学生分小组实验。

教师：如果我将一个个铜环接起来，它就构成了一个铜管，现在大家应该能明白为什么磁铁穿过铜管会如此缓慢了吧。如果我将这根铜管换成一根更细更长却更厚的铜管，再把磁铁放入，磁铁能出来吗？觉得能的举手。好，我们来看一看。（教师将磁铁放入铜管）

教师：怎么还不出来呢？会不会出来？还坚定地认为会的同学来说一下。

学生5：因为就算它有阻力，它自身还是有一定的重力，做负功应该不会导致它的整个合力等于零。

教师：很好，这位同学提到了做负功，有没有同学想补充？大家想一想，如果这个磁铁不出来，停在铜管里面，还有感应电流吗？

学生：没有。

教师：那还阻碍吗？

学生：不阻碍。

教师展示从铜管另一端掉出的磁铁。

教师：楞次定律提到的阻碍并非阻止。

【案例分析】

第一，实验对比，突破瓶颈。

使用由弹簧、磁铁组成的振动系统进行对比实验，探究由浅入深，降低了学生思维上的"台阶"，易于使学生突破瓶颈。学生从实验现象中非常自然地得出结论——感应电流的磁场阻碍了线圈的运动，对阻碍的理解与认知也由现象到本质，由具体到抽象，越来越深刻。

第二，改换角度，加强理解。

教师引导学生发现振动幅度减小及灯泡发光，并思考其中的关系，得到楞次定律是能量守恒的一种表现形式的结论，接着引导学生将磁铁插入铜环，感受磁铁和线圈的相互作用力，使学生从相互作用和能量守恒的角度理解了楞次定律的丰富内涵，强化了对楞次定律的深度理解。

第三，前后呼应，深入讨论。

对于学生来说，认识到阻碍与阻止的差别具有一定的难度。教师先为学生解释了课前导入演示实验的原理，再进一步向学生提问，引导学生进行猜想，最后通过演示实验进行验证，使学生能够理解"楞次定律提到的阻碍并非阻止"。这个过程符合学生的认知规律，体现了思维的进阶性，首尾呼应，使得课堂成为一个有机的整体。

(五)迁移应用规律，总结学习收获

【案例描述】

教师：我们利用楞次定律完成一个工艺品的制作，请大家合理接线，要求插入时点亮"深圳"，拔出时点亮"成都"。大家充分讨论，争取一次成功。(教师播放 PPT)

学生分小组实验。

教师：所有同学都已完成，大家可以看到，磁铁来是"深圳"、去是"成都"，留给线圈的是能量，线圈与磁铁之间来是排斥、去是吸引。此情此景让我有些感慨，我觉得这个磁铁就像我一样，来时因害怕困难而内心抗拒，行将别离却如此留恋。同样的，我留下些什么呢？留下的是跟大家一起探究楞次定律的美好回忆，尤其是这位同学提出的利用中间物理量的思想令我印象深刻。(教师播放 PPT)

教师：这个工艺品也作为礼物留给大家，希望它为大家以后的学习增添一份能量。最后，我这里也连接了一组电路，大家看看我是否连接正确。(教师进行演示实验)

学生：连反了。

教师：这是我刻意为之，代表我的一种美好愿望，我希望这个磁铁是你们在座的所有人。(教师播放歌曲)

教师：下课。

【案例分析】

应用规律，回归生活。能否解决实际问题是检验学生掌握物理规律情况的方法，也是加深学生理解物理规律的途径。课堂中工艺品制作的任务检测了学生对本节内容的学习情况，同时也把所学知识应用到实际生活中，让学生感受到物理与生活之间的紧密联系，从物理走向生活，明白物理知识并不是只能用在考试中。

二、"楞次定律"教学设计案例分析二

(一)创设物理情境，引导学生猜想

【案例描述】

教师展示铝环上升实验。

①向学生展示铝环。

②将铝环放到实验台上，扭动电源开到低挡，铝环上升一定高度。

③扭动电源开至中挡，铝环上升高度比第一次大。

④扭动电源开至高挡，铝环飞出。

【案例分析】

以问题为导向，激发学生兴趣。教师通过现象非常明显的铝环上升实验进行导入，既将学生的注意力从课外吸引到课堂上，又通过引导学生对实验现象进行思考但不解释实验原理的方式调动学生的学习积极性和探究积极性，为接下来正课的学习奠定了基础。

(二)学生分组探究，构建物理规律

【案例描述】

教师介绍实验器材：强磁极、楞次环。在展示实验器材时对学生进行实验安全教育和感恩教育。引导学生观察楞次环。

教师：两个楞次环有没有区别？

学生：有，楞次环一个闭合一个不闭合。

教师用强磁极靠近、远离闭合和断开的楞次环。

学生观察实验现象：靠近闭合的楞次环，楞次环远离；远离闭合的楞次环，楞次环靠近；靠近或远离断开的楞次环，无明显现象。

【案例分析】

学生分小组进行楞次环实验的准备工作，先由教师展示实验如何进行。这一部具有两个突出的特点。一是教师在介绍实验器材时对学生进行实验安全教育("做实验的时候一定要小心")以及感恩教育("我必须给实验室的窦老师点个赞")。在进行物理授课的过程中，一些教师会特别注重知识的传授而忽略学生科学素养及安全意识的培养，此环节的语言处理需要特别注意培养学生正确的科学态度与人生态度。二是教师在进行演示实验时并没有将实验完整地展示给学生，只注明了学生该如何操作实验器材，但没告诉学生这样操作之后会产生什么现象、有什么原因、得到什么结论，把这些问题都留给学生在自主探究时解决。这样的演示实验才是有效的，既告诉学生该如何操作实验器材，又给学生留出思考的空间。

(三)讨论物理规律，理解物理意义

【案例描述】

教师用一系列问题引导学生思考：想一想，感应电流的磁场是在干什么呢？怎么形容它的方向？我感觉它像一块牛皮糖，我按它，它不让我靠近；我想远离它，它又把我粘上，是不是？它在干什么呢？能不能用一句话、一个词形容？教师追问：阻碍谁呢？感应电流的磁场有没有阻止原磁场磁通量的变化？为什么？阻止是什么意思？如果磁通量不变化了会怎样？教师设问：相矛盾，所以它阻止不了，那么感应电流的磁场起什么作用？延缓、抵抗、补偿了一下。

学生：阻碍磁通量的变化。磁通量不变化了就没有感应电流产生，没有感应电流就没有感应电流的磁场，没有感应电流的磁场就没有阻止原磁场的能力。

【案例分析】

教师用牛皮糖的例子生动形象地引导学生仔细体会"阻碍"一词的含义，并点出感应电流的磁场是一个中介，将原磁场与感应电流联系在一起。用一系列问题引导学生思考，加深学生对楞次定律中阻碍一词的理解。

（四）迁移应用规律，解释物理现象

【案例描述】

学习物理概念与物理规律的最后一步就是应用，物理概念与物理规律教学只有通过应用才能使学生理解得更为深刻、掌握得更加牢固。因此，教师在这个环节精选典型例题，帮助学生检验知识的掌握程度。

例题1：一个U形框，左边有一个外电阻，右边有一个跟导轨接触良好的金属导体，现在受到一个向右的拉力 F，使它向右运动。这个闭合回路里磁通量有没有变化？回路中有没有感应电流？原磁场方向向哪儿？引起了磁通量怎样的改变？此时电路中电流的方向为何？

教师对题目进行变化：若向左运动，电流方向如何？然后教师引导学生用安培定则判断感应电流的方向，再用左手定则判断安培力的方向，学生会发现这同利用楞次定律判断得到的结果是一样的，最后总结：对于切割问题，阻碍原则更简单，安培力通过阻碍相对运动的发生阻碍磁通量的变化。

例题2：通电直导线和一个矩形线圈在同一平面内，当线圈远离导线时，判断线圈中感应电流的方向，并总结判断感应电流方向的步骤。通电导线周围的磁场是均匀分布的吗？磁场方向向哪儿？磁通量怎么变？

例题3：在一个铁环上绕着 A、B 两个线圈，A 线圈电路中的开关断开的瞬间，B 线圈中的感应电流沿什么方向？原磁场方向向哪儿？断开瞬间穿过铁芯的磁通量如何变化？由于磁感线闭合，另一边磁场方向向哪儿？磁通量怎么变？激发了同方向感应电流的磁场，感应电流方向向哪儿？

总结习题解答方法：

原磁场变化 ➡ 感应电流磁场方向 ➡ 感应电流方向 ➡ 安培力方向

【案例分析】

在本节课中，教师选用了三道例题，从不同的角度帮助学生理解楞次定律，理解为什么是阻碍而不是阻止，掌握运用楞次定律解释物理现象、解决实际问题的思路和流程。这三道例题可以让学生巩固所学知识，使其能较清晰地从感应电流方向、感应电流所受安培力方向理解楞次定律，且可进一步从能量守恒角度理解阻碍。楞次定律实际就是能量转化和守恒定律在电磁感应中的具体体现。

这一环节不是物理规律的简单应用，不能理解为解答物理习题。只有通过解决实际的物理问题，学生才能真正理解物理规律。通过对三道例题的解答，学生能够掌握运用楞次定律分析安培力方向的方法，但也容易造成学生思维的固化。物理来源于生活，只有通过分析物理规律在生产生活中的应用，学生才会对规律掌握得更加牢固、理解得更加深刻。因此，在教学中，可通过典型的情境问题让学生在解决问题中活化对规律的理解，领悟运用规律解决问题的方法。楞次定律在生产生活中的应用非常广泛，可把实际生产生活中的相关事物简化成学生可接受的物理模型，培养学生建模和利用物理知识解决实际问题的能力。

教师可以让学生利用本节课学习的知识尝试解答：根据楞次定律，磁铁与电梯一起下落，穿过 A、B 线圈的磁通量发生变化，两线圈产生感应电流的方向相反，对磁铁均起到阻碍下坠作用，阻碍磁铁与线圈的相对运动；但如果电梯(磁铁)停止，则穿过 A、B 线圈的磁通量不变，不会产生感应电流。通过对这道例题的分析，不仅能拉近物理与生活之间的距离，还能让学生进一步认识阻碍与阻止的区别，进一步理解楞次定律的内涵以及楞次定律在生产生活中的应用，这样可以让学生对本节课所学知识理解得更加透彻。

【思考练习】

1. 物理规律课的内涵是什么？
2. 物理规律课主要有哪些特征？
3. 物理规律课有哪些类型？
4. 物理规律课的教学过程一般是什么？有什么要求？请联系具体教学实

例说明。

5. 物理规律课的基本环节有哪些？请结合具体案例解释说明。

6. 结合楞次定律的教学设计案例，说明物理规律课的教学如何提高学生的能力，并从物理学科核心素养的四个方面进行解读。

7. 参考本章内容，选择并设计一节物理规律课，解释说明如何更好地促进学生核心素养的提升。

【推荐阅读】

[1]中华人民共和国教育部. 普通高中物理课程标准(2017 年版 2020 年修订)[M]. 北京：人民教育出版社，2020.

[2]郭玉英. 中学物理教学设计[M]. 北京：高等教育出版社，2016.

[3]邢红军，张抗抗，胡扬洋，等. 物理概念与规律的教学要求：反思与重构[J]. 课程·教材·教法，2018，38(02)：91-96.

[4]廖伯琴.《普通高中物理课程标准》(2017 年版)要点解读[J]. 物理教学，2020，42(02)：2-5.

[5]胡扬洋. 我国物理概念与规律教学思想的传承与超越[J]. 教育科学研究，2015，12：64-69.

[6]陈刚. 论物理概念和规律意义学习的教学设计：学习心理学的视角[J]. 全球教育展望，2014，43(12)：58-71.

[7]杜明荣，冯加根. 教师学科教学知识的测评探析[J]. 课程教材教法，2020，40(1)，130-135.

[8]黄国龙. 运用科学推理探究物理规律，培养学生科学推理核心素养[J]. 物理教学，2021，43(01)：11-14＋10.

[9]谷海跃，耿宜宏，吴钦. 基于学生科学思维培养的物理规律教学探索：以"交变电流"一课为例[J]. 物理教师，2021，42(08)：21-24.

第七章 实验探究课的教学设计

章前导语

物理学是以实验为基础的科学，物理实验是物理学的重要组成部分，也是学习和研究物理学的最基本方法，许多物理规律的发现和物理理论的建立都需要以实验为基础，或者经过实验的检验。因此，实验探究既是物理学习的重要内容，也是物理学习的重要方式。实验探究课既是物理教学的重要组成部分，也是学生的物理学科核心素养养成和发展的重要途径。

本章共有三节内容：第一节分析实验探究课的特征；第二节探讨实验探究课的教学要求；第三节展示并分析一节物理实验探究课的教学设计案例。

第一节 实验探究课的特征

《义务教育物理课程标准（2022年版）》阐明："物理学是自然科学领域研究物质的基本结构、相互作用和运动规律的一门基础学科。物理学通过科学观察、实验探究、推理计算等形成系统的研究方法和理论体系。"可以说，实验探究是物理学建立的基础。根据课标的要求，义务教育阶段物理课程为了实现学生全面发展，依据物理学科核心素养的内涵及学生的身心发展特点，必须重视实验探究课。

《普通高中物理课程标准（2017年版2020年修订）》列出的课程目标包括："具有科学探究意识，能在观察和实验中发现问题、提出合理猜想与假设；具有设计探究方案和获取证据的能力，能正确实施探究方案，使用不同方法和手段分析、处理信息，描述并解释探究结果和变化趋势；具有交流的意愿与能力，能准确表述、评估和反思探究过程与结果。"实验探究课是完成上述课程目标的重要途径。

一、实验探究课的内涵

（一）物理实验课

物理实验可以是一种探索未知自然现象的观测活动，也可以是在人为条件

162

下使某种物理现象重复出现，并借助测量仪器，排除次要因素、突出主要因素，在最有利的条件下观测和研究客观物体物理运动的活动。物理实验课通常指学生在课程中，在教师指导下学习使用某些仪器、设备、材料，运用上述物品对特定问题进行观察、测量，进而通过数据处理与分析等手段，得出或验证某些物理或科学结论。物理实验课的设置有利于培养学生运用实验方法观察、了解各种物理现象，研究、探索物理规律。物理实验课可以在教室进行，也可以在物理实验室及其他实验场所进行。根据实验操作者的不同，物理实验课可分为以教师演示为主、以学生动手操作为主、师生共同协作三种类型。

（二）科学探究课

《美国国家科学教育标准》指出："科学探究指的是科学家们用以研究自然界并基于此种研究提出种种解释的多种不同途径。探究也指的是学生们用以获取知识、领悟科学的思想观念、领悟科学家们研究自然所用的方法而进行的各种活动。"[1]

在科学探究学习活动中，学生要经历科学探究的基本过程，运用科学探究的方法和思维方式去发现新问题、获取新知识，通常采用课程的形式进行，这类课程统称为科学探究课。科学探究课中学生的探究活动与科学家的科学探究活动是有区别的，大致体现在以下几个方面。

首先，科学家探究的问题具有未知性，结论需要通过不断地尝试来获取；而学生在科学探究课中面对的问题具有已知性，即结论对学生是未知的，但对人类整体来说是已知的。

其次，科学家的科学探究活动的目的主要是发现规律或创造新产品，强调社会价值和科学价值；而科学探究课是物理学科核心素养培养的途径，强调探究过程对学生个体发展的意义。

再次，科学家的科学探究活动绝大多数要经历复杂、曲折、比较漫长的过程，而学生在课堂上的科学探究过程主要是教师根据教学目标要求精心设计和组织实施的，需要教师对探究的内容和过程进行筛选和重组，设计适合学生的典型化、简约化的课堂探究活动。

最后，对科学家来说，虽然在科学探究过程中经常需要团队的合作和他人的帮助，但就整个过程而言，科学家是作为完全独立的主体实施探究的。而学生由于受到自身知识基础、能力发展水平等因素制约，还不能成为完全独立的探究主体，需要教师的指导和帮助。

---

[1] 徐学福：《美国〈国家科学教育标准〉》中的探究，载《外国教育研究》，2003(3)。

（三）实验探究课

科学探究是物理课标倡导的主要方式，根据学生学习过程中所采用的方法和手段的不同，科学探究可以分为三类：以实验为主的探究，以理论推导为主的探究，网络环境下的探究。其中，以实验为主的探究是物理教学中科学探究的重要形式，被称为实验探究课。中学物理课程的大部分科学探究都通过实验来进行，从物理课程的目的任务、物理学科的特点、学生的年龄及心理特征等多方面进行实验设计。实验探究课在物理教学中占有非常重要的地位，对提高物理课程学习效果、培养创造性人才具有极其重要的作用和意义。

二、实验探究课的价值

（一）实验探究课能通过研究感性素材促进物理观念形成

根据中学生思维特点、生理和心理发展水平，学生从生活中获得的关于自然现象的感性认识有时会对物理学习产生积极的影响，有时却会产生很大的阻碍作用，仅通过日常经验建立概念和认识规律是比较困难的。通过教师的精心选择，实验探究课能为学生提供丰富的、必要的感性素材，使学生通过实验对物理现象和规律形成明确、具体的认识，奠定思维基础，形成物理概念或建立物理规律，促进物理观念的建立。

（二）实验探究课有利于学生科学思维的提升

实验探究课不仅能让学生在探究的过程中掌握实验技能，而且能够引导学生将好奇心、直接兴趣逐渐转化为探究知识的内驱力和持久兴趣。在实验前，学生需要阅读实验资料，熟悉实验仪器，了解一般的实验操作规程。这有助于学生独立获取信息，形成良好的科学态度，提升科学责任心。在正式操作之前，学生搞清楚实验的目的，设计基本步骤，记准注意事项，由此锻炼规划能力。在实验探究过程中，学生通过感官接收实验现象信息，通过思维加工，不断调整仪器，达到最佳状态并进行记录，不断排除不利因素，进行判断、分析等，提升科学思维能力。在对实验中获取的数据进行分析时，学生整理信息并得出实验结论，训练科学思维方法。实验探究课中，学生间的合作和交流有利于科学态度、责任的形成。

（三）实验探究课有利于学生掌握科学方法

实验探究过程的大部分要素，如制订计划及设计方案、进行实验收集证据、分析与论证等，都需要学生综合运用归纳、演绎、判断、推理、数学、逻辑、模拟等多种方法分析问题、解决问题，对学生进行多种科学方法训练。

（四）实验探究课有利于学生形成良好的科学精神

要想完成实验探究课的任务，学生需要具有实事求是的态度和严谨的科学作风。实验探究过程的偶然性和多种可能性也需要学生具有一定的应变能力，以及面对困难、克服困难的意志和毅力。在实验探究过程中，学生需要专心、耐心、精心。实验探究课是学生磨炼意志、养成良好实验习惯和遵章守纪、爱护公物等优良品德的有效途径之一。

综上所述，实验探究课在中学物理课程中具有相当重要的价值。

第二节 实验探究课的教学要求

《义务教育物理课程标准(2022 年版)》指出："注重科学探究，突出问题导向，强调真实问题情境，引导学生不断探索，提高分析问题、解决问题的实践本领和科学思维能力，发展核心素养。"《普通高中物理课程标准（2017 年版 2020 年修订)》指出："高中物理课程通过创设学生积极参与、乐于探究、善于实验、勤于思考的学习情境，培养和发展学生的自主学习能力。通过多样化的教学方式，利用现代信息技术，引导学生理解物理学的本质，整体认识自然界，形成科学思维习惯，增强科学探究能力和解决实际问题的能力。"

一、实验探究课的一般环节及要求

（一）实验探究课的一般环节

实验探究课的流程通常遵循进行科学探究的常规流程，如：提出问题—猜想和假设—制定实验方案—实施实验操作—数据处理、归纳总结—实验报告(如图 7-1 所示)。

（二）各环节的教学要求

依据实验探究课各教学环节的特点，对学生的基本教学要求如下。

1. 提出问题

能从日常生活、自然现象或学习中发现与物理有关的问题；能书面或口头表述这些问题；认识发现问题和提出问题对科学探究的意义。

2. 猜想与假设

尝试根据经验和已有知识对问题的成因和

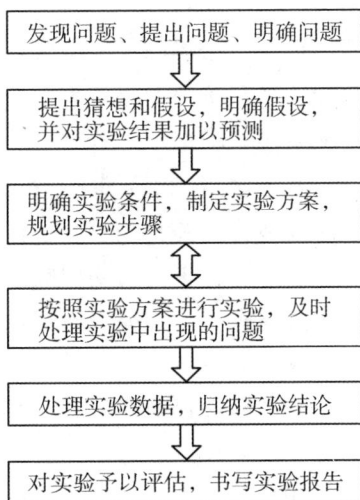

图 7-1 实验探究课常规流程

（流程图内容：）
发现问题、提出问题、明确问题
↓
提出猜想和假设，明确假设，并对实验结果加以预测
↓
明确实验条件，制定实验方案，规划实验步骤
↓
按照实验方案进行实验，及时处理实验中出现的问题
↓
处理实验数据，归纳实验结论
↓
对实验予以评估，书写实验报告

解决提出假设；认识猜想与假设在科学探究中的重要性。

3. 制订计划

清楚探究目的和已有条件，经历制订计划的过程；尝试选择科学探究的方法及所需要的设施；尝试考虑影响问题的主要因素，有控制变量的初步意识；认识制订计划在科学探究中的作用。

4. 收集证据

能通过观察和实验收集数据；能通过公共信息资源收集资料；尝试评估有关信息的科学性；会阅读仪器的说明书，能按说明书操作；会使用简单的实验仪器，能正确记录实验数据；具有安全操作的意识；认识收集证据对科学探究的重要性。

5. 分析与论证

能初步描述实验数据或有关信息；能对收集的信息进行简单的比较；能进行简单的因果推理；经历从物理现象归纳科学规律的过程；尝试对探究结果进行描述和解释；明白分析与论证在科学探究中是必不可少的。

6. 评估

有评估探究过程和探究结果的意识；能注意假设与探究结果间的差异；能注意探究活动中未解决的矛盾，发现新的问题；尝试改进探究方案；有从评估中吸取经验教训的意识；认识评估对科学探究的意义。

7. 交流与表达

能写出简单的探究报告；有准确表达自己观点的意识；在合作中注意既坚持原则又尊重他人；能思考别人的意见，改进自己的探究方案；有团队精神；认识科学探究中必须有交流与合作精神。

二、实验探究课的特点

探究性实验是相对验证性实验而言的，验证性实验强调演示和证明科学内容，它更加注重实验和探究的结果，而相对忽略探究的过程。探究性实验强调让学生通过实验探究来学习物理知识，在探究过程中，物理观念、科学思维、科学探究、科学态度与责任四个维度的学科核心素养都得到提升。实验探究课采用的实验通常为探究性实验，具有以下几方面特点。

(一)探究性

探究是人类认识自然、认识世界最基本的途径，人类正是在对一切未知事物的不断求索过程中逐渐获得进步和发展的。在物理学习过程中，学生对物理世界的认识过程虽然与人类认识自然、认识世界的过程在很多方面存在差别，如二者的认识对象不同，认识的条件也不同，认识的方法上也有差别。但在实验探究课中，学生通过"提出问题—猜想和假设—制定实验方案—实施实验操作—数据处理、归纳总结—实验报告"的实验探究过程，逐步了解科学研究的一般过程，慢慢掌握基本的科学方法，渐渐形成科学思维，不断完善科学态度和社会责任。

实验探究课并不是将探究结论直接告知学生，再通过一系列演示实验或学生分组实验加以验证，而是让学生通过各种各样的实验探究活动，如观察、调查、制作、收集资料等，亲身经历和体验科学探究的过程，最终获得结论，使学生能够真正参与并体验知识的获得过程，重新构建对自然的认识，并通过实验探究课的不断实施，培养科学探究的能力。

举例来说，在现行不同版本的义务教育物理教材中存在一种共性，即每一节物理课都要求学生先进行观察、实验或调查等，在了解和研究客观事实的基础上归纳出规律。教材的这种编写思路有助于学生通过多样、复杂的活动情境来获得知识和提升能力，帮助学生从多个角度深入地理解知识，建立知识间的联系，进而使他们在面对物理实际问题时能与已有知识建立关联，激活知识，灵活地运用知识解决问题。

（二）自主性

实验探究课是以学生的直接经验为基础来进行设计并实施的，在提出和选择探究问题的过程中，学生会受到个人兴趣、特长等因素影响。进行猜想与假设、制定实验方案、动手操作进行验证、分析数据、得出结论、进行展示与交流等环节也都是学生自己进行价值判断的过程。学生在实验探究课中不是被动地接受知识，而是主动地选择和获得新知；教师并非实验探究课的主体，只是起到指导、组织和协助的作用。所以说，实验探究课可以真正体现学生在物理学习过程中积极主动获取物理知识，认识和解决物理问题的自主性。

（三）建构性

学会学习是现代学习提出来的一种新观念。实验探究课的显著特点之一就是通过课程的实施，引导学生逐步进入"会学"的境界。在实验探究课中，学生通过设计、动手、观察、总结、交流等多个环节的科学探究活动慢慢体会学习的价值，在获取科学观念的同时，科学思维能力不断提升，科学方法领域不断扩大，逐渐开发出创新的潜力，形成良好的科学态度与责任。建构主义理论研究表明，学生的头脑不是空的，学生的学习活动也不是从零开始的，学生已有的生活经验和知识基础会直接影响新知识的学习，学生在发生认知冲突后进行重新建构。实验探究课的实施过程主要是从学生的已有知识和生活实际出发，创设合理的学习情境。只有制造认知冲突，才会极大地调动学生学习的积极性，学生的学习才可能是自觉的、主动的。

（四）过程性

传统的物理实验课中验证性实验较多，实验探究课以科学探究实验的流程展开。验证性实验更加注重获取知识的结果，探究性实验更加注重获得知识的过程，二者的课程目标存在较大的不同。实验探究课更加注重实验过程中学生的思维方式、个人体验及对信息的处理和整合等，还注重培养学生的科学思维、科学方法、学习能力和创新能力，而且实验探究课更加重视证据在探究中的作用。

科学家的探究过程通常要花费大量的时间和精力收集证据，并以这些证据为基础，尝试解释自然世界的运行机制。在实验探究课的探究活动中，证据同样具有重要作用。例如，在光学的学习过程中，学生通过对月球的连续观测并进行记录，可以获得一组有关月球阴影位置、大小、方向的系列数据，并以此为证据基础建构数学模型，进而提出月相变化的模型。收集证据是学生通过实验探究获得新知的关键环节。为了得到正确的结论，在实验探究课中，学生必须认真地收集准确、充分的证据，根据研究的不同要求，在对这些事实进行梳理的基础上从不同角度、不同层面进行分析、选择，并用相关事实进行符合逻辑的推理。在实验探究过程中，学生不断形成物理观念，提升科学思维，掌握科学方法，形成科学精神、科学态度、科学价值观与社会责任。物理学科核心素养就是在这样不断探究的过程中逐步形成并不断得到提高的。

（五）合作性

实验探究课更重视学生之间的合作和交流。实验探究过程常常需要依据探究的任务分别制订几个平行的工作计划，在分组后由不同小组分别承担不同的科学探究任务。在实验和收集证据的过程中，不同小组以及同组的不同成员之间需要不断地进行讨论和意见综合，加强合作学习。按照建构主义理论的观点，学生各自按照自己的方式来建构对同一事物的不同理解。由于已有经验、文化背景、学习品质等不同影响因素的差异，学生对同一事物的理解并不相同。合作学习能使学生从不同的视角审视问题，看到同一问题在不同层面上的差异，通过不断对自己和他人的观点进行反思或批判建构起新的和更深层次的理解，同时在实验探究的实施过程中增强团队精神和合作意识。

（六）灵活性

在实验探究课中，对于准备探究的问题，学生能够提出不同的假设，在不同的探究方法中应用不同的材料和用具，这体现了实验探究课的灵活性。有不同实验设施与实验室基础的学校可以采用或简便或精细的不同方法，选择成本和质量等级不同的实验材料来进行实验探究活动，以提升学生的物理学科核心素养。

实验探究课有利于学生知识和能力的迁移，从而形成正确的科学观；有利于学生掌握科学方法、训练科学思维，从而培养学生的创新精神。在实验探究课的实施过程中，学生能够对实验材料、实验仪器、实验方法、实验原理等进行探究。即使探究没有获得明显的结论，也不能抹杀实验探究的价值，重要的是学生的探究性和自主性、过程性和建构性、合作性和灵活性的培养。教师作为指导者，要结合学生的基础和能力合理进行实验探究活动设计。实验探究过程的设计要体现循序渐进、因材施教。实验探究课的实施过程要积极鼓励学生独立思考和自主探究，以学生自己分析问题、理论探究、实验探究、得出结论为主，教师只需要在必要时给学生适当的启发和引导。

三、常用的实验方法

物理课标强调以物理知识和技能为载体，以培养物理学科核心素养为目标，让学生亲身经历科学探究的过程；学习科学探究的方法，培养学生的科学探究精神、实践能力、创新意识等；改革以书本为主、实验为辅的传统教学模式，提倡多样化的教学方式。科学探究是和科学内容并列呈现的，它提出了科学探究的主要环节、探究能力的表现以及探究教学的形式，并分析了探究教学的实例。教材通过引导学生从认识探究是科学研究的基本过程，到亲自参与探究的部分环节，再到全面掌握探究活动的整体环节，使学生在参与实验探究的过程中不仅形成科学观念，而且掌握科学思维和科学方法。

在实验探究课的实施过程中，常用的具体实验方法主要有以下几种。

（一）比较法

在物理实验中，学生对一些物理现象或物理量可通过比较来达到辨异求同、同中求异的目的，从而打开思路，获得解决问题的方法。人们认识事物、区别事物主要是掌握其特点，而特点主要是通过比较来研究的。

例如，比较蒸发和沸腾的异同点、汽油机和柴油机的异同点、电压表使用方法和电流表使用方法的异同点、电和磁的异同点、电动机和热机的异同点以及发电机和电动机的异同点等。恰当地将比较法应用到实验探究课中有利于学生的知识迁移，实现举一反三。

（二）观察法

物理实验中的观察是有目的、有计划且比较持久的感知活动，是学生获得感性认识的智力条件。观察是人们对事物和现象的仔细察看、了解，是学习认知活动的门户和源泉。

观察是一种重要的学习能力、研究手段。例如，法拉第在闭合螺线管线圈中推入和拉出磁棒，观察到检流计指针的摆动，进而研究并发现了电磁感应现象。在实验探究课上，教师利用小实验向学生展示物理现象，学生观察实验现象，直观的感受可以加深学生对物理知识的认识。

（三）控制变量法

在一些实验中往往存在多种变化因素，为了研究某些量之间的关系，可以先控制另一些量不变，依次研究某一因素的影响，然后分析得出总体关系。

控制变量法在物理实验中应用广泛，如探究影响蒸发快慢的因素，影响滑动摩擦力大小的因素，影响压力作用效果的因素，液体压强的特点，影响滑轮组机械效率的因素，影响动能、势能大小的因素，决定电阻大小的因素，电流与电压、电阻的关系，影响电功大小的因素，影响电流通过导体产生的热量的因素，等等。

控制变量法应用范围广泛，可操作性强。但在使用时要注意：猜想与所研究量的影响因素相关，有几个因素就设计几个实验；研究某因素对实验的影响，该因素就是变量，其他量一律控制不变；控制方法一般是采用相同的器材和相同的实验方法，改变所要研究的量。

（四）放大法

在物理实验中，为了更好、更方便地测量与显示某些微小量及其变化，有时需对一些量进行适当的放大。常用的放大法有机械放大、电放大和光放大，其中机械放大包括杠杆放大和螺旋放大。

物理实验中遇到不易观察和测量的微小量，可利用放大法，将其转换为容易观察的显著量。例如，在测量工具中应用螺旋测微器、游标卡尺、打点计时器；在物理实验设计中应用油膜法估测分子大小、卡文迪许扭秤实验、测量光的波长等。

（五）平衡法

在物理实验中，各种不同的平衡情况总对应一个数学方程式，据此，由已知量可间接寻求未知量。

平衡是相对于两个及以上物体组成的一个物理组合而言的，在物理变化过程中，组合中各物体的一些物理量在一定条件下保持相等。例如，物理实验中的平衡态问题——平衡力作用下物体的平衡、杠杆的平衡、温度不同的物体混合后达到的热平衡；在"木板小车模型"中将木板垫高以平衡小车与木板间的摩擦力。这些物理问题都体现着平衡法的思想。

（六）转换法

这是一种间接测量或间接观察的方法。对于某些不容易直接测量的量（或不容易直接显示的现象），实验中常借助力、热、电、光、机械等方法之间的相互转换，用某些容易直接测量的量（或容易直接显示的现象）来代替；在有相同效果的基础上进行间接观察、测量。

转换法在物理实验中经常使用，例如，在判断电路中是否有电流时，可以观察电路中的灯泡是否发光；在观察影子形成的过程时，可以知道光是沿着直线传播的；可以通过扩散现象去研究看不见、摸不着的分子；奥斯特实验可以证明电流周围存在磁场。使用转换法可将不可测的量转换为可测的量，也可将不可测准的量转换为可测准的量，提高测量精度。曹冲称象就是把不可直接称量的大象的质量转换为可直接称量的石块的质量，其中便包含了转换法的思想。阿基米德则将不容易测准的体积转换为容易测准的浮力来测量，提高了测量精度。

（七）模拟法

这是一种间接实验的方法，比较复杂或实验技术难度较大的物理实验，有时难以直接观察和控制实验现象，可改用与它有一定相似性、较易行的实验，通过模拟比较间接地认识和研究。

模拟法应用于物理实验教学，能够使稍纵即逝的自然现象或过程在实验室重现，可将一些物理现象简化或进行时空的放大、缩小，也可对那些不能直接观察其内部状态的系统进行研究，如布朗运动的模拟、装有铁屑的试管模拟铁棒的磁化和退磁现象等。

（八）理想化方法

实际物理现象中的研究对象、外部因素往往复杂多变，因此，实验可采用忽略某些次要因素或假设一些理想条件的办法，以突出现象的主要因素，取得实际情况下合理的近似结果。

理想化方法在物理学发展的历史中具有不可替代的作用，直接或间接地促进了许多物理规律的发现和物理理论的建立。理想化方法包括理想化模型和理想化实验。理想化模型，如质点、点电荷、理想变压器、理想气体、刚体等的建立，热力学系统、光学系统等理想化系统模型，磁感线、电场线、等势面等理想化结构模型。理想化实验包括通过位移、时间和速度来描述匀加速直线运动的过程等。

物理学研究中，理论和实践是相辅相成、相互促进的。采用理想化方法有利于促进物理学的发展与进步。

（九）累积法

某些微小量在现有仪器的准确度内难以测准，可以将这些微小量累积，先求出总和，再求出平均值。此法能提高测量精度。主要的累积法有时间累积法和空间累积法。

1. 时间累积法

时间累积法即时间累积后进行测量再求平均值的方法。例如，在用滴水法测量重力加速度的实验中，通过调节并测量水龙头到盘子的高度差 h，让前一滴水滴到盘子上发出声音时，后一滴水恰好离开水龙头，再测出 n 次水击盘声的总时间 t_n。

2. 空间累积法

空间累积法即空间累积后进行测量再求平均值的方法。例如，在测定金属电阻率的实验中，如果没有螺旋测微器，可以把金属丝绕在铅笔上若干圈，用金属线圈的总长度除以圈数来测量金属丝的直径。

（十）替代法

替代法是中学物理实验的重要方法，即将测量中某些较难准确测定的物理量和易测量相互交换。通过替代，可以使不可感知的物理现象变成可感知的物理现象，使变化微小的物理现象的可见度增大，使不容易直接测量的物理量易于测量，有时还用替代法减小实验的误差。

等效替代法是指根据事物间的同等效果，通过替换来实现问题的解决。例如，电路实验中串联电阻的总电阻、并联电路的总电阻；光学部分的平面镜成像实验中使用两根完全相同的蜡烛，其中一根等效另一根的像；力学部分中用一个合力代替两个方向的分力。

（十一）外推法

中学物理常用的外推法主要是在图像法的基础上将图线适当延长，使之与坐标轴相交，然后研究其交点所赋予的物理意义以及由此说明的物理原理。

外推法是在假定具有同样发展趋势的前提下，根据已有的条件，将研究对象或研究过程外推到理想的极限值，使问题本质得以外显，从而得到规律性的认识的一种思维方法。在物理教学中应用外推法有利于实验数据的处理，从而推进实验研究。例如，在用电流表和电压表测定电池的电动势和内电阻的实验中，可从图线与电压坐标轴的交点求出电动势。

四、实验探究课对学生的基本要求

实验探究课是根据一定的研究目的，运用科学仪器、设备，人为地控制、创造或纯化某些物理过程，使之按预期的进程发展，同时在尽可能减少干扰的情况下进行定性或定量的观察与研究，以探求物理现象、物理过程变化规律的一种科学活动，也是检验物理学理论是否正确的活动。物理课标特别重视物理实验。物理实验应注重从四方面培养学生：第一，经历实验探究过程；第二，强化实验方案的自我设计；第三，深入分析实验过程和实验误差；第四，重视对实验方案和实验结果的评估。

对学生来说，实验探究课的基本要求具体包括以下几个方面。

第一，了解实验作用。通过典型实例，认识实验在物理学发展中的重要地位和作用，了解可重复性和可控性是对物理实验的基本要求。

第二，理解测量的意义。通过实验认识测量的意义；理解系统误差与偶然误差、绝对误差与相对误差以及有效数字的概念；会用有效数字表达测量结果；知道精度和准确度的区别，能对实验误差进行初步分析。

第三，具备初步能力。初步具有发现问题、提出实验研究课题的能力；能根据实验目的设计并讨论实验方案，确定科学、合理的实验步骤。

第四，选择仪器。能根据实验要求合理选择并安装实验器材，掌握常用仪器的结构和原理，正确进行实验操作；对较复杂或没使用过的仪器，能读懂相关说明书，并按说明书正确使用该仪器；具备判断用已有知识和设备能否完成实验的能力；能排除实验中出现的一般故障。

第五，正确处理数据。能正确观察和如实记录实验现象和数据，形成实事求是的科学精神；会用正确的方法分析处理实验数据，得出合理、科学的实验结论。

第六，能够与他人合作交流。在实验过程中能够与他人合作交流；能够对实验方案和实验结果进行评估和反思，具有对结果进行质疑、改进方案的意识；能够用科学语言恰当地表述，正确地写出实验报告。

第七，养成良好习惯。逐步养成严格遵守实验操作规程的习惯，逐步形成遵守实验纪律和爱护仪器设备的品格，有安全防护意识，培养实验研究的兴趣、耐心、毅力等。

五、实验探究课对教师的基本要求

教师设计实验探究课的前提是自身具备一定的实验教学技能，包括教师的实验技能和实验教学技能。前者指教师自己完成物理实验的技能，后者指教师组织引导学生完成物理实验的技能。

（一）实验技能

实验探究课对中学物理教师的要求首先是具备一些基本的实验技能，主要包括以下几个方面。

1. 实验操作技能

教师首先要对基本仪器和工具具有操作能力，如认识、选择和正确使用基本仪器；设计实验方案，规划实验步骤，并按照规范要求进行实验操作；排除实验故障；等等。教师只有自己具备实验操作技能，才有可能对学生进行正确的指导。同时，这也是进行探究与实验设计的基础。

2. 处理数据技能

教师要有处理实验数据并独立完成实验报告的技能，如设计记录表格、正确观测与读数、用多种方式分析处理数据、分析实验误差及撰写实验报告等。仅会操作并不能完成科学探究活动，更重要的是在探究操作的基础上应用科学思维，运用科学方法，得出科学结论。处理数据技能是完成这些基本探究活动的保障。

3. 实验研制技能

创新是科技发展的动力，培养学生的创新能力也是物理教育的目标。教师具备实验研制技能既是自身创新能力的体现，也是引导学生创新的基础。探究不在于外部的形式，而在于探究活动的实际落实。因此，实验探究课要求教师在基本操作的基础上具备实验研制技能，如改进常规实验、设计新实验、研制教具与学具等。教师有必要不断强化实验创新意识，积极进行实验研制工作。所谓熟能生巧，只有在熟练应用的基础上才有创新的可能。

(二)实验教学技能

教师仅能自己熟练操作是不够的，更重要的是实验教学技能。中学物理教师应具备的实验教学技能主要包括以下几个方面。

1. 选择能力

能按照教学目标要求确定实验目的，选择合适的实验内容和教学形式。

2. 引导能力

在演示实验中能引导学生进行观察与思考，与课堂教学密切配合。

3. 组织能力

能在学生分组实验的预习、实验、完成实验报告三个环节上，进行适当的组织引导工作。

4. 有效训练能力

能对学生进行有效的实验技能训练，并能恰当地组织学生边学边实验，引导学生经历科学过程。

5. 设计能力

能设计生动有趣的研究性学习课题,组织学生进行课外探索性实验研究。

六、实验探究课的难点

许多国家的科学教育目的已经不再是培养科学家,而是培养有科学素养的公民。培养有科学素养的公民是指培养全体公民的科学素养,而不仅仅是培养科学技术精英。物理课程的构建要面向全体学生、满足所有学生的需要,即物理教育从精英教育向大众教育转化。这种转化要求物理课程既能满足社会和国家发展的需求,又能满足各层次学生的需要。物理教育不仅关注学生对科学知识的学习,而且越来越倾向于培养学生的科学探究能力、科学观与科学品质。作为培养学生物理学科核心素养的重要途径,实验探究课在实施过程中不可避免地遇到若干难点。

(一)实验设计难

学生没有相关经验,同时受年龄的限制,他们的思维往往有较大的局限性,因此难以完成一个比较完整、合理的实验设计方案。

(二)实验完成难

受以往认识的偏差和条件的限制,对学生动手能力的培养不够,而且学生对实验仪器的认识和控制能力较差,因此较难独立完成实验。

(三)实验分析难

限于思维能力,学生独自分析实验结果、得出正确结论比较困难,特别是因忽视或控制不好实验中的某些条件而造成实验结果的偏差,难以给出合理的解释。

在实验探究课中,教师除了引导学生发现相关的实验原理、操作方法等实验知识,还要有意识地向学生指出实验蕴含着的物理思想和科学方法,从而在进行科学知识教育的同时,对学生进行科学方法的培养。

第三节 实验探究课的教学设计案例分析

实验探究课教学设计的基本要素与常规教学设计相同,但在理念上和各个环节中更注重实验的基本特点和要求,也更突出科学探究的基本要素。下面以初中物理实验探究课"眼睛和眼镜"为例,进行说明和分析。

一、教材来源

此节课选自人民教育出版社义务教育课程标准实验教材《物理（八年级上）》第五章"透镜及其应用"中的第四节。它不仅涉及透镜的若干初步知识、照相机成像原理和凸透镜成像规律等物理知识，还涉及部分生物学科知识。它是在学生已经认识了凸透镜的会聚作用、凹透镜的发散作用以及凸透镜在生活中的应用（如放大镜、照相机、投影仪）等内容的基础上，进一步探究凸透镜成像的规律如何与生活密切相关的主题内容。

二、教学设计前期分析

无论是哪种类型课程的教学设计，教师都必须做好充分的准备，在进行教学设计之前进行必要的分析，包括学习需求分析、学习任务分析、学习者分析以及学习背景分析等。

1. 学习需求分析

课题为"眼睛和眼镜"，其中眼睛是人体的重要器官。学生现有的知识水平是通过初中生物课的学习大致了解了三个核心知识，分别为：眼睛的基本结构，视网膜成像后能通过视神经传输给大脑，人脑感知到视神经传递的信息反馈为能看见物体。通过本节课，学生需要学习两个主要内容，即眼睛成像的原理、近视眼和远视眼的成因及矫正。学生已有知识与学习目标之间的差异为：学生对眼睛的结构相对比较熟悉，但是对眼睛为什么能看见东西仍充满好奇，不知道眼睛内部的晶状体的成像原理与凸透镜之间的联系。解决的方法是：把晶状体看成凸透镜，研究凸透镜的薄厚程度对其成像的影响。

2. 学习任务分析

学习任务分析的关键是确定起点任务和终点任务。确定起点任务有助于了解设计的基础。通过分析，此节课的起点任务主要有三个：第一，了解眼睛成像过程的基本原理；第二，了解眼睛出现近视的主要原因；第三，了解眼睛出现远视的主要原因。确定终点任务有助于通过设计达成任务目标。通过分析，此节课的终点任务为：学会近视与远视的眼镜矫正方法。

3. 学习者分析

学习者分析主要是对知识与技能学情进行分析。首先需要明确学生已经具备的物理知识。在学习这节课之前，学生已经完成的学习内容包括：凸透镜成像规律，凸透镜对光线有会聚作用，凹透镜对光线有发散作用。其次需要明确学生已经具备的基本技能。在学习这节课之前，学生已经通过探究凸透镜成像规律具备了初步的实验操作技能，通过小孔成像实验具备了初步的选择器材、设计实验的能力。

学习者分析还应包括对学生学习品质的相关分析。八年级学生的一般心理特点是：第一，对新鲜的事物特别是跟他们自身密切相关的信息普遍具有较强的好奇心；第二，性格特色方面具有争强好胜、喜欢争论的心理特征；第三，学习过程中经常富于幻想，比较喜欢探索，更喜欢自由发挥。这种心理特点和思维品质要求教师尽量从学生身边的日常事件、学生实际生活着手进行实验探究课的设计，教学过程中可以尝试在课堂交流等环节中采用小组比赛、发明创新等方法，设计若干探究小实验，充分利用学生的好胜心理提高其学习热情，提升课堂效率。

4. 学习背景分析

学习背景分析主要包括学生所在地区的经济基础、文化传承；学校的层次和校园文化特色；学生群体所在班级的班训和日常活动；学生个体的若干典型特征等。由于各个学校、班级和个体的学习背景差异明显，这部分的分析将对后续的实验探究课教学环节设计起到极大的影响作用。

三、教学目标确定

按照物理课标的课程目标和教学要求，此节课的教学目标可以确定为如下几个方面。

1. 物理观念

了解眼睛的构造，知道眼睛是怎样看见物体的；了解眼镜是怎样矫正视力的。

2. 科学思维

通过模拟眼睛成像活动经历、体验和领悟眼睛成像的原理，通过比较实验领会近视的成因。

3. 科学探究

通过课堂内外的探究活动增强学生对人类眼睛近视形成原因的探究意识，培养学生从生活中发现物理元素、提出问题并解决问题的能力。

4. 科学态度与责任

通过课堂教学和课外活动培养学生关心人类健康和热爱世界的情感，使学生具有眼保健意识。

四、教学过程设计

具体教学过程通过以下几个环节层层递进地展开：创设问题情境，引导学生发现问题；新课教学之一：眼睛是如何看到物体的；新课教学之二：近视的成因；新课教学之三：近视和远视的矫正。

1. 创设问题情境，引导学生发现问题（表 7-1）

表 7-1　创设问题情境教学过程

教学步骤	教师活动	学生活动	评析
1	背景音乐："我悄悄地蒙上你的眼睛，让你猜猜我是谁。"我们都有一双明亮的眼睛，它是人体重要的器官，眼睛会流露你的感情，是心灵的窗户	听音乐，体会眼睛的重要性	在上课之初引入音乐，使学生以轻松的心态走进教学，同时把人文气息引入课堂，增加课堂的生气
2	请戴眼镜的同学摘去眼前的眼镜，把自己的感受告诉大家	摘去眼前的眼镜，视野变得模糊	学生亲身体验近视带来的不便，为后面的教学做好铺垫
3	展示盲童学校的照片，同时播放《假如给我三天光明》	闭上眼睛，体会盲人的痛苦，激发学生的爱心	唤起学生的情感，体现情意目标
4	让学生提出关于眼睛和眼镜的问题，并选取其中三个问题作为此节课研究的主题 眼睛为什么能看清物体？ 近视是怎么形成的？ 近视和远视应如何矫正？	学生会根据刚才的引导，提出关于近视、远视、眼睛的构造、眼睛看见物体的原因等多个问题	通过学生熟悉的内容，自然地引出问题，鼓励学生大胆质疑，激发学生探究的欲望，充分发挥学生的主体性和积极性

这一环节的设计重点突出了情境创设的特点。通过调动感官经验、体会盲童生活等环节创设合适的学习情境，有利于后续内容的展开，并引导学生自己提出学习的主题，调动学生的学习兴趣和主动性、自觉性，体现学习的主体性。

2. 新课教学之一：眼睛是如何看到物体的（表 7-2）

表 7-2 "眼睛是如何看到物体的"教学过程

教学步骤	教师活动	学生活动	评析
1	投影眼睛结构图，逐一介绍眼球的结构，并引导学生把眼球结构与光学仪器相对应（提示学生，晶状体的焦距很短，只有 1～2 cm，因此平时看到的物体都在两倍焦距以外；同时让学生观察玻璃体、晶状体、视网膜的位置，为学生实验做好铺垫）	观察眼睛的结构，结合以前的生物知识重新认识眼睛的结构，重点关注晶状体、视网膜等结构	在课堂教学中，注重学科之间的渗透，通过学生已学过的生物知识，简单地描述各部分的名称，在课程综合化的思想指导下，注意各学科之间的沟通与综合，并培养学生的语言表达能力
2	引导学生考虑：照相机能够使远近不同的物体在胶片上成一个清晰的像，是靠什么来调节的？眼睛也能看到远近不同的物体，也是这样调节的吗？	学生讨论照相机与眼睛的成像原理，回答教师的问题	采用讨论式教学，可以激发学生的学习兴趣，锻炼学生的积极思考能力
3	Flash 课件演示照相机成倒立缩小的像时，物距与像距的变化 Flash 课件展示：晶状体的厚度调节	学生建构新知识：眼睛的晶状体、视网膜之间的距离是无法调节的，眼睛的晶状体是一个特殊的凸透镜，它的厚度可以通过睫状肌实现自动调节	通过这个环节，使新旧知识在学生头脑中重新建构，实现新旧知识之间的正迁移
4	简单介绍桌上的器材：充水的透明气球、用手电筒制作的光源、凸透镜两只（焦距不同）、白纸两张，让学生有一个初步了解	明确玻璃体用充水的透明气球演示，晶状体用凸透镜演示，视网膜用白纸演示	通过模拟实验，加深学生的印象
5	实验一：把凸透镜与充水的透明气球紧贴放置，光源放在凸透镜前两倍焦距之外并正对凸透镜，把白纸放在充水的透明气球后接收像，记录成像的位置	小组实验操作，观察并记录有效的信息：物体经过眼睛成倒立、缩小的实像	注重科学探究，提倡学习方式的多样化

续表

教学 步骤	教师活动	学生活动	评析
6	实验二：凸透镜位置不变，改变光源的远近，研究所成像的位置，位置是改变的	通过实验获得信息：凸透镜位置不变时，成像位置会随光源位置而改变	培养学生的动手能力、科学交流能力等探究素质
7	实验三：利用充水的透明气球模拟晶状体的变形与调焦	学生总结：看近处的物体时，晶状体自动变厚，其折光能力变强；看远处的物体时，晶状体自动变薄，其折光能力变弱	培养学生的语言表达能力和概括问题能力
8	总结：远眺时，睫状肌放松，晶状体较薄，焦距较长，远处物体射来的光会聚在视网膜上，人便能看清楚远处的物体；近观时，睫状肌收缩，晶状体较厚，焦距较短，近处物体射来的光又会聚在视网膜上，人便能看清楚近处的物体	学生建构新知识	结合学生的已有经验和生活实际，充分利用本地本校本班资源，开展本土化教学

　　这一环节的设计重点突出了科学探究的要素和过程，一共设计了 8 个步骤。步骤 1：投影眼睛结构图，唤起已有知识，为知识重组做好铺垫。步骤 2：类比照相机与眼睛成像，在新知与旧知间搭建桥梁、构建关联。步骤 3：Flash 课件演示晶状体调节，调动感官，理解成像的规律。步骤 4：准备实验探究器材，为实验与探究做好条件准备。步骤 5：实验一模拟晶状体，探究成像规律。步骤 6：实验二改变物距，探究成像规律变化。步骤 7：实验三模拟晶状体变形的调焦与聚焦，建立眼睛的成像模型。步骤 8：总结睫状肌、晶状体变化及视网膜成像规律，构建新知。层层递进的以实验探究为核心内容的步骤使学生在完成实验与探究活动的同时通过类比和探究活动建立眼睛成像模型，通过调焦探究成像的变化规律，为近视、远视相关内容的学习奠定基础。

3. 新课教学之二：近视的成因（表7-3）

表 7-3 "近视的成因"教学过程

教学步骤	教师活动	学生活动	评析
1	引导学生对问题"近视的成因是什么"进行合理猜想，教师对猜想进行归纳和汇总	学生猜想并说出猜想的理由，个人猜想、记录	通过猜想培养学生的科学探究能力
2	组织学生讨论：如何在上一个课题的基础上选用器材，进行对比实验的步骤，实验数据的记录方法，应注意的问题。并对讨论结果完善补充	小组讨论并派代表汇报讨论结果	留给学生自由发挥的空间，培养学生合作学习的习惯
3	实验四：在前面三个实验的基础上，更换一个焦距比较短的凸透镜进行实验，观察并记录成像的位置，与实验一进行比较 Flash 演示：近视眼的成因	小组实验操作，观察、记录有效的信息，并与实验一的成像位置进行比较，得出结论：眼睛近视是由于晶状体变厚，使光线在视网膜前发生会聚	通过动手实验与视频相结合的方法，使学生掌握近视的成因

这一环节一共设计了 3 个步骤。步骤 1：结合上一环节的科学探究引导学生提出合理的猜想。步骤 2：组织学生进行小组讨论，培养合作能力。步骤 3：进行实验四，结合 Flash 演示总结近视的原理和成因，体会物理规律与实际问题的联系。

4. 新课教学之三：近视和远视的矫正（表7-4）

表 7-4 "近视和远视的矫正"教学过程

教学步骤	教师活动	学生活动	评析
1	学习预备知识：凸透镜能使光线会聚；凹透镜能使光线发散。让学生猜想近视与远视的矫正方法	学生猜想并说出猜想的理由，个人猜想、记录	通过猜想培养学生的科学探究能力

教学步骤	教师活动	学生活动	评析
2	实验五：近视的矫正。取一个焦距较大的凸透镜（当作正常眼），调节白纸（光屏），光源在光屏上成清晰的像。换上一个焦距较小的凸透镜（当作近视眼），白纸（光屏）不动，观察光屏上像的情况。在凸透镜前插上一个凹透镜（或学生的近视眼镜），观察光屏上像的情况 Flash 演示：近视的矫正	学生进行实验验证，得出结论：近视的矫正方法是加凹透镜	通过动手实验与视频相结合的方法使学生掌握近视的矫正方法
3	实验六：远视的矫正。取一个焦距较大的凸透镜（当作正常眼），调节白纸（光屏），光源在光屏上成清晰的像。换上一个焦距更大的凸透镜（当作远视眼），白纸（光屏）不动，观察光屏上像的情况。在凸透镜前插上一个凸透镜（或老花眼镜），观察光屏上像的情况 Flash 演示：远视的矫正	学生进行实验验证，得出结论：远视的矫正方法是加凸透镜	通过动手实验与视频相结合的方法使学生掌握远视的矫正方法
4	介绍眼保健知识，进行用眼卫生教育	学生讨论如何才能做到用眼卫生	培养学生的用眼保健意识，达成情意目标

这一环节一共设计了 4 个步骤。步骤 1：回忆透镜的作用，唤起已有知识，为知识重组做好铺垫，引导学生利用物理知识解决实际问题。步骤 2：通过探究实验五模拟近视的矫正，建构新知。步骤 3：通过探究实验六模拟远视的矫正，建构新知。步骤 4：通过眼睛保健和用眼卫生方面的内容使学生体验物理与生活的联系，并进行情感渗透。

5. 课堂小结

教师引导学生回顾此节课实验探究的主要内容和结论，总结收获，并展示整理好的内容提纲，进行强化，帮助学生加深印象，有助于新知的建构。

6. 课堂练习

针对本节课的内容，教师准备部分习题，进行课堂练习。注意所选习题应尽量结合生活实际，有一定的创新和趣味，有助于对眼睛成像、近视与远视的矫正等相关知识的强化。

7. 布置课后作业

教师通过布置课外实验探究活动"近视眼镜的度数"，使学生能将通过课内的实验探究活动形成的科学探究习惯自主应用于日常的学习行为，并巩固通过实验探究得到的规律。还可以通过上网或查阅书刊等方式，让学生获取更多保护眼睛的方法，强化眼保健和用眼卫生的意识。

【思考练习】

1. 结合中学物理教学实例，论述实验探究课的教育价值。

2. 以"探究影响滑动摩擦的因素"为主题，说明实验探究课的流程。

3. 阐释如何通过设计体现实验探究课的特点和要求。

4. 结合实际案例，探讨如何解决实验探究课的难点。

5. 为满足实验探究课对教师的要求，试分析新教师应该通过哪些途径提升自身专业发展能力。

6. 根据本章内容，尝试自主设计一节实验探究课。

【推荐阅读】

[1]杨薇. 物理课程与教学论[M]. 北京：北京师范大学出版社，2017.

[2]荆永君，杨薇. 现代教育技术与初中物理教学[M]. 北京：高等教育出版社，2009.

[3]荆永君，李昕，杨薇. 现代教育技术与高中物理教学[M]. 北京：高等教育出版社，2012.

[4]张健，李春密. 促进创造性思维发展的物理实验教学策略与实践[J]. 物理教学，2023，(9)：7-11.

[5]牛远见. 新课标下初中物理实验教学的创新策略研究[J]. 试题与研究，2023，(30)：157-159.

[6]杜明荣，魏靖尧. 人教版高中物理教材"问题"栏目的情境分析与使用建议[J]. 课程·教材·教法，2023，43(4)，127-132.

[7]向杨. 初中物理实验教学中学生探究能力的培养策略：以"探究杠杆的平衡条件"为例[J]. 中学课程辅导，2023(29)，54-56.

[8]尚宁英. 指向深度学习的初中物理实验教学策略：以"物质的密度"为例分析[J]. 数理天地(初中版)，2023(6)：32-34.

第八章　物理习题课的教学设计

章前导语

物理习题教学是以师生一起在课堂上解决物理问题为主的教学形式。学生在课堂上和在课下解决物理问题最大的差异在于教师角色的作用。一方面，学生在课堂上解题遇到困难时可以随时求助于教师以获得提示，提高学习的效率；另一方面，物理问题解绝不是只解答习题，而是在解决具体问题的过程中把知识的应用活化，把问题解决的方法具体化，实现"举一反三"的迁移运用。因此，物理教师应努力发挥自身在学生问题解决过程中的作用，不断提高学生的问题解决能力。

本章共有三节内容：第一节主要分析物理习题教学的特征；第二节详细阐述物理习题教学的要求；第三节展示并讨论物理问题解决的教学设计案例分析。

第一节　物理习题课的特征

根据不同的教学内容、教学阶段和教学目标指向，物理习题教学有不同的组织形式和特征，但一般都具有以下几个基本特征。

一、从回顾基本知识与方法开始

中学物理教学常将物理习题教学作为一种独立的课型，侧重于应用所学的基本物理概念和规律解决实际问题。因此，在习题教学之初，复习有关的基础知识和解决问题的基本方法不仅可以唤醒学生的已有认知、巩固所学，还为迁移应用奠定基础。

例如，在学习牛顿运动定律之后，教师通常会安排专门的课时来强化对该定律的理解和应用。在指导学生解决问题前，可以通过一系列问题来唤醒学生对牛顿运动定律的理解：

①三条牛顿运动定律的内容分别是什么？

②牛顿第二定律的数学表达式是怎样的？式中各物理量的意义是什么？应用这一公式时要注意哪些问题？

③有的同学从数学角度分析发现，牛顿第二定律 $F=ma$，当 $F=0$ 时，$a=0$，物体的速度就不会改变，这就是牛顿第一定律。因此，牛顿第一定律是牛顿第二定律的特例，你对此有何看法？

习题课前的复习一般不占用课堂太多时间，旨在帮助学生在头脑中重新呈现关于牛顿运动定律的整体轮廓，澄清原来在个别问题上存在的模糊认识，为接下来的问题解决"热身"。

长期的实践证明，物理习题教学开始阶段的这种复习是保证物理习题课顺利进行的必不可少的程序。

二、教师的示范引领是关键

学生从理解、掌握知识到能够独立运用它解决物理问题往往要经历一个模仿的过程。因此，教师在问题解决过程中的示范引领作用就显得非常重要，好的示范能有效帮助学生举一反三、迁移应用。物理习题教学的示范引领要做到科学、规范，如求解运动学问题时正方向的规定、已知量和待求量的确定等。

教师在示范问题解决的过程中要注意发挥学生的主体作用，让学生参与问题的分析和推理，发现他们思维中的障碍，进而采用有针对性的方法帮助学生领悟解决问题的思路和方法。例如，下面关于牛顿运动定律的物理问题就可以采用教师示范、师生合作的方式进行教学。

一质量 $m=4$ kg 的物体，在 $F=20$ N 的水平推力作用下，由静止开始沿水平面运动。已知物体与水平地面间的动摩擦因数 $\mu=0.2$，重力加速度 g 取 10 m/s^2，求：

①物体在 F 作用下的加速度大小；

②5 s 后物体的速度大小；

③若 5 s 后撤去外力，物体还能滑行多长时间？

这是初学牛顿第二定律的简单问题，旨在帮助学生强化应用牛顿第二定律解决问题的基本思路和方法。因为学生刚接触此类力和运动相互作用的问题，解决问题的方法还比较生疏。所以教师先复习强调解决动力学问题的基本思路：受力分析→建立坐标系→求各方向上的合力→列各方向上的牛顿第二定律方程→求各方向上的加速度→解各方向上的直线运动（如图 8-1 所示）。教师为学生提供解决问题的思路和方法引领，然后提示学生如何进行受力分析、怎样建立坐标系、怎样进行力的合成与分解、如何列方程。这样就可以减少学生自己摸索解决动力学综合问题可能遇到的困难，使学生掌握解决此类问题的基本方法。

```
┌──────┐   ┌──────┐   ┌──────┐   ┌──────┐   ┌──────┐   ┌──────┐
│受力分析│→ │ 建立 │→ │求各方向│→ │列各方向│→ │求各方向│→ │解各方向│
│      │   │坐标系│   │上的合力│   │上的牛顿第│ │上的加速度│ │上的直线运动│
│      │   │      │   │      │   │二定律方程│ │      │   │      │
└──────┘   └──────┘   └──────┘   └──────┘   └──────┘   └──────┘
```

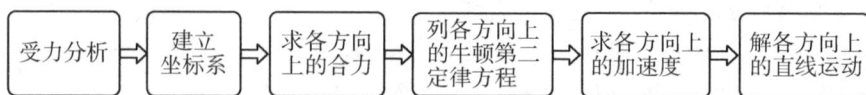

图 8-1　动力学问题的基本解题思路

这里需要特别指出，物理习题教学应当尽量避免教师自己滔滔不绝地讲解。虽然这样做可以教给学生更加规范地解决问题的方法，利于学生模仿，但这种办法往往使学生处于被动的状态，阻碍他们主动、积极地思考，不知道在某些环节为什么要这样或那样处理，时常造成学生在独立解决教师示范过的问题时能比较顺利地套用方法完成解答，而面对新的问题情境时却无所适从。

因此，教师在解题时应充分调动学生学习的主动性，引导学生积极参与问题的解决，让他们跟教师一起动口、动手，使他们感到自己被带领着运用学过的理论解决问题，而不是消极地"听""看"教师做题；使他们感到是"学着走路"，而不是"看着教师走路"。

三、学生独立解决问题是核心

学生掌握分析和解决问题的方法，能够独立开展问题的研究，这是物理习题教学的核心目标。为此，教师要对学生即将开展研究的问题精挑细选，确保所选问题不太难也不过易，最好是多数学生通过自己的努力或教师稍加提示便可解决（或发现解决问题的思路）的问题，这样才能有效激发学生勇于尝试的积极性。为了发展学生独立解决问题的能力，根据实践中的总结，教师常用以下两种方法。

（一）教师必要的点拨

由于教师所选问题有一定难度，学生在求解这些问题时常常发生"卡壳""解不下去"的情况。这时教师不能急着给出具体的思路和答案，而应针对具体的问题疑难，从知识上或从解题思路上，直接或间接地为他们"搭桥"。例如下面这个问题。

某国产新能源汽车的发动机功率是 90 kW，车体及其所载货物共 2 t，在水平面上从静止开始始终开足马力行驶。已知汽车所受阻力为车重的 20%，当行至 100 m 时汽车速度达到 72 km/h，求此时汽车的加速度。

实践发现，大多数学生误认为汽车的运动是匀加速运动，运用匀变速运动的公式 $v^2 = 2as$，很快地解出：$a = 0.2$ m/s²。

这时教师不能急着指出上述答案的错误，而应该通过对运动过程的梳理帮助学生发现思维上不够严谨的地方。提醒学生思考：汽车是在做什么样的运动？发动机始终开足马力意味着什么？教师提示之后，部分学生可根据 $F=\dfrac{P}{v}$ 的关系逐渐领悟到：汽车的牵引力 F 因速度增大而逐步减小，因此车不是做匀加速运动，所以使用公式 $v^2=2as$ 求解不妥。

为了促使已经发现问题的学生的思维继续深入，也为了帮助还未领悟问题关键的学生尽快理解问题，教师可以停顿一下，请已发现问题的学生介绍一下他们的发现和对策。然后，教师可以继续提示：题目中是否存在多余的条件？哪个条件是多余的？全班大部分学生逐渐认识到"行至 100 m 时"的条件是多余的，继而根据 $F=\dfrac{P}{v}$ 及 $a=\dfrac{F-f}{m}$（式中 F 为牵引力，f 为阻力，m 为车及货物的总质量）的关系，顺利地解出 $a=0.25$ m/s^2。

物理习题课上，学生解决物理问题的时候，教师的有效提示既可起到引导学生运用理论知识的作用，又可使学生学会如何进行问题的分析和思考，从而达到物理习题教学的目的。

(二)学生板演、口头表述或组织学生之间互评互教

物理习题教学的核心目标是学生独立解决问题，因此，教师应该给学生独立解决问题的时间和空间，通过学生的板演和示范，发现他们在知识理解和科学思维过程中的不足，为后续进一步发展奠定基础。为了更好地帮助学生发现思维中的不足，教师不能急着对板演和示范的内容进行评价，可以充分发挥学生的主动性，组织他们互评互教，在讨论中逐步明晰问题、发展能力。例如，下面这道关于平衡力和相互作用力的思考题，学生通过互评互教深刻明晰各自知识和思维中的不足，这是教师单方面讲解很难做到的。

物体静止在地面上是因为地球对物体的作用力与地面对物体的反作用力的互相平衡。这种说法对不对？为什么？

教师先指定 A 同学回答。

A 同学："这种说法是对的，因为这两个力的确是一对平衡力。"

B 同学提出了异议："既然是作用力与反作用力，不是应该分别作用在两个物体上吗？为什么还能互相平衡？再说，作用力与反作用力应是同一性质的力，而这里的作用力是地球的引力，反作用力是地面的支持力（弹力），这怎么理解？"

矛盾出现了，学生陷入深思。

教师请 A 同学给出解释，但他表示不知道。

这时 C 同学站起来："这里存在两对不同的作用力与反作用力。地球对物

体的引力，其反作用力是物体对地球的引力，它作用于地心；第二对是物体对地面的压力和地面对物体的支持力。题目把第一对的作用力跟第二对的反作用力看成一对了。其实，这两个力不是一对作用力与反作用力，而是一对平衡力，因此可以作用在一个物体上。"

D同学补充："从力的性质上看，这里的一个力是地球的引力，另一个力是地面的弹力，不是相同性质的力，而相互作用力是同一性质的力。"

解答到这里，一开始没有思路的学生恍然大悟，前面有思路的学生的理解也得到了强化，都表现出满足感和获得感。这说明物理习题课上让学生在解决物理问题的过程中板演、口述以及进行互评互教是完成物理习题教学任务的有效方法之一。

四、总结性讲述是能力提升的点睛之笔

总结性讲述是物理问题解决过程中充分体现教师主导作用的一种手段，往往直接关系到一节物理习题课的教学目的能否圆满达成。要注意的是，这种讲述不都是"最终的总结"，也可以是问题解决或讨论到一定阶段后，对问题解决思路或方法的提炼，可以穿插在课堂的适当阶段。这种讲述的内容主要围绕以下几方面进行。

第一，物理问题解决过程中反映在基本概念及规律的掌握和运用上的欠缺及其补救。

第二，在寻求解题思路和方法上应该得到的具体经验和教训，如遇一题多解的情况，则需要鉴别不同解法的优劣。

第三，肯定、鼓励学生的可贵见解，纠正带有普遍性的错误，包括知识上的和思想方法上的。如在上文关于平衡力和相互作用力的习题中，学生讨论之后，教师可以适时地总结平衡力和相互作用力的区别和联系，进一步强化学生对这一问题的理解。

第二节　物理习题课的教学要求

物理习题教学要充分发挥教师的主导作用和学生的主体作用，因此，教师课前要做好充分的准备，仔细分析课程重点内容和学生学习中的疑难之处，精选问题，制定清晰的课时教学目标，并根据学生能力发展状况设计教师讲解、点拨和学生板演方案。同时，教师还应充分考虑可能出现的突发状况，提前准

备预案，随机应变，因势利导。教学实践证明，一节物理习题课完全按教师预想的计划一点儿不变地进行下来的情况是不多的。

一、物理习题教学的准备要求

物理习题教学的准备工作一般可分为三步。

(一)确定具体的教学目标

物理习题教学目标的确定一要根据课程标准(或教学指导意见)对某一内容教学的要求和教材中相应的内容，二要根据所教学生的学情以及教师自己的教情。在这个过程中，教师要仔细考虑以下问题。

第一，为什么在学过这个课题后要组织学生解决问题？

习题课的目的一般包括巩固知识、掌握应用方法发展思维，以及培养学生的科学精神、科学态度和社会责任等。习题教学的不同目的需要采用不同的方式实现。

第二，需要练习解决几个怎样的问题？

在明确目标的基础上，应选用最少的题目来实现目标，以减轻学生负担，提高学习效率。

第三，学生解决所选问题后，可以在物理基础知识、基本技能上有何长进？

这是对具体教学目标的细化和解析，教师在教学前应该有所预期，并在课后进行反思评估。

第四，哪些解决问题的关键能力应受到训练？

这个问题涉及教学重难点的确定和突破。

例如，高一新生在"匀变速直线运动规律"学习中会遇到多个公式，新课教学之后，为使学生更好地理解、掌握和应用这些公式，避免机械记忆和套用公式，教师在规律的简单应用习题课中可以将教学目标设定为以下两点。

①通过解决简单物理问题，理解匀变速直线运动的有关规律。

②在解决问题过程中掌握建立匀变速直线运动模型的方法，能够利用有关公式分析和解决问题。

在学习了"匀变速直线运动推论"后，学生解决问题时可选用的规律/公式越来越多，选择也就越来越困难，此时的问题解决教学可以将教学目标设定为以下两点。

①熟练掌握运动学基本公式的应用，能在具体情境中推导匀变速直线运动的推论公式。

②学会根据问题条件灵活选择公式，优化解决问题的方法。

（二）建设物理习题教学资源库

为使选定的题目典型、有代表性，教师平时要多做题，多分析研究问题，收集能够体现典型研究方法和知识典型应用的问题。通常的做法是：根据课题的内容，从教材、教学参考资料（包括历年试题库等）中先粗略地选出若干题目，并进行详细解答；在解答过程中进行比较鉴别，按照确定的教学目标和选择物理问题的原则，筛选出适合所教学生实际需要的题目。

这里教师要特别注意，在解决每个问题时，不仅要认真琢磨自己是怎样思考的，而且要根据对学生情况的了解，回忆他们学习时曾经暴露的突出问题，考虑他们可能怎样思考、会遇上什么困难，思考应给予学生怎样的提示和点拨。

也就是说，在边解边选题目的过程中，教师要具体体现"学为主体"的思想，"教"是为了"学"。因为教师会解题不是目的，目的在于教会学生解题。

此外，教师还可以从学生的问题入手，分析他们在解决问题中出现的典型错误和模糊不清的线索，补充和修改已有题目，或自行编拟适量题目，以充实、完善所选的题目。

在解答和选择典型物理问题的过程中，为了便于进行比较、鉴别，也为了积累、保存资料，教师最好以卡片的形式建立自己的问题解决教学资源库。[①]如表 8-1 所示，这种卡片一般是每题一卡，每张卡片通常记载下列内容：课时内容及编号，题目全文（或具体出处），本题的完整解法，对本题的评价（适于达成什么教学目的、对本题自己有无补充和修改、选用后学生的反应等），备注。

表 8-1　物理问题卡示例

课时内容	牛顿第三定律	编号	××
题目全文	静止在地面上的物体，由于地球对物体的作用力与地面对物体的反作用力互相平衡，所以物体静止在地面上。这种说法对不对？为什么？		
完整解法	（略）		
评价	相互作用力与平衡力问题是学生易混淆的问题		
备注	可用于课堂讨论，学生自主讨论解决问题。 教师留出足够的思考时间，待学生讨论清楚后再总结。		

①　卡片可以是纸质的，也可以是电子的。教师可以使用活页纸记录，并随时装订成册，建立题库，也可以使用电子笔记软件随时记录保存。

这里需要特别说明的是，教师不要由于自己会解或具体解答过程写起来比较麻烦而简化解法。教师所做的解答过程越详细，对照学生解答时才越容易发现学生的问题，这是决定某一题目取舍的重要根据。教师还要尽可能在自己详细的解答旁边附上学生典型的错误解答，为诊断和进一步改进教学提供依据。另外，如果某个题目有两种以上的解法，教师做卡片时不仅要把各种解法一一写出，而且要对不同解法加以比较，分别注明不同解法的特点。

一般说来，建立了上述解题卡片，物理习题教学的教案就可以相应地简明扼要些。例如，除非特殊需要，题目的"完整解法"可以在教案中省略。

（三）从减量、提质两方面精选物理问题

教师精心选择"质"与"量"都合适的题目，既能帮助学生深入理解物理概念和规律，提高问题解决能力，又能使他们体会到教师的良苦用心和所选问题的价值，从而主动接受教师所选的题目，愿意听从教师引导，避免盲目的题海训练。也就是说，教师要通过选题充分发挥自己的主导作用，把学生从题海里"解救"出来。

这需要教师先跳入"题海"，在教材、参考资料中反复斟酌，针对各个具体章节的具体课题精选目的明确、要求适当的题目并做搭配。教师应尽量避免偶然性和随意性，否则就可能丧失指导学生解决问题的主动权。

选择物理问题应当遵循以下原则。

1. 从物理课程标准的内容标准和学业质量标准的要求出发，围绕教材内容，根据单元或课题的教学目的，妥善搭配不同类型的物理问题

首先，教师要搭配好基础物理问题与综合物理问题。基础物理问题的教学目标在于使学生理解、掌握物理学的基本概念与基本规律，并熟悉它们的简单应用；综合物理问题则要求通过对某些概念和规律的综合运用，深入领会、掌握这些概念和规律的实质，认识它们之间的内在联系。这两类问题在打好基础、培养能力方面各有作用、相辅相成，因而需要妥善搭配。

选择基础物理问题还是综合物理问题，教师要根据学生学习实际情况确定。一般认为，在新课教学之后以基础物理问题为主，而在阶段复习或总复习中则可以根据学生实际选用综合物理问题。这是因为新课教学之后需要及时强化，帮助学生理解所学的概念和规律，掌握应用所学的知识分析和解决问题的基本方法；复习阶段学生所学过的内容较多，需要应用综合物理问题进行整体训练，提高学习效率。但教师在实际教学中不能机械照搬这一做法。对于基础比较好的学生，在新课教学之后，教师就可以辅以一定量的综合物理问题，逐步发展他们处理综合物理问题的能力；而对于基础薄弱的学生，即使在九年级

或高三总复习阶段，教师仍然要以基础物理问题为主，否则很容易让学生陷入不知所措的状态。

其次，教师要妥善搭配思考题。选择、填空、计算题是物理练习的常见题型，但在平时练习中应该重视思考题的应用。以问答为主的分析、论述题，对帮助学生理解、辨析概念的物理意义，清晰认识物理过程，掌握物理规律的内涵和外延，以及培养学生的思维能力具有独特的作用。因此，在物理习题教学中，教师要穿插运用能够引导学生思考的问题，充分发挥思考题的作用。

最后，教师在使用侧重理论分析的题目和计算题时要兼顾实验题。侧重理论分析的题目对于学生掌握物理基础知识、培养能力特别是思维能力具有重要作用。实验题对于促进学生手脑并用，具体地把理论与实际联系起来，形成一定的实验技能技巧具有直接作用。在物理习题教学中，教师要尽可能地兼顾实验题。必要时，教师要结合教学内容多编拟一些这种题目。

2. 所选物理问题的针对性强，注意数量和难度，求精勿滥，还需具有一定的代表性

选择物理问题必须从实际出发，有的放矢。教师要在亲自解过的诸多题目中根据实际需要加以比较和鉴别，使选出的不同题目"各得其所"。就每一节具体的课来说，教师需要区分出哪些问题适于学生做课堂练习，哪些问题可选为例题，哪些问题应该留给学生作为课外(家庭)作业。就教学进程的不同阶段来说，教师则需要考虑哪些问题适于插入某一具体课题的课堂教学，哪些问题适于某一单元的复习、小结，哪些问题要在期末、学年末或毕业总复习时用。这样统筹安排，符合学生能力和核心素养发展的层次性、阶段性要求。

物理问题的选择还要注意数量与难度，掌握好分寸。量不足则完不成教学任务；量过多则加重学生负担。难度太低则浪费学生精力，不能满足其求知欲望；难度太高则将挫伤其积极性。物理教材中的问题应当是首选的对象，但也不排斥教师根据实际需要从参考资料中选取或自编一些问题作为补充。特别是在重点、关键课题的教学和单元或期末复习中，更有必要这样做。无论是选自何处的题目，都必须数量适当、难度适当、求精勿滥、不偏不怪，扎扎实实地为打好基础、培养能力的总目标服务。

问题的选择除了要有较强的针对性，还需要考虑它的代表性或典型性。既然是课堂上师生共同分析讨论的例题，就要起到让学生运用基本概念、基本规律解决实际问题的示范作用。这里所谓的示范，不是使学生"照猫画虎"，而是要为学生解题开拓思路，使其掌握问题分析的要领。因此，把难题当作课堂讨论分析的例题未必适当，对掌握基础知识益处不大的偏题、怪题则更不合适。

例题之选择必须体现针对性与典型性的良好结合，同时数量又只能是有限的几个，否则就不称其为例了。

3. 所选的问题要有利于学生掌握不同类型问题解决的一般性规律

物理解题的一般方法与步骤是：①审题；②对题目进行分析与综合；③弄清题目所描述的物理过程；④明确已知条件和待求量；⑤根据有关概念和规律列出方程或做出结论，必要时需经过数学运算求解。事实上，局限于这个一般程序处理物理问题会过于笼统，不易迅速发现解决具体问题的思路。

教师要帮助学生掌握不同类型题目的具体解题规律，把上述一般程序具体化是十分必要的。不同类型题目的具体解题规律相对于解题的一般方法和步骤来说虽然具有特殊性，但就同一类型的题目来说又具有普遍性。经验证明，学生只有进一步掌握不同类型题目的具体解题规律才能举一反三。许多有经验的教师对于具体的解题规律会结合自己的教学实践有所归纳与总结。例如，关于动力学题目的解题规律，通常认为有以下几点。

①根据题意确定研究对象是哪个(或哪几个)物体。

②对研究对象进行受力分析。

③求出研究对象各自所受的合力。

④针对题目描述的物理过程，根据牛顿运动定律(或结合运动学规律)列出各研究对象的有关方程或方程组。

⑤解所列方程或方程组，求出答案。

⑥必要时讨论、验证所得结果。

例如，处理复杂电路的第一步——将复杂电路改画为等效电路图——有具体规律可循，"电势降落法"就是其中之一，此法可概括为以下几点。

①确定研究对象是哪一部分电路。

②确定所研究的电路中有哪几个"节点"。

③确定所求量是哪两点间的电阻、电压或通过哪段电路的电流。

④按电源的极性或其他已给出的电流方向，找出电势最高点，并从最高点起将电路中各节点按电势逐点降低的顺序进行排列(注意把等势点连于一点或排在同一直线上)。

⑤将原电路中的各元件分别连接在各自相对应的两"节点"间，即可得到原电路的等效电路图。

中学物理中具体解题规律还有不少，如隔离法、正交分解法、受力分析法、热平衡法等，需要在具体课题或单元教学中随时予以讨论。

只要所选题目有助于学生掌握具体解题规律，学生就能迁移运用这些方法解决没见过的问题。

二、物理习题教学的目标要求

(一)注重物理建模能力的培养

在物理习题教学中，学生会接触大量的各种类型的物理问题。教师结合物理问题教学，使学生逐步了解物理问题的编制、抽象过程，对学生掌握正确的解题方法、牢固地掌握基础知识和灵活地运用所学的知识解决实际问题有重要的作用。

一般说来，物理问题是根据某些物理模型编制出来的。物理模型是物理科学研究和物理教学的一种科学方法，正确的物理模型是在实验和观察的基础上建立的，它是一种对物理事实近似的、突出本质的描述。物理学和其他科学理论一样，都是科学的抽象。在科学抽象的过程中，为了更好地抓住事物的本质，人们往往根据实验、观察的材料，用简单抽象的模型来代替复杂、具体的事物，从而突出事物与问题有关的主要矛盾，舍弃次要因素，使复杂问题简单化、抽象问题具体化。物理模型在实验现象与物理理论之间起着承前启后的作用，它是认识过程的重要环节。

例如，对于各种各样做下落运动的物体，最初人们头脑中只是一幅零乱的画面：大雨倾盆、沙石飞落……继续认真观察有关的现象和实验，头脑中的画面就更加简洁——雨滴、沙石竖直下落。它们都被抽象成了没有个性的物体。这些物体可以被看作只有质量而无形状、大小的几何点，即理想化物理模型质点；进而略去空气对雨滴、沙石下落运动的阻碍作用，并且都选取它们从静止开始下落的情况，这样人们头脑中又建立了自由落体运动的物理模型——物体只在重力作用下从静止开始的下落运动。当然，严格地说，在实际情况中是找不到自由落体运动的。但是，很多物体的运动都可近似为自由落体运动。掌握了自由落体运动的规律，也就基本上掌握了这类物体的运动规律。这样做虽然与实际情况之间存在某些误差，但这种误差一般说来可以略去不计。因此，在物理学中引入科学的理想模型不仅是允许的，而且是很有意义的。

物理问题虽然多不使用"模型"二字，但涉及了各种物理模型。例如，力学物理问题中的"接触面光滑"就是一个理想模型。教学中虽然不必提出"接触面光滑模型"，但在对物体进行受力分析时必须考虑这一模型的特点。弹性体和范性体也是理想模型，教材提到的弹性碰撞和完全非弹性碰撞就分别涉及这两种模型。此外，电学中经常提到的电阻元件同样是理想的电阻模型，通常认为流经电阻的电流和其两端的电压是呈线性关系的，而实际电阻元件的电流强度和电压存在非线性的关系。

　　按不同方式分类，物理模型会有许多不同的类型，如物质模型、过程模型、状态模型等。从模型的概念组成特点看，物理模型可以分为两类：一类是理想化的概念，如质点、刚体、理想流体、理想气体、点电荷等；另一类是概念的组合体，如质点运动的各种模型、电路模型、电场和磁场的模型等。前一类模型比较容易建立，只需把概念进一步抽象，使之理想化；后一类模型需要比较强的抽象思维能力。例如，电场模型的建立首先必须掌握电场强度和电势这两个反映电场性质的物理量，然后要学会用形象化的电力线和等势面来描绘点电荷电场和匀强电场。物理问题与这两类物理模型，特别是后一类物理模型，有着极为密切的关系。各种各样的物理问题多是拟题者根据某些物理模型拟定出来的。

　　例如，汽车上坡是学生经常观察到的一种现象，在实际情况中，坡路的倾斜角度不可能是固定不变的，汽车的牵引力、坡面对汽车的阻力、汽车的质量等都可能发生变化。但是，在一般情况下，可建立一个汽车上坡的理想化物理模型：斜坡是一个倾角不

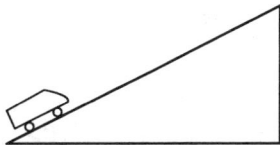

图 8-2　汽车在斜面上运动的示意图

变的斜面，将汽车看作质量恒定的质点，汽车所受的牵引力和摩擦力均保持恒定。这样，汽车上坡现象就被抽象成一个质点在沿斜面向上做匀变速直线运动（如图 8-2 所示）。给出斜面的倾角 θ、汽车所受的牵引力 F、汽车所受的阻力 f、汽车的质量 m、上坡前的速度 v_0、坡面长 s，就可以求汽车到达坡顶的速度 v_t。这就构成了一道物理题。这道物理题是合理的，因为模型中的汽车所受的外力 F 和 f 均保持不变、质量恒定等因素是可以真实存在的，所以根据牛顿第二定律 $a=\dfrac{F-f}{m}$ 即可求出汽车上坡时的加速度。又因为模型中的汽车在坡路上做匀变速直线运动，在已知 v_0、s、a 的条件下，利用匀变速直线运动的公式 $v_t^2=v_0^2+2as$，即可求得汽车上至坡顶时的末速度 $v_t=\sqrt{v_0^2+2as}$。

　　又如，示波管中的电子从阴极发出打在荧光屏上，其间的运动是复杂的（如图 8-3 所示）。电子由阴极发射出来的初速度各不相同，电子在运动过程中除受加速电场和偏转电场的作用外，还受到重力、电子之间静电力等外力的作用；偏转电场也不可能是匀强电场。但是，在误差允许的范围内，可以忽略电子从阴极出发的初速度，认为电子在加速电场的作用下做初速度为零的匀加速直线运动；由于电子质量非常小，可以忽略重力的影响，认为电子在加速电

场和偏转电场之间、在偏转电场和荧光屏之间做匀速直线运动；忽略极板边缘电场的畸变，认为偏转电场是匀强电场。这样就建立了一个电子从阴极出发射到荧光屏的运动的理想模型：匀加速直线运动→偏转运动（类似平抛运动）→匀速直线运动。根据这个物理模型，给出足够的已知条件，提出要求解的物理量，一道电学和力学的综合题就拟出来了。由此可见，物理题总是根据某些物理模型拟出来的。

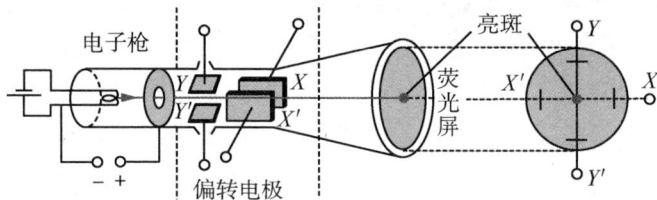

图 8-3　电子在示波管中的运动

在阐明了这一点的基础上，教师就可以进一步向学生指出解题的一般过程。解题的第一步，也是最重要的一步，是将物理模型还原出来。也就是说，解题者在审题之后，头脑中也应该清晰地呈现一个物理模型，这个物理模型应该和拟题所依据的物理模型一样。在物理问题教学中，要求学生明确物理过程、在头脑中建立一幅清晰的物理图景，主要是指能够正确地还原物理模型。

汽车以一定的速度，在一条宽阔的平直路上匀速行驶。司机突然发现正前方出现一堵长墙，为了尽可能避免碰到墙壁，司机应急刹车还是急转弯？为什么？

"司机应急刹车还是急转弯"实际上是问哪种做法碰到墙壁的可能性小。为了解出这道问题，首先必须对汽车的两种运动情况建立正确的物理模型。

刹车的物理模型：刹车装置刹住轮子，轮子不能转动。汽车由于惯性向前冲，轮子在地面上滑行，地面对轮的滑动摩擦力使汽车做匀减速运动，直至停下来。如果要避免汽车碰到墙壁，就必须使汽车从开始刹车到停止的整个过程所前进的距离小于司机急刹车的地点到墙壁的距离。

转弯的物理模型：车子做匀速圆周运动，其是否碰到墙壁取决于轨道半径 R 的大小，若轨道半径 R 小于急刹车的距离则转弯更安全。轨道半径 R 又是由向心力 $m\dfrac{v^2}{R}$ 决定的，这个向心力是地面的径向静摩擦力提供的。根据题意，可以认为静摩擦力的最大值与滑动摩擦力近似相等。

题目所涉及的物理模型清楚后，从中找出有关概念和物理量之间的关系，就可求解问题。

设汽车急刹车后滑行的距离为 s，滑动摩擦力大小为 f，则由动能定理得：

$$f = \mu mg$$

$$fs = 0 - \frac{1}{2}mv^2$$

解得：

$$s = \frac{v^2}{2\mu g}$$

汽车转弯时地面提供的静摩擦力等于滑动摩擦力 f，由匀速圆周运动规律得：

$$f = m\frac{v^2}{R}$$

解得：

$$R = \frac{v^2}{\mu g}$$

$R > s$，即汽车急刹车碰到墙壁的可能性较小。

由上述例题的解答不难看出，审题之后能否将问题的物理模型还原出来是正确分析问题和解决问题的前提和关键。物理问题是拟题者根据一定的物理模型拟出来的，只有将拟题者所依据的物理模型还原出来，才能保证解题沿着正确的思路进行。拟题与解题的过程如图 8-4 所示。

图 8-4　拟题与解题的过程

在物理习题教学中，教师必须充分认识物理模型和物理问题的关系，并且结合具体物理问题的教学，使学生也认识到这种关系，理解物理模型在解题中的重要地位。这样学生就会掌握解题的主动权，在面对千变万化的各种类型的物理问题时始终遵循正确的思路；从还原物理模型入手，建立正确的物理图景，较好地将问题解答出来，而不被某些题目的复杂叙述和众多条件困扰。也正是出于此种考虑，近年来在物理习题教学中，引导学生自己编拟并解答题目，组织学生交流自己拟题的体会，从而提高学生解题能力的做法被许多教师采用。

总之，使学生充分认识物理问题和物理模型的关系是物理习题教学中有根本意义的大事，教师需要特别重视。

（二）加强科学思维方法训练

思维是人们对客观事物的间接反映，在感性认识的基础上，人们运用比较、鉴别、分析、综合、归纳、演绎、抽象、想象和假设等思维的基本方法，形成概念并判断和推理，从而获得对事物的本质和规律的认识。如果没有科学的思维，人类就不会有理性认识，也就不会有科学理论的建立。各种不同的科学思维方法不仅在建立物理概念、发现物理规律上有着重要的作用，而且对于解答物理问题有着重要的作用。解答各种类型的物理问题都必须有清晰的思路，而清晰的解题思路就是靠运用各种不同的科学思维方法建立起来的。在物理习题教学中，教师必须重视科学思维方法在解题中的作用，着重让学生掌握解题中用得较多的比较与鉴别、分析与综合、归纳与演绎等科学思维方法。

1. 比较与鉴别

所谓比较，就是找到事物的共同点和差异点。人们认识事物往往是从区别事物的本质特征开始的，而要区别就得比较，找出其差异点。有比较才能鉴别，才能认识物理问题的特点。比较与鉴别是解答物理问题时广泛采用的一种科学思维方法。

解答物理问题必须首先借助比较与鉴别的思维方法弄清两点：第一，问题所给的条件有什么特点？第二，哪些概念和规律适于解决所求解的问题？下面列举几道常见的物理问题进行分析。

一根细绳系着的质量为 m 的小球，以线速度 v 在水平面上做匀速圆周运动。当小球转过四分之一圈，求：①小球的动能有何变化？小球的动量有何变化？②这种变化符合机械能守恒定律吗？符合动量守恒定律吗？

先后在广州和北京用天平称量同一个物体，得到的结果是否相同？如果先后用弹簧秤来称量，得到的结果是否相同？

如图 8-5 所示，水平悬挂的木块质量 $M=2.98$ kg，悬线长 $L=1$ m，质量为 $m=20$ g 的子弹以 $v_0=210$ m/s 的速度射入木块，子弹射透木块后的速度 $v_2=61$ m/s。求悬线与垂直方向的最大夹角。

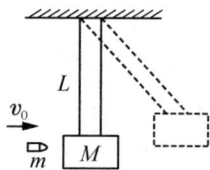

图 8-5　子弹射入木块的示意图

要想正确地解答上述问题，就得运用比较的思维方法。

在第一道题中，小球以线速度 v 在水平面上转过了四分之一圈，初看起来，由于小球的质量 m 和小球的线速度保持不变，小球的动量 mv 和小球的

动能 $1/2mv^2$ 均没有发生变化。其实不然，只要对比动量和动能的概念，就能找到问题的正确答案。小球的动量 mv 是矢量，其方向与小球的速度的方向一致——沿圆弧的切线方向。小球做匀速圆周运动，虽然其动量的大小没有变化，但其动量的方向在不断地变化。因此，当小球在圆周上运动了四分之一圈，动量变化量的大小为 $\sqrt{2}\,mv$（运算过程略）。而小球的动能是标量，仅取决于小球的质量和小球的速率，当小球在圆周上运动了四分之一圈，动能保持不变。产生这种差异的原因可以通过对比动量定理和动能定理的不同物理内容来找到：小球在做匀速圆周运动的过程中，它所受的外力的合力指向圆心，总与小球位移的方向保持垂直，所以外力对于小球所做的功 $W=0$，那么根据动能定理 $W=\Delta E_k$，可以得出小球的动能保持不变。但当小球转过四分之一圈，经历的时间为 $\dfrac{T}{4}$，外力对小球的冲量 $F\cdot\dfrac{T}{4}\neq0$，所以小球的动量将发生改变，其变化量的大小就不等于零了。

第二道题需从引导学生对比分析两个概念（重量与质量）和两种量具（天平与弹簧秤）的区别入手，才能得到正确的解答：在广州和北京用天平来称量同一个物体，得到的结果（物体的质量）是相同的；在广州和北京用弹簧秤来称量同一个物体，得到的结果（物体的重量）不同，在北京用弹簧秤称量同一物体的读数较大。

第三道题则要着重引导学生对比分析两个物理过程的特点。这两个过程是：子弹射入木块，和木块发生碰撞；子弹穿过木块后，木块向右运动，直到偏至最大摆角才回向平衡位置。在第一个过程中，子弹和木块组成的系统所受的外力的合力为零。子弹在木块内运动所受的摩擦力属于耗散内力，因为子弹在运动过程中克服木块的摩擦力做功，机械能转换为热能，所以在此过程中子弹和木块组成的系统的动量守恒，而机械能不守恒。在第二个过程中，系统除受重力作用外，其余的外力不对系统做功，所以在此过程中，虽然系统的动量不守恒，但机械能守恒。

在对过程的特点进行了对比分析之后，就不难找到解题的正确思路。对于第一个过程，运用动量守恒定律，得：

$$mv_0=mv_2+Mv_1$$

所以
$$v_1=\frac{m(v_0-v_2)}{M}=1\ \mathrm{m/s}$$

对于第二个过程，运用机械能守恒定律，得：

$$\frac{1}{2}Mv_2 = Mgl(1-\cos\theta)$$

解得：
$$\cos\theta = 0.949$$

由以上三个例题的分析不难看出，在解答物理问题时必须充分发挥比较与鉴别的思维方法的重要作用。例如，在解答力学问题之前，应当先用这种思维方法分清：在什么情况下用牛顿第二定律，在什么情况下用动量定理，在什么情况下用动能定理，在什么情况下用动量守恒定律，在什么情况下用机械能守恒定律，以及用这些规律去解决力学问题的侧重点有何不同。使学生明确：在一般情况下，牛顿第二定律适用于力是恒力或者力是位移、时间、速度等的函数的情况，用于求力 F 和加速度 a 这一类问题；动量定理用于冲击、碰撞一类问题，在时间 t 极短，作用力瞬息万变、难以测定的情况下，求得冲量、速度 v 或平均作用力 F；动能定理用于始终两个状态已知，但中间过程比较复杂的问题；动量守恒定律用于碰撞、类似碰撞或变质量质点运动这一类问题；机械能守恒定律用于机械运动形式有变化的一类问题。在各类不同的问题中，分析物体受力情况是解题的基础，但受力分析的侧重点各不相同。

解答电学的物理问题和解答力学的物理问题一样，经常用到比较与鉴别的思维方法：比较物理概念和规律的不同特点，比较物理过程各个不同阶段的特殊性，比较题中所给物理条件的差异……从而确定正确的解题思路。

在物理习题教学中，为了使学生能够较好地掌握比较与鉴别的思维方法，并且把这种方法熟练地用在解题中，教师可以把物理内容不同但处理方法（或解题方法）相同，或者物理内容不同但运用了同一类型的关系式进行计算的物理问题归纳起来，进行对比练习。通过比较，使学生澄清各种模糊不清的认识，进一步提高解题能力。

例如，为了使学生在比较与鉴别中理解力的空间累积效应和力的时间累积效应的特点、动量与动能的区别、动量定理和动能定理的不同适用范围，可以提出这样一组物理问题。

①子弹的速度为 v_0，穿过三块同样材料、同样厚度的木板，速度恰好减为零。设子弹在木板中所受的阻力与子弹的速度无关，求子弹穿过三块木板所用的时间之比。

②子弹的速度为 v_0，穿过三块同样材料的木板后，速度恰好减为零，在每块木板中所经历的时间相等。设子弹在木板中所受的阻力不变，求这三块木板的厚度之比。

有时，也可以将几道形式不同但在解题方法上有共同点的物理问题编成一组，在解题过程中运用比较与鉴别的思维方法总结出这一类物理问题的解答规律。例如，对于仅由重力提供向心力的物体的圆周运动，可以提出这样一组物理问题进行对比训练。

①汽车以多大的速率通过曲率半径为 R 的凸形桥顶时，刚好对桥面没有压力？

②小球至少应以多大的速率通过半径为 R 的竖直放置的圆形离心轨道的最高点，才能继续沿轨道做圆周运动？

③小球应当从多高的地方无摩擦地滑下，才能经过离心轨道的最高点？

④计算人造地球卫星的环绕速度（第一宇宙速度）。

在上述这组问题中，物体过最高点的速率均可用 $U=\sqrt{gR}$ 计算。

在解题中运用比较与鉴别的思维方法的例子还有很多，如涉及带电粒子在匀强电场中运动的有关物理问题与物体在重力场中做相应运动的有关物理问题在处理方法和解题方法上基本相同，教师在教学中就可以采取"解题方法上比同，知识内容上比异"的方法进行归类对比，让学生掌握其中的一般规律，从而建立正确的解题思路。在具体做法上，教师可结合物理习题教学，精选一些典型范例或物理问题，通过分析、讨论或课堂练习得出结论后，再把同类型问题布置为课堂思考题，让学生思考讨论，最后由学生自己归类总结，教师做必要的启发、引导和补充，使学生在比较与鉴别中掌握解答一类问题的一般方法和规律，收到举一反三、触类旁通的效果。必须强调的是，在物理习题教学中适当地进行归类对比练习不是为了归类而归类，也不是搞所谓题型教学，而是让学生学会分析问题的方法，从而培养比较与鉴别的能力，提高解题的本领。

2. 分析与综合

分析与综合是科学思维的基本方法，它贯穿于认识过程。分析是把整体分解为部分，把复杂的事物分解为简单要素，再分别加以研究的一种思维方法。一个物理现象往往是复杂的，其中起影响作用的因素也可能有很多。认识复杂的物理现象必须运用分析的方法，把现象分解成一系列简单过程，再从这些过程中找出主要因素，并根据它的作用规律认识和理解这些简单过程，从而构成认识全过程的必要条件。分析是一种深入认识事物的重要方法。

综合是把对象的各个部分和各个因素联系起来考虑的一种思维方法。在客观事物中，组成对象的各个部分是相互联系的，人们为了深入认识事物的特点，才采取分析的方法把它的各个部分暂时分开、孤立起来。但是，从认识对象的整体来说，必须把握对象的整体特征。没有综合，认识只能局限于个别的分立的局部，就不可能对整体有深刻的认识。

在整个认识过程中，分析与综合是相互渗透、相互依存的。综合以分析为基础，没有分析就没有综合，认识就不能深入；只有分析而没有综合，认识就可能限于枝节之见，缺乏对事物总体的认识。对于解答物理问题来说，分析与综合是一种极为重要的思维方法。运用分析法解题就是从题目的所求量（未知量）出发，从包含所求量的基本公式（或原始公式）开始求解。即首先考虑题目的要求，列出包含所求量的基本公式，如果在这个基本公式的右边还有一个或几个未知量，就继续找出这些未知量跟已知量之间的关系；然后用这些新公式来表示未知量，并把它代入基本公式，直到得到的综合公式的右边完全没有未知量；最后，再把已知量的数值代入综合公式，得出答案。

运用综合法解题则是从题目给出的已知条件出发，根据题意找出与已知量有关的定律，并写出有关的公式，直到将已知量跟所求量联系起来，得到只有所求量为未知的总公式，最后代入数值计算，求得答案。关于分析与综合法，很多参考书籍在介绍用代数方程这种数学方法解物理题的叙述中已详尽地阐明了运用这种思维方法解题的特点，在此不再重复。但需要进一步强调的是：在物理习题教学中，分析法和综合法往往不是相互独立的，而是相互结合、相互统一的。例如，解答涉及比较复杂运动的物理问题总要依据实际情况，先把它分解成两个（或几个）简单运动，再运用简单运动的规律来逐个研究，然后把这些简单运动综合为较为复杂运动；又如，解答运动学中的许多复杂物理问题总要采用按运动性质划分运动过程（运动阶段）的方法来研究，一般是先分析后综合。处理力学问题的隔离法就既用到了分析法，又用到了综合法：在分析隔离体受力情况的基础上求出合力，再和该物体的质量、运动的初始状态联系起来，运用牛顿第二定律求出结果。

总之，分析与综合是解答物理问题中用得最多的科学思维方法，教师在物理习题教学中，务必使学生掌握这两种思维方法的特点，并学会正确地运用这两种思维方法。教学不能就方法论方法，也不能简单地就题作解，应当通过解题过程的示范和具体指导把这种思维方法具体化，从具体问题的解答中阐明思维方法的要领，从而提高学生的思维能力及分析和解决问题的能力。

3. 归纳与演绎

归纳与演绎是认识过程中两种重要的思维方法。

归纳是从个别到一般、从特殊到普遍的推理过程，它是以具体经验事实为基础，从一系列单一事物特性中抽象概括出结论，从而使探究的问题得到解决。

演绎是从一般到个别(特殊)的推理过程，即从一般规律出发，推导新的结论。它是获取新知识、认识新事物的重要方法。

归纳与演绎这两种思维方法是相互联系、相互补充的。演绎法离不开归纳法，要想从一般中推演出个别，就必须先认识一般规律，而一般规律又常是从归纳中发现的。也就是说，归纳是演绎的基础。反过来，归纳法也离不开演绎法，演绎是归纳的发展和主导，即在初步归纳的基础上，要经过演绎推理才能得出新的结论。

解答物理问题离不开归纳与演绎的思维方法。在物理习题教学中使学生掌握这两种思维方法的特点，对提高其解题本领、发展其思维能力有着不可忽视的作用。

对于解答物理问题，演绎法的作用比归纳法更大，许多物理问题的解题思路是用演绎的思维方法来确立的，如下面这道物理问题。

如图 8-6 所示，边长为 a 的立方体木块浮于水面上，浸入水面下部分高为 b，当用手把木块轻轻向下压一下再松开后，木块上下振动起来，试证明木块的振动是简谐振动。

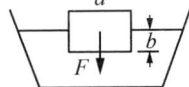

图 8-6　木块的振动

这道题的解答思路就要用演绎的思维方法来确立：凡简谐振动的物体，所受的力 F 均为 $F=-kx$。只要能够证明木块在上下运动的过程中所受的外力符合这一关系式，即可证明木块的振动为简谐振动。按照这一思路，得出证明过程：首先，以木块平衡时的重心位置为原点，规定竖直向下的方向为 x 轴的正方向，当木块处于平衡位置时，$F_浮=G$，而 $F_浮=\rho ga^2 b$，所以

$$G=\rho ga^2 b$$

当木块向下运动时，若重心位置为 x，木块所受浮力

$$F_浮=\rho ga^2(b+x)=\rho ga^2 b+\rho ga^2 x$$

木块所受合力 $F=G-F_浮=G-\rho ga^2 b-\rho ga^2 x$

联立上式，解得 $F=-\rho ga^2 x$。

考虑到 ρga^2 为常数，可知木块在振动过程中所受的外力与其离开平衡位置位移的关系为 $F=-kx$，由此证明木块的振动为简谐振动。

关于如何在物理问题教学中培养学生的归纳和演绎能力，这里介绍一种比较有效的方法：将某些存在特殊与一般关系的物理问题编成一组，在求解过程中培养学生从特殊到一般的归纳能力和从一般到特殊的演绎能力，并且掌握归纳与演绎的思维方法在解题中的具体运用。例如，以下几道力学物理问题就可

以编成一组。

①如图 8-7 甲所示，物体 A 的质量为 m，B 的质量为 M，A 叠放在 B 上，A 与 B 之间的摩擦系数为 μ，B 与桌面之间光滑，当水平恒力 F 为多大时，A 与 B 才能保持相对静止？

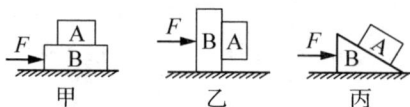

图 8-7　物体滑动摩擦力

②如果将物体 A 与 B 如图 8-7 乙放置，其他条件与上题相同，当外力 F 为多大时，物体 A 才能贴在物体 B 上，并且与物体 B 保持相对静止？

③如果将物体 B 改为倾角为 θ 的劈形物体，如图 8-7 丙所示，若物体 A 与物体 B 之间光滑，其他条件相同，则外力 F 应当为多大，物体 B 才能与物体 A 保持相对静止？

④在图 8-7 丙中，若物体 B 与物体 A 之间的摩擦系数为 μ，其他条件相同，则外力 F 应该为多大，物体 B 才能与物体 A 保持相对静止？

运用隔离法对上述各题中的物体 A 和物体 B 进行受力分析，并根据牛顿第二定律列出方程式，即可求出上述各题的答案：

①$F \leqslant (m+M)g$。

②$F \geqslant \dfrac{(m+M)g}{\mu}$。

③$F = (m+M)g \, \text{tg} \, \theta$。

④$(m+M)g \, \dfrac{\sin\theta - \mu\cos\theta}{\cos\theta + \mu\sin\theta} \leqslant F \leqslant (m+M)g \, \dfrac{\sin\theta + \mu\cos\theta}{\cos\theta - \mu\sin\theta}$。

这组物理问题之间存在特殊与一般的关系。第四题是一般情况，第一、二、三题可以看作第四题的特殊情况，它们的答案可以由第四题的答案经演绎推理而得到。

当 $\theta = 0°$ 时，第四题转化为第一题。若物体 A 与物体 B 保持相对静止，而且没有沿外力方向做相对运动的趋势（相当于第四题中物体 A 沿物体 B 斜面下滑的趋势），则 $F \leqslant (m+M)g$。

当 $\theta = 90°$ 时，第四题转化为第二题。若物体 A 相对于物体 B 静止，则 $F \geqslant \dfrac{(m+M)g}{\mu}$。

当 $\mu = 0$ 时，第四题转化为第三题。若物体 A 相对于物体 B 静止，则 $F = (m + M) g \operatorname{tg} \theta$。

由上述物理问题的分析可知，将彼此之间存在特殊与一般关系的若干物理问题编组练习，可以有效地发展学生归纳与演绎的思维能力，提高其解答物理问题的能力。

三、物理习题教学的表达规范要求

想要让学生正确地解答物理问题，就必须要求学生做好三件事：想清楚，说明白，写工整。所谓想清楚，就是会分析问题，找到解题的关键，懂得正确地运用逻辑推理。当然，光想清楚还不够，还要能够清楚地把想到的叙述出来，把解题过程工整地写出来，使他人看了能够理解。

上面提到的第二件和第三件事直接涉及解题书写规范化问题，解题书写不规范是学生在解题中常存在的缺陷，主要有以下几种表现。

第一，步骤不全，条理不清。许多学生解力学问题不画物体受力分析图，解电学问题不画电路图和电磁场的力线图，解光学问题不画光路图……有的既不画图，也不写出列式过程，而是直接用数字进行运算；有的虽有列式过程，但方程式的列出和推演缺乏必要的说明；有的只有列式，而无数据代入，直接写出了最后结果。总之，从试题解答的过程中，他人难以看出其中所根据的物理原理。

第二，符号不统一，无法分辨某个符号所代表的物理量。在解题过程中，凡涉及的物理量，都应该用规定文字符号来表示。很多学生在解题中用到不少文字符号，但每个符号所代表的物理量却很难区分。例如，有的题中提到几个电压值，许多学生在解答时都用 U 表示；有的题中提到几个作用力，学生都用 F 表示……他们没有用不同的角标把这些不同数值的物理量加以区分，如用 U_1，U_2，U_3…或 F_1，F_2，F_3…表示，以致列出的方程式含义不清，甚至导致不能运算或运算错误。

第三，书写零乱。不少学生解题时书写潦草，有的东写一点、西写一点，弄得教师要花许多时间才能找到全部答案、弄清解题顺序。在物理习题教学中要求解题书写规范化并不是为了追求形式，而是为了培养学生的逻辑推理能力和表达能力，这样做有助于学生理解和掌握知识、运用物理知识解决实际问题，还能培养学生认真负责、有条理地解决问题的思想方法和工作作风。关于书写规范化，有的认为只要写上"已知""求""解""答"四步就可以，有的认为只要写上"分析""解""答"三步就可以，有的认为写上"解""答"两步就可以。其实，按几步写只是一个形式问题。所谓书写规范化，主要是指所写的内容有条理、有逻辑性，采用哪种写法都行。为了使解题达到这种要求，在物理习题教学中应该强调以下几方面。

(一)物理量的代表符号应统一规定，不能乱用

物理教材中所用的物理量符号应按国家标准统一，表 8-2 是中学物理涉及的物理量的代表符号。

表 8-2　物理量的代表符号

名称	符号	名称	符号	名称	符号
长度	L	功率	P	电动势	E
宽度	B	能	E	介电常数	ε
高度	h	势能	E_p	电阻	R
半径	$R(r)$	动能	E_k	电阻率	ρ
直径	d	动量	P	电流	i
距离、位移	s	冲量	I	电感	L
面积	S	周期	T	匝数	N
体积	V	频率	f	磁通量	Φ
速度	v	转速	n	磁感应强度	B
加速度	a	振幅	A	质子数	Z
角速度	ω	角频率	ω	中子数	N
重力加速度	g	波长	λ	核子数	A
力	$F(f)$	热力学温度	T	电子质量	m_e
质量	m	摄氏温度	t	质子质量	m_p
重量	G	热量	Q	中子质量	m_n
引力常量	G	比热容	c	基本电荷	e
密度	ρ	电荷量	Q	普朗克常数	h
力矩	M	电场强度	E	里德堡常数	R
压强	p	电势	φ	滑动摩擦因素	μ
功	W	电势差	U		
效率	η	电容	C		

　　如果在同一道题中有两个及以上的物理量需用同一个符号，则必须借助下标将它们区分开来，如上面提到的 U_1，U_2，U_3⋯和 F_1，F_2，F_3⋯需要特别说明的是，当前各版本教材有各自的规范符号体系，教师应根据所使用的教材，长期稳定地使用规范符号体系，以免使学生产生混乱。

　　(二)根据解题的需要，某些物理量所用的代表文字要单独注明

　　例如，某题为：已知物体 A 的质量为 2 kg，求物体 B 的质量是多少？解题中应写出"设物体 A 的质量为 m_A，物体 B 的质量为 m_B"，以示区别。解题中出现的文字不一定都注明它所代表的物理量，一般根据解题所写的文字和草图能够看清某个文字所代表的物理量即可，否则就要在解题过程中注明。

　　(三)解题过程的示意图应规范

　　例如，力学问题中的物体受力图、电学问题中的电路图、光学问题中的光路图等在解题过程中应按要求画出。在物体的受力图上应用不同的文字标注物体所受的力，有时还需画出合适的直角坐标系，以便将矢量进行分解。在电路图上应该按电路符号画出各个元件，在元件附近标注不同的代表文字。在光路图上代表某条光线的直线一定要画箭头，表示光线行进的方向；光线的反向延长线只能用虚线，虚像也只能用虚线。

　　(四)列出一个方程式时要写出所根据的物理概念、定律、定理和原理

　　例如，根据闭合电路欧姆定律，得 $I=\dfrac{Blv\sin\alpha}{R+r}$。$I=\dfrac{Blv\sin\alpha}{R+r}$ 是根据物理关系列出的基本方程，一般解题中会出现一个或多个基本方程，在方程前一定要注明所根据的物理关系。列出基本方程后，方程的变换不一定要写得很详细，但应写出主要过程。方程变换时，不允许用连续相等的写法。

　　(五)将已知量代入文字式进行运算时，注意统一各量的单位

　　除个别情况外，物理量都采用国际单位制。对初中学生，要求物理单位参与运算；对高中学生，虽然不要求单位参与运算，但结果中必须写出单位。对某些特殊问题还应该在答案中做出说明。例如，求得某力为－5 牛顿，在答案中应该对负号的物理意义有所说明。

　　(六)简要说明多步骤解答中的前后联系

　　对于综合题或需要分段解答的问题，由于中间步骤比较多，应该在解答过程中简要说明前后段之间的联系。

　　学生解题书写不规范是一个较为突出的问题，以上六点要求并不是很难做到的。只要在物理习题教学中做出严格而统一的要求，持之以恒，经过一段时间的训练，学生就会取得比较大的长进，把一个物理题的解答过程写得有条理、清楚明白。

第三节　物理问题解决的教学设计案例分析

学生在解决物理问题的过程中经常出现"一听就懂，一做就错"的问题，学生独立解决问题能力薄弱是产生这一现象的根本原因。物理问题的解决始于建模——理解问题的指向，构建物理模型。因此，培养学生的建模能力是物理问题解决教学的关键目标之一。本节基于两个例子介绍在日常教学中如何通过强化解题规范来培养学生的建模能力，以及如何通过设计真实问题情境来培养学生的问题解决能力。

一、规范问题解决过程，培养建模能力

许多有经验的物理教师都要求学生在解决问题时写清楚"已知""求""解""答"，以及画出物理过程的示意图。这些规范要求的目的就在于培养学生的建模能力。将物理问题的文字描述转化成物理过程的示意图，标注出"已知""求""解"等关键信息的过程就是物理模型建构的过程，也是物理初学者发展建模能力的必经之路。

一小圆盘静止在桌布上，位于一方桌的水平桌面的中央。桌布的一边与桌的 AB 边重合，如图8-8所示。已知盘与桌布间的动摩擦因数为 μ_1，盘与桌面间的动摩擦因数为 μ_2。现突然以恒定加速度 a 将桌布抽离桌面，加速度的方向是水平的且垂直于 AB 边。若盘最后未从桌面掉下，则加速度 a 满足的条件是什么？（以 g 表示重力加速度）

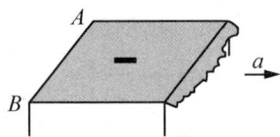

图8-8　桌布的抽离

本题的实测得分率非常低，最关键的原因就在于大部分学生读不懂题目，无从入手。但如果学生能够按照规范的问题解决过程予以分析，问题就会简化。

首先，做出圆盘运动过程的示意图（如图8-9所示）。圆盘运动可分为两部分：①从静止开始随桌布向右加速运动；②从桌布上掉落后在桌面上减速运动，到达桌面边缘速度为0。

将题目所给条件加入图中，并假设两次滑行位移为 x_1 和 x_2，初速度 $v_0 = 0$，圆盘从桌布上

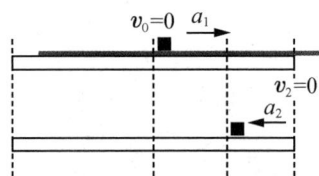

图8-9　圆盘运动过程的示意图

掉落时速度为 v_1，滑行到桌面边缘的速度 $v_2=0$，则可得图 8-10。

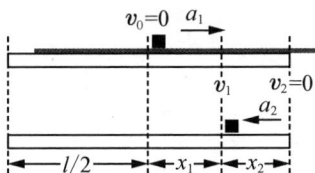

图 8-10　圆盘运动过程的示意图(加入条件后)

分别列出圆盘两次匀变速直线运动的动力学方程，可得：

$$\mu_1 mg = ma_1 \qquad\qquad ①$$

$$2a_1 x_1 = v_1^2 \qquad\qquad ②$$

$$\mu_2 mg = ma_2 \qquad\qquad ③$$

$$2a_2 x_2 = v_1^2 \qquad\qquad ④$$

$$x_1 + x_2 \leqslant \frac{l}{2} \qquad\qquad ⑤$$

再根据桌布和圆盘分离时的位移关系，可得：

$$\frac{l}{2} + x_1 = \frac{1}{2}at^2 \qquad\qquad ⑥$$

$$x_1 = \frac{1}{2}a_1 t^2 \qquad\qquad ⑦$$

联立①②③④⑤⑥⑦式即可解出：

$$a \geqslant \frac{\mu_1 + 2\mu_2}{\mu_2}\mu_1 g \qquad\qquad ⑧$$

在这一问题的解决过程中，若学生能够按照规范要求作图，就可以轻松列出①②③④⑤式，本题得分率将超过 50%。因此，严格规范问题解决的过程、落实建模能力的培养是提升学生独立解决问题能力的基础，也是提升学生解题自信的关键。

表 8-3 是中学常用的解题规范，供物理教师参考。

表 8-3　中学常用解题规范

规范解答示例	
	题：一汽车以 15 m/s 的初速度匀速直线行驶，发现前方红灯亮时采取刹车减速，若刹车的加速度大小为 1.5 m/s²，求汽车刹车的时间和距离。

续表

规范解答示例

解：以初速度 v_0 为正方向。

已知 $v_0 = 15$ m/s，$v_t = 0$ m/s，$a = -1.5$ m/s^2，求 s、t。

由速度公式 $v_t = v_0 + at$ 得：

$$t = \frac{v_t - v_0}{a} = \frac{0 - 15}{-1.5} = 10 \text{ s}$$

由位移公式 $2as = v_t^2 - v_0^2$ 得：

$$s = \frac{-v_0^2}{2a} = \frac{-15^2}{2 \times (-1.5)} = 75 \text{ m}$$

答：汽车刹车时间为 10 s，刹车距离为 75 m。

注：

①将 A4 作业纸在左侧折出 1/3 用于作图，图中小车等物体可用质点代替。

②题目抄写可省略，运动学问题先规定正方向。

③写出题中的已知量和待求量。

④计算过程先写原始公式，再写变形或推论式。

⑤初中物理计算中间过程要带单位，高中物理计算中间过程可不带单位。

⑥平时作业中可要求学生写出具体的数值计算过程，考试时可不写计算过程。

二、巧设真实问题情境，培养问题解决能力

学生的独立解决问题能力的高低体现在他们在具体真实问题中的表现，只能复述、再现课堂例题的解决过程显然是不够的。因此，物理问题解决教学要为学生创设真实的问题情境，带领他们应用所学的基本知识和思维方法经历模型建构、分析推理的过程，在与同伴的交流讨论中发展独立解决问题能力。下面通过牛顿第二定律的课例展示如何应用真实问题情境培养学生的独立解决问题能力。

课题：牛顿第二定律的应用。[①]

【教学目标】

①具有初步的运动和相互作用观念，能够利用牛顿第二定律分析和讨论力与运动状态变化的问题。

②经历从生活现象构建物理模型的过程，掌握模型建构的方法，并能在推

---

① 案例来自福建师范大学附属中学张滨老师的公开课，略有修改。

理、讨论中完善模型。

③具有获取证据、进行论证的意识和能力，能够应用现有手段获得数据并进行推理和论证。

④具有质疑创新的意识，能够基于研究结论反思、改进物理模型。

【教学思路】

此节课是学习牛顿第二定律之后的问题解决教学课，牛顿第二定律是力和运动的桥梁，以往的教学普遍选择几道典型的例题：一是已知几个力来求合力、加速度，进而研究物体的运动问题；二是已知物体运动状态的改变，通过求合力、加速度来研究物体的受力情况。这样的教学显得过于呆板，学生难以将牛顿第二定律迁移运用。因此，此节课借助奥运会比赛的真实场景，带领学生分析运动员加速过程中的力与运动变化之间的关系，建立合理的物理模型，练习应用牛顿第二定律分析和解决问题。

此节课设计了以下三个教学环节。

①以2004年雅典奥运会上刘翔夺得金牌的视频为问题情境，引导学生分析讨论刘翔的爆发力大小。

②基于问题①的研究结果，估算用这样的爆发力跳高能跳多高。

③反思评估，探讨物理问题解决过程中的问题，并分析原因。

【教学过程】

问题①：刘翔爆发力的估算。

教师播放刘翔在2004年雅典奥运会110 m栏比赛中夺冠的视频，在欢呼声中激发学生的民族自豪感，进而引出问题：中国运动员刘翔以12秒91的成绩夺得金牌，他的加速一定非常快，他的爆发力非常大。我们有没有办法估算一下他的爆发力大小？

教师首先提示：爆发力体现在哪里？

教师带领学生反复观看视频，发现运动员在跨第一个栏前速度是不断增大的，即爆发力体现在加速的过程中，运动员通过自身爆发力使速度不断增大。教师提示学生：如果知道了运动员匀加速运动的加速度，是否可以求出爆发力？

接着教师介绍这种实际问题的解决方法：需要建立一个理想化的物理模型，并指出模型建立的基本方法是忽略次要因素、突出主要因素。这里研究的是跑步的加速度，可以忽略运动员的身高、摆臂等因素，将运动员看成质点。

学生根据牛顿第二定律可知，有了加速度，就可以求出合力。比赛过程中运动员只受重力和地面作用力，其中地面作用力与人对地面的作用力（爆发力）

是相互作用力。因此，借助力的合成原理可求出地面对人体的作用力，便求出了人的爆发力。

教师提示学生：求加速度需要哪些物理量？我们如何获得这些物理量？

学生通过比赛规则可知运动员到第一个栏的距离是 13.72 m，从比赛视频中可知刘翔从出发到开始跨栏的用时是 2 s。因此，可以利用运动学公式计算这一过程的平均加速度：

由 $s=\dfrac{1}{2}at^2$，可得 $a=\dfrac{2s}{t^2}=6.86$ m/s²

若运动员的质量为 m，则运动员受到的合力是 $6.86m$，根据力的矢量关系，可知地面平均作用力为：

$$F=\sqrt{N^2+f^2}=\sqrt{(10m)^2+(6.86m)^2}=12.13m$$

即 $F\approx1.2G$，刘翔的平均爆发力约为自身重力的 1.2 倍。

问题②：估算刘翔跳高成绩。

教师提出问题：如果按照这样的爆发力去跳高，成绩如何？

教师提示学生：模仿刚才估算爆发力的方法，要先建立一个理想模型，然后获取数据进行计算。

学生讨论后发现，跳高是一个竖直方向上的匀变速运动模型，运动员可以被看成质点，先加速再减速，到达最高点，就是要求出的跳高成绩。向上加速的加速度为 $0.2g$，向上减速的加速度为 g，利用这些条件无法计算上升的高度。

教师引导：还需要什么量才可以计算出结果？

学生提出：需要知道人离开地面时的初速度 v，可借助 $H=\dfrac{v^2}{2g}$ 计算高度。

教师指出：这个速度很难准确获得，因为人体不是真的质点，体积很大，无法简单使用光电门等工具测量。

学生换一个思路：若已知人体加速上升的时间 t，可由 $H=\dfrac{(0.2gt)^2}{2g}$ 计算高度。

教师指出：加速时间 t 很短，仍然难以准确测量。

学生再换一个思路：若已知人体加速上升的高度 h，可由 $H=\dfrac{2\times0.2gh}{2g}=0.2h$ 计算。

教师提示学生：有没有办法获得这个高度 h？

在学生沉默时，教师指出：我们能否不依赖现成数据，自己做实验获得一手数据？并强调：我们要反思计算结果是否符合真实情况，不能仅得到数据就结束，最好的办法是做实验验证。

教师提示：加速上升的过程可以看成匀加速直线运动，我们请几位同学现场跳一跳，看看他们的重心上升多高，可以作为我们估算的参考数据。

同学现场"摸高"，发现大家"摸高"的高度为 $30\sim40$ cm。

取上升高度 0.4 m，计算出跳高的成绩 $H=0.2h=0.2\times0.4=0.08$ m，即跳高能跳 8 cm。

问题③：问题的反思评估。

教师提出问题：我们算出只能跳 8 cm，但我们的同学跳了 40 cm，这个结果符合实际吗？问题出在哪里？

学生反思研究过程，提出几个值得讨论的地方：

①跑步第一个栏能否看成匀加速直线运动？

②跳高的加速高度能否用摸高的高度替代？

③跑步爆发力是平均的，而跳高是瞬间的，它们之间能否等效迁移？

教师针对学生提出的问题逐一分析，然后总结：我们建立模型的时候，需要仔细甄别模型是否合理，不仅在问题研究的起始阶段需要考虑各种影响因素，在得出结论后也要与实际情况进行对比，进一步完善物理模型，不断提高问题研究的精度。

【点评】

第一，问题情境的创设符合学生实际，学生都有丰富的体验，能够将实际现象进行简化，构建理想化的质点直线运动模型，这为此节课的进行奠定了基础。

第二，此节课在完成常规的牛顿第二定律应用的训练项目（从运动求力——刘翔的爆发力，从力求运动——跳高）之外，突出了模型建构能力的培养。教师引导学生建立了匀加速直线运动模型、力的合成模型、摸高的匀加速直线上升模型以及竖直上抛模型等，帮助学生建立这些模型与实际生活现象之间的联系。

第三，在跳高高度的研究中，此节课突出了对学生证据意识的培养，引导学生通过多种途径获得问题研究的证据。

第四，此节课强化了学生将理论分析结果应用于解释实际现象的意识，并在理论与实际的交互中培养学生的质疑创新能力，发展学生独立分析和解决问题的能力。

第五，此节课通过对所建立模型的反思，强化了学生对物理学研究的价值追求，使其感受科学精神和科学本质。

【思考练习】

1. 结合实际案例，论述习题课的教育价值。

2. 结合实际案例，探讨如何设计出一道好题目。

3. 尝试探讨如何通过设计体现习题课的特点和要求。

4. 结合实际案例，探讨如何通过习题教学提高学生的问题解决能力。

5. 为满足习题课对教师的要求，试分析新教师应该通过哪些途径提升自身专业发展能力。

6. 根据本章内容，尝试自主设计一节习题课。

【推荐阅读】

[1]吕俊君. 通过"一题多解"提升学生的高阶思维能力[J]. 物理教师，2020，41(12)：90-92＋94.

[2]段祝霞. 物理习题教学中利用学生错误培养质疑创新能力[J]. 物理教学，2019，41(9)：7-9.

[3]张抗抗，胡扬洋. 我国理科教学走出"题海战术"的思想之路[J]. 教育理论与实践，2016，36(2)：57-59.

[4]陈恒. 中学物理习题变式教学探究[J]. 物理教学，2011，33(10)：14-17.

[5]佘亚芳. 谈物理习题和问题解决的教学[J]. 物理教学，2011，33(1)：21-23.

[6]马建华. 新课程理念下高中物理习题教学研究[D]. 西安：陕西师范大学，2011.

[7]徐叶军. 基于问题解决的物理习题教学研究[D]. 上海：华东师范大学，2010.

[8]冯艳云. 高中物理习题课探究式教学设计与实践[D]. 兰州：西北师范大学，2005.

[9]朱斌宏. 中学物理习题教学研究[D]. 南昌：江西师范大学，2005.

第九章　物理复习课的教学设计

章前导语

　　物理学科涉及的知识范围广、内容多、逻辑性强，通过日常以节为单位的新授课形式，学生很难对知识有全面的把握。复习课的目的是对已学过的物理知识进行总结，帮助学生建立系统化的知识网络。"复习课最难上。"这是许多教师经常发出的感叹。因此，如何通过对所教内容的再设计、再创造使学生进行再学习、再归纳，达到对知识的再记忆、再理解、再整合、再迁移，从而重新构建知识的系统框架，是教师上好复习课面临的共同问题。

　　本章共有三节内容：第一节主要分析了物理复习课的特征；第二节明确了物理复习课的教学要求；第三节以"匀变速直线运动的研究"一节为例，进行物理复习课教学设计案例分析。

第一节　物理复习课的特征

　　物理复习课不是对前面已学知识的再次重复或"热剩饭"，也不是对旧知识的简单叠加和"拼盘"，而是对已往所学知识进行梳理、整合和再加工，从而使原有知识结构化、系统化。为此，教师需要准确把握物理复习课的基本特征。

一、内容的综合性

　　物理复习课往往是学完一章、几章或一本书的内容之后，根据章节或单元不同知识点的需要，综合利用各种教学资源和教学策略，让学生进行相对完整的综合学习。不像新课教学时针对某一物理概念或规律的解读，物理复习课在相关概念或规律的基础上经过适当的拓宽和加深，使物理复习课的教学有更强的综合性。另外，物理复习课让学生不仅把知识点综合起来，也把所学知识与实际生产生活结合起来，感受到物理与社会之间的密切联系。

二、结构的系统性

　　在平时的新课教学中，学生按照一定的顺序学习一个个新知识，这些知识往往是零散或碎片化的。而物理复习课的主要任务之一就是梳理和整合这些知识，建立知识结构，在结构化知识的过程中有效抓住核心知识或主干知识，厘清已学知识的内在逻辑关系，使之形成一个完整的系统。这有利于学生构建认知结构，促进学生物理观念的形成。

三、方法的多元性

物理复习课的总结及必要的练习能够拓展学生解决问题的思路。学生的问题分析和问题解决不应局限于一种方法，基于复习课内容的综合性，教师应引导学生自觉地提炼解决问题的多种方法。物理复习课常用的方法有分类法、归类法、对比法、列表法、图示法(含概念图和思维导图)、专题复习法等。一种方法可适用于不同类型的知识复习，同一类型的知识复习也可以用不同的方法进行整合。

四、思维的高阶性

平时的新课教学多为记忆、理解和应用等低中阶思维的训练，而物理复习课教学要发展学生较高的认知水平或层次，要培养学生的分析、评价和创造等高阶思维。物理复习课多以归纳总结的形式来实现对旧知识的归类、整合，对已学基础知识进行拓展迁移和系统生成，使学生能够运用所学知识解释、分析相关物理现象，解决相关的实际物理问题，从而实现对知识的活学活用。物理复习课要重视学生的深度思考，对同一问题从不同的角度进行分析，通过多种方法的综合应用训练学生的科学思维能力，如归纳思维、类比思维、演绎思维等。学生只有具备高阶思维，才能在解决复杂问题时做到举一反三、触类旁通。

五、目标的整合性

物理复习课的教学目标是促进学生核心素养的全面发展。物理复习课不但可以帮助学生把平常学习的零散知识结构化、系统化，并进行适当的拓宽和加深，而且可以纠正和弥补学生认识上的错误或缺陷，使学生对知识的理解更准确、更深刻、更全面、更系统，从而自觉形成科学的物理观念。同时，物理复习课还可以根据学生的不同情况为学生设计个性化的复习思路与复习方法，以提高学生的科学思维能力和科学探究能力。另外，在上物理复习课时结合生产生活实际来分析和解决问题还可以培养学生的科学态度与社会责任感。

六、教学的挑战性

物理复习课是学过新知识后的再学习，其主要任务是复习巩固所学知识，加深对已有知识的理解，并把知识结构化、系统化，所以不论是对教师的教还是对学生的学来说，都具有一定的挑战性。很多学生在学完一个知识点后进行对应练习时觉得得心应手，但是做单元测试的综合题目时就手足无措，败下阵来。造成这种现象的原因是物理复习课的考查难度更大，学生缺乏对知识的梳理和整合，没有在头脑中建立知识体系，也没有深入理解知识体系间的逻辑关系，在分析问题时往往因理不清头绪而感到困难。

【拓展阅读】

初中物理复习教学的误区①

1. 重记忆，轻理解

有些教师只关注"复"，而轻视了"习"，通常采用"填鸭"、口诀、歌谣、打油诗及知识清单等方式对知识进行简单重复，或反复强调对物理概念、规律、公式以及实验操作过程和注意事项等内容的机械记忆，忽视学生对复习内容意义的理解与实际应用，因而学生对知识的掌握主要停留在"是什么"，难以触及"怎么样"和"为什么"。

2. 重容量，轻质量

这种现象通常存在以下两种情况：一是复习的知识点容量过大，教师生怕漏掉任何一个细节，将复习课上成了新课的"连播快进版"，学生对知识的掌握只能停留在了解、知道等较低的认知层次；二是练习题数量过多，且内容交叉重复，习题的典型性、层次性和逻辑性不强，重点不够突出，质量难以保证。

3. 重结论，轻过程

复习课中，常常听到教师有这些说法："这个概念是本章的重点，务必牢记。""这类问题第一步应这样做，然后再这样做，需记住。""本实验中用到的是控制变量法，大家不要忘记啊。"教师总偏重结论的记忆或技巧的总结，而忽视对问题分析、方法选择、探究发现或思维训练等学习过程的引导。

4. 重考点，轻"痛点"

复习课中，有些教师过度关注和依赖考纲，习惯紧盯中考指挥棒，或专注考点，或死磕真题，或偏爱模拟，却恰恰忽视了学生的知识遗漏、疑难困惑或学习需求这些真正的"痛点"，未能抓住真正的要害，复习效果可想而知。

5. 重堆砌，轻逻辑

复习课中，有些教师往往只注重知识点或练习题的简单罗列或大量堆砌，忽视它们内在的关联或逻辑，复习内容七零八落、杂乱无章，导致学生理不清

---

① 杜傲林、冯一兵、张文博等：《初中物理复习教学的误区及建议》，载《理科考试研究》，2019(12)。

主线，一头雾水，因而难以做到对知识的真正理解、综合运用或活化拓展等。

6. 重讲解，轻参与

复习课上，延续新课时的"一言堂"依旧盛行，教师讲解、包办过多，以讲代学、以评代学现象普遍，学生难免产生思维惰性或依赖心理，他们的思维广度、思维深度、思维潜能均易受限，主动学习和语言表达能力也难以得到充分锻炼和有效提高。

7. 重理论，轻实验

对于涉及实验内容的复习，一些教师重理论讲解，轻实验操作，或把"做实验"变成"讲实验"，或以视频动画代替现场演示，或要求学生"写实验""画实验""记实验"，教学偏重实验结论或注意事项的记忆，复习效果大打折扣。

第二节　物理复习课的教学要求

物理复习课的基本内容是学生熟悉的知识。对学生来说，复习过程不再像探究新知那样充满挑战性，其好奇心也没那样强，加上物理复习课内容多且任务重，对重难点问题的掌握或突破比较困难，导致有的学生学习热情和积极性减弱，学习动力不足。学生学习起来感觉枯燥乏味甚至痛苦，教师教起来也感到比较困难。基于此，教师需要明确复习课的教学要求。

一、适时复习，整体构建

根据艾宾浩斯归纳的遗忘曲线，人的遗忘是普遍存在的，遗忘的过程是先快后慢，随后逐渐趋缓。因此，复习的安排应适时，教师应按照遗忘的规律安排复习，即先密后疏。例如，每次新授课前可复习一下上次课的知识，单元、学期或学年结束时都要进行集中复习。经过多次刺激，新知识就能在大脑留下较深的印迹。下面以高中物理必修2"机械能守恒定律"为例进行说明。

（一）课前复习

新课开始时，教师可引导学生集中复习相关预备知识，即复习功、动能、势能的定义，以及动能定理、重力做功与势能变化的关系等预备知识。

（二）章末复习

学习完这一章后，教师可以设置功能关系和能量守恒相关的知识复习，引导学生列出几种常见的功能关系及表达式（如表9-1所示）。

表 9-1 几种常见的功能关系及表达式

各种力做功	对应能的变化	定量关系
合力做功	动能变化	合力对物体做的功等于物体动能的变化量 $W_合 = E_{k2} - E_{k1}$
重力做功	重力势能变化	重力做正功，重力势能减小；重力做负功，重力势能增大，且 $W_G = -\Delta E_p = E_{p1} - E_{p2}$
弹簧弹力做功	弹性势能变化	弹力做正功，弹性势能减小；弹力做负功，弹性势能增大，且 $W_弹 = -\Delta E_p = E_{p1} - E_{p2}$
只有重力、弹力做功	系统机械能不变化	系统机械能守恒，即 $\Delta E = 0$
非重力和弹力做功	机械能变化	除重力和弹力外的其他力做正功，物体的机械能增加；做负功，机械能减小，且 $W_{其他} = \Delta E$

（三）期末复习

到学期或学年结束时，教师可把解动力学问题的三个基本观点——力的观点、能量观点、动量观点——进行对比分析、综合应用。

力的观点：运用牛顿运动定律，结合运动学知识，可处理匀变速运动问题。

能量观点：用动能定理和能量守恒观点，可处理非匀变速运动问题。

动量观点：用动量守恒观点，可处理非匀变速运动问题。

教师在此可回顾复习力学的五大规律（如表 9-2 所示）。

表 9-2 力学的五大规律

规律	公式表达
牛顿第二定律	$F_合 = ma$
动能定理	$W_合 = \Delta E$ $W_合 = \dfrac{1}{2}mv_2^2 - \dfrac{1}{2}mv_1^2$
机械能守恒定律	$E_1 = E_2$ $mgh_1 + \dfrac{1}{2}mv_1^2 = mgh_2 + \dfrac{1}{2}mv_2^2$

续表

规律	公式表达
动量定理	$F_合 t = p' - p$ $I_合 = \Delta p$
动量守恒定律	$m_1 v_1 + m_2 v_2 = m_1 v_1' + m_2 v_2'$

二、强调逻辑，突出结构

物理复习课是以知识深化、整合和综合应用为目标的课型，因此，教师要注重结构，体现综合，着眼提高。物理复习课倡导"整合—训练"式教学策略，即高度概括，根据各部分知识所反映的现象或过程的物理属性，深刻体现它们之间的逻辑关系，建构科学的知识体系，使知识进一步系统化；温故知新，深化对重点内容的理解，澄清对难点知识的困惑，科学归属知识的功能，使知识进一步条理化。

以静电场复习为例，涉及的知识点有电场强度、电势、电势差、电势能、电场力做功、电势能变化等，学生对这些抽象的物理概念缺乏感性认识，普遍感到难以理解和掌握。学完整章内容后，学生通过复习进一步领会电场强度、电势和电势差都是通过比值法来定义的。教师可以引导学生建立知识网络图，从而在整体上把握描述电场的各物理量之间的关系（如图 9-1 所示）。

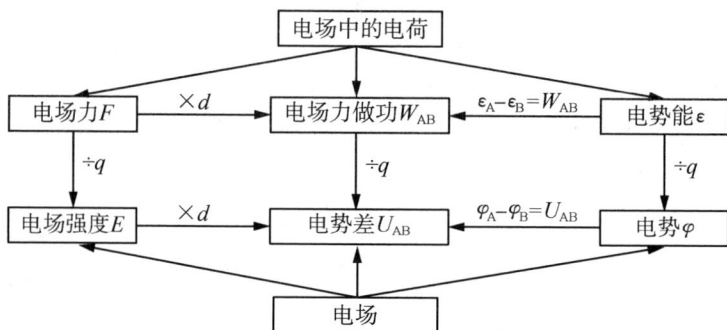

图 9-1　电场的知识网络图

又如，对电磁感应一章的复习，教师可以从该章核心内容电磁感应引导学生复习感应电动势大小和方向的两个定律、表现形式上的两种类型、涉及的几大问题及自感现象等，让学生自己构建该复习单元的知识结构图（如图 9-2 所示）。

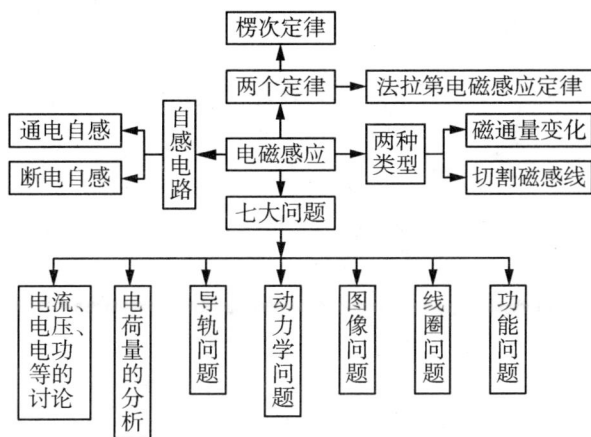

图 9-2　电磁感应知识结构图

三、突出重点，运用变式

物理复习课的主要目的是巩固、梳理已学的知识，从而实现知识系统化、提高解决问题的能力，使学生从宏观上掌握知识的整体结构及其内在规律。复习不应是对所学知识的简单重复，教师要在认真钻研教材、参阅有关资料和充分了解学生的基础上突出复习的重点和关键，不断地变换表达形式，而不是机械地重复知识。教师可用以下方式进行复习。

（一）问题复习法

以摩擦力复习为例。

问题 1：摩擦力一定是阻力吗？

解答：从静摩擦力的角度来看，静摩擦力阻碍的是物体间的相对运动趋势，并不是物体的运动。静摩擦力可以充当阻力，也可以充当动力。如图 9-3 甲所示，物体 A 放在物体 B 上，水平地面光滑，外力 F 作用在 A 上，A 和 B 一起向右加速，B 所受的静摩擦力为动力，A 所受的静摩擦力为阻力。

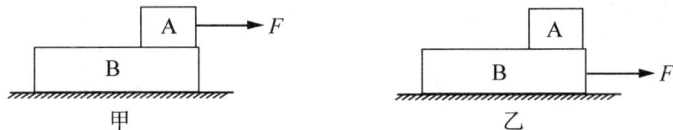

图 9-3　物体间的相对运动

从滑动摩擦力的角度来看，滑动摩擦力阻碍的是物体间的相对运动，并不是物体的运动。滑动摩擦力可以充当阻力，也可以充当动力。如图 9-3 乙所示，在向右运动的木板 B 上轻放物体 A，外力 F 作用在 B 上，在 A 与 B 相对滑动时，A 所受的滑动摩擦力为动力，B 所受的滑动摩擦力为阻力。

问题 2：受静摩擦力作用的物体一定是静止的吗？受滑动摩擦力作用的物体一定是运动的吗？（解答略）

问题 3：有外力作用才会有静摩擦力吗？压力越大，滑动摩擦力也越大吗？（解答略）

问题 4：接触面积越大，滑动摩擦力越大吗？（解答略）

问题 5：静摩擦力一定不做功吗？静摩擦力一定做负功吗？一对相互作用的静摩擦力对系统所做的总功是多少？一对相互作用的滑动摩擦力对系统所做的总功是多少？（解答略）

（二）图解复习法

例如，光电效应中光电子的最大初动能随入射光频率的变化而变化的曲线（如图 9-4 所示），纵坐标表示光电子的最大初动能，横坐标表示入射光频率。从图像中倾斜的直线可以看出，光电子的最大初动能随入射光频率的增大而增大，为一次函数关系，即 $E_k = h\upsilon - W$，W 为某种金属的逸出功。直线与横轴的交点坐标为光电子刚好逸出时入射光频率的最小值，即存在产生光电效应的极限频率。令 $E_k = 0$，可

图 9-4　$E_k - \nu$ 图像

进一步得到极限频率为 $\upsilon_0 = \dfrac{W}{h}$；图像与纵轴的交点坐标为 $\upsilon = 0$ 时的 E_k 值，其绝对值为某种金属的逸出功；图像的斜率为普朗克常量 h。学生只需掌握一幅光电效应曲线图，就能基本记住和理解所有的光电效应规律。

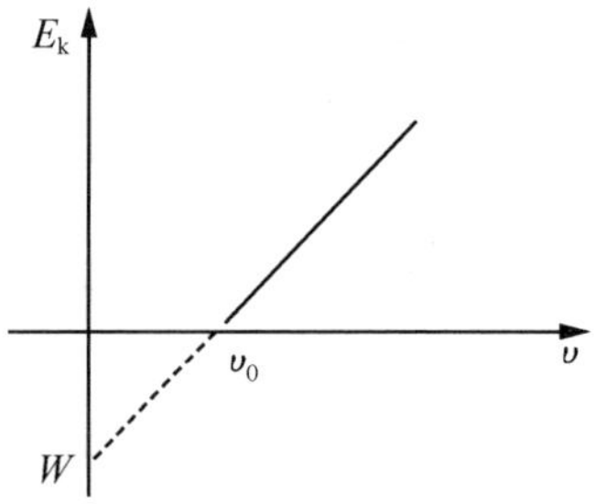

（三）比较复习法

以描述正弦交流电的瞬时值、最大值、有效值、平均值为例，可列表进行比较（如表 9-3 所示）。

表 9-3　正弦交流电的瞬时值、最大值、有效值、平均值的比较

物理量	重要关系	物理意义	适用情况及说明
瞬时值	$e = E_m \sin \omega t$ $i = I_m \sin \omega t$	反映不同时刻交变电流的大小和方向	计算线圈某时刻受力情况

续表

物理量	重要关系	物理意义	适用情况及说明
最大值	$E_m = nBS\omega$ $I_m = \dfrac{E_m}{R+r}$	反映交变电流的变化范围	讨论电容器的击穿电压
有效值	$E = \dfrac{E_m}{\sqrt{2}}$　$U = \dfrac{U_m}{\sqrt{2}}$　$I = \dfrac{I_m}{\sqrt{2}}$ （只适用于正弦交变电流）	交流和直流通过相同阻值的电阻，在相同时间内产生的热量相同	计算与电流的热效应有关的量（如电功、电功率、电热等） 电气设备"铭牌"上所标的值 保险丝的熔断电流 交流电表的读数
平均值	$\overline{E} = BL\overline{v}$　$\overline{E} = n\dfrac{\Delta\Phi}{\Delta t}$ $\overline{I} = \dfrac{\overline{E}}{R+r}$	指交变电流图像中图像与横轴所围成的面积值与时间的比值	计算通过电路横截面的电荷量

四、举一反三，触类旁通

复习时，教师要避免用烦琐、枯燥无味的内容消耗学生宝贵的时间和精力，要精选题目和内容，有一定难度。复习内容的选定不应使学生停留在已有发展水平上，而应向最近发展区过渡，即复习的内容要有一定的挑战性，对学生提出"高而可攀"的要求，促进其发展。

复习时，教师可适当进行一些变式训练。变式训练的题目设置要跟教材例题相近又相异，增强例题教学的指导功能。训练要注意时间、氛围和方式，允许学生之间讨论、合作。变式训练的题目设置要关注学情，做到分层设计，落实因材施教的教育思想，注重让学生在体验成功的快乐中实现能力提升。

例如，在"相互作用"这一章的复习中，整体法和隔离法的应用是一个较难理解的知识。在这类题目的设计上就要层层递进，让学生一步步地迈上更高的台阶。

【案例】

【原题】如图9-5所示，甲、乙两个小球的质量均为 m，两球间用细线连接（细线的质量不计），甲球用细线悬挂在天花板上。现分别用大小相等的力 F 水平向左、向右拉两球，平衡时细线都被拉紧。则平衡时两球的可能位置是（　　）。

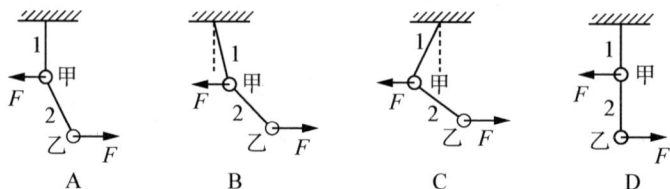

图 9-5　甲球与乙球上的作用力

　　分析：用整体法分析，把两个小球看作一个整体，此整体受到的外力为竖直向下的重力 $2mg$、水平向左的力 F（甲受到的）、水平向右的力 F（乙受到的）和细线 1 的拉力，两水平力相互平衡，故细线 1 的拉力一定与重力 $2mg$ 等大反向，即细线 1 一定是竖直的。再用隔离法分析乙球受力的情况，乙球受到竖直向下的重力 mg、水平向右的拉力 F、细线 2 的拉力 F_2，要使得乙球受力平衡，细线 2 必须向右倾斜。故选项 A 正确。

　　【提升训练 1】如图 9-6 所示，把原题中的乙球放在光滑的斜面上，系统保持静止（线的质量不计），图示中正确的是（　　）。

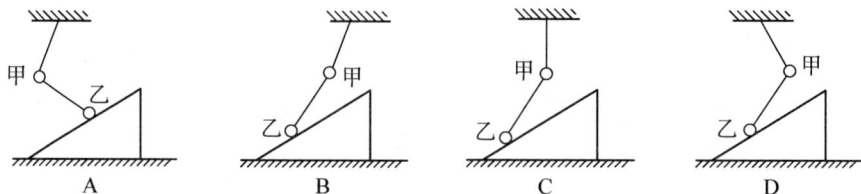

图 9-6　光滑斜面上的小球

　　分析：对乙球受力分析，乙球受重力、垂直斜面向上的支持力和细线的拉力，由于三力平衡时三个力中任意两个力的合力与第三个力等值、反向、共线，故细线拉力向右上方，故 A 错误；对甲、乙两个球整体受力分析，整体受总重力、垂直斜面向上的支持力和上面细线的拉力，根据共点力平衡条件，判断上面的细线的拉力方向斜向右上方，故 C 和 D 错误，B 正确。

　　【提升训练 2】在原题中，如果作用在乙球上的力的大小为 F，作用在甲球上的力的大小为 $2F$（如图 9-7 所示），则此装置平衡时的位置可能是（　　）。

　　分析：将甲、乙两个小球作为一个整体进行受力分析，设上面的绳子与竖直方向的夹角为 α，根据平衡条件可得 $\tan \alpha = \dfrac{F}{2mg}$，再单独研究乙球，设下

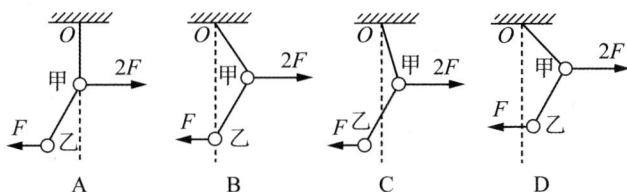

图 9-7 甲球与乙球上的作用力

面的绳子与竖直方向的夹角为 β，根据平衡条件可得 $\tan\beta = \dfrac{F}{mg}$，可得 $\beta > \alpha$，因此甲球在竖直线的右侧，而乙球在竖直线的左侧，选项 C 正确。

【提升训练 3】在原题中，用如图 9-8 所示的拉力 F 拉小球 b，使两个小球都处于静止状态，且细线 Oa 与竖直方向的夹角保持 $\theta = 30°$，重力加速度为 g，则 F 达到最小值时 Oa 绳上的拉力大小为（   ）。

A. $\sqrt{3}\,mg$ B. mg C. $\dfrac{\sqrt{3}}{2}mg$ D. $\dfrac{1}{2}mg$

分析：以两个小球组成的整体为研究对象，分析受力，作出 F 在三个方向整体的受力图，如图 9-9 所示。根据平衡条件得知，F 与 F_T 的合力与重力 mg 总是大小相等、方向相反的，由力的合成图可知，当 F 与绳子 Oa 垂直时，F 有最小值，即图 9-9 中 2 位置上 F 有最小值，根据平衡条件得 $F_T = 2mg\cos 30° = \sqrt{3}\,mg$，选项 A 正确。

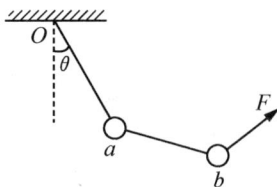

图 9-8 小球受力示意图

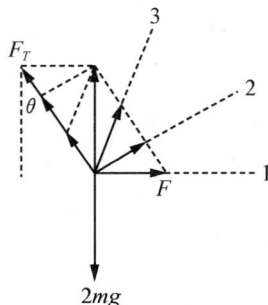

图 9-9 小球受力分析图

五、拓展应用，凸显 STSE

从生活走向物理，从物理走向社会；物理来自客观世界，物理回归自然本真。现代社会所需要的是可持续发展、对环境友好的科学技术，在物理复习课中融入现代科学技术，将所学知识与生产生活实际相结合，同时加强学生的环境保护意识，向学生呈现和传递相应的科学态度和社会责任。

例如，在"带电粒子在匀强电场中的偏转"这一专题复习中就有大量与实际生活相关的 STSE 问题，复习中设置这类问题不仅可以使学生的物理观念得到建立，还能提升学生的模型建构能力，有效把生产生活实际与所学知识相联系。

【案例】

1. 图 9-10 为静电除尘工作原理图，请根据此图判断以下说法正确的是（   ）。

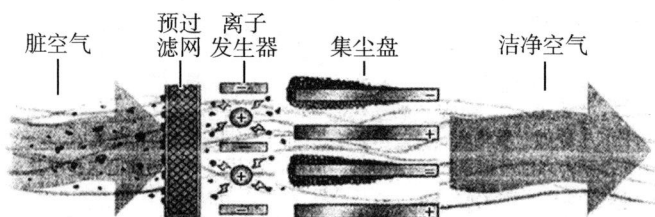

图 9-10　静电除尘工作原理图

A. 离子发生器的作用是在空气经过时使其中的粉尘带上负电

B. 集尘盘负极吸附大量粉尘的原因是粉尘带上了正电

C. 若预过滤网破裂，不影响除尘器的除尘效果

D. 该除尘器能有效去除空气中的有毒气体

分析：通过带负电的集尘盘能收集粉尘可知粉尘带正电，选项 A 错误，选项 B 正确；过滤网的作用是滤去质量较大的颗粒，细小颗粒更易被收集，选项 C 错误；该装置无法分辨气体是否有毒性，选项 D 错误。

2. 有一种喷墨打印机的打印头结构如图 9-11 所示，喷嘴喷出来的墨滴经带电区带电后进入偏转板，经偏转板间的电场偏转后打到承印材料上。已知偏移量越大字迹越大，现要缩小字迹，下列做法可行的是（   ）。

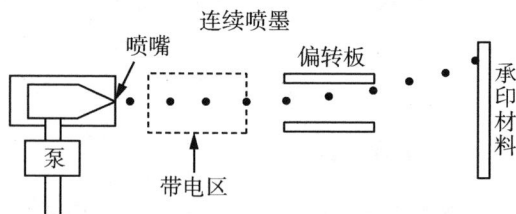

图 9-11　喷墨打印机打印头结构示意图

A. 增大墨滴的带电荷量 　　　　B. 减小墨滴喷出时的速度

C. 减小偏转板与承印材料的距离　D. 增大偏转板间的电压

分析：如图 9-12 所示，带电粒子经偏转电

场 U_2 偏转，侧移 $Y_1 = \dfrac{1}{2}at^2$，$a = \dfrac{qU_2}{md}$，$t = \dfrac{L}{v_0}$，

可推出 $Y_1 = \dfrac{qU_2L^2}{2mdv_0^2}$，$Y_2 = l\tan\theta$，$Y = Y_1 + Y_2$，

减小偏转板与承印材料的距离可使字迹缩小，C

正确，A、B、D 错误。

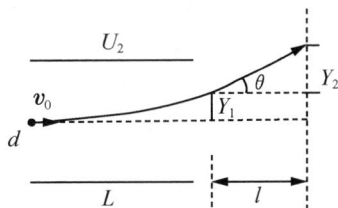

图 9-12　带电粒子运动分析图

　　总之，物理复习课是一项比较系统、复杂、多变且具挑战性的教学活动，教学要求较多、较高，教师应该高度重视。再补充提示以下几点。

　　第一，要以学生为主体。

　　复习过程是一个信息交流的过程，在这个过程中，学生是主体，教学内容是客体，教师是主导，教师起着沟通学生与教学内容的作用。物理复习课切忌喧宾夺主，不要以教师的讲代替学生的学，应该把学习的主动权交给学生，发挥学生的主体作用，使学生由被动变为主动、由配角变为主角，真正做学习的主人。

　　例如，可让学生自己整理知识结构（可以独立，也可以分组），在此过程中，学生的学习积极性会大大提高。学生运用自己所掌握的知识点，发挥自己的想象力，以各种各样的形式整理出一章的知识结构。通过这样的复习和自己的归纳、整理，学生对知识体系的掌握更加深入。

　　第二，要以方法为核心。

　　物理学的科学研究方法是无数科学家的智慧，是物理学的精髓。学会科学方法，学生会终身受益。教师在课堂上应重点剖析一些综合性和探索性较强、能充分体现方法的情境问题，实现方法的迁移，给学生以示范和启发，使学生体会并领悟怎样应用方法，从而感受到科学方法的魅力，在潜移默化中受到科学方法的熏陶和教育。

　　例如，物理模型的建构不仅要使学生知道模型是连接理论和应用的桥梁，经验材料、实验事实和背景知识是建构物理模型的基础，从实际问题中抽象出物理模型是解决问题的关键，还要让学生掌握抽象、等效、假设、类比等建构物理模型的基本方法。在建构物理模型时，教师要指导学生对信息进行加工和提炼，突出主要因素，忽略次要因素，通过思维加工，采用恰当的方法，找出

问题与熟悉的物理模型之间的联系，使信息与原有知识之间的联系通道畅通无阻，这样就可以使问题顺利模型化，构建起符合情境的物理模型。

第三，要以能力为目标。

知识和能力二者是密切相关的，知识的积累和增长的确是能力产生和发展的必要条件，但仅有知识并不能自然产生能力。因此，教师在复习中要注意培养学生分析问题、辨别问题和解决问题的能力。

例如，对于处理和表达信息能力的培养，教师可以通过文字描述、数据表格、数理图像、示意图等方式呈现大量信息，要求学生运用所学知识，选择恰当方法，对给定的信息进行处理、分析和综合。

此外，教师在物理复习课中要特别关注环保、能源、可持续发展、高科技等社会热点问题，注重物理与生产生活实际的联系，重视渗透科学、技术和社会协调发展的思想，突出科学性和人文性的有机结合。

【拓展阅读】

中学物理思维导图

作思维导图是进行中学物理复习的一种有效方法，图 9-13 和图 9-14 分别列举了初中物理和高中物理的思维导图样例，供参考。

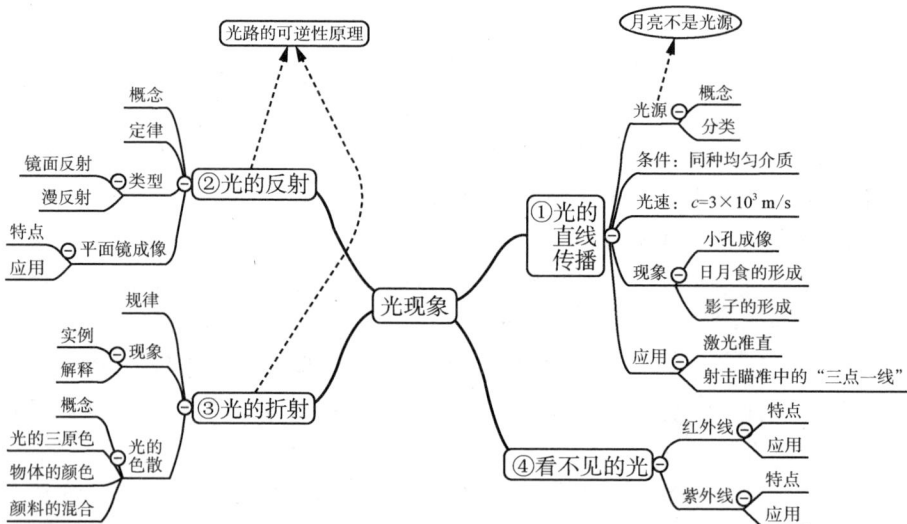

图 9-13　初中物理思维导图样例

注：此样例来自微信公众号"环球物理"。

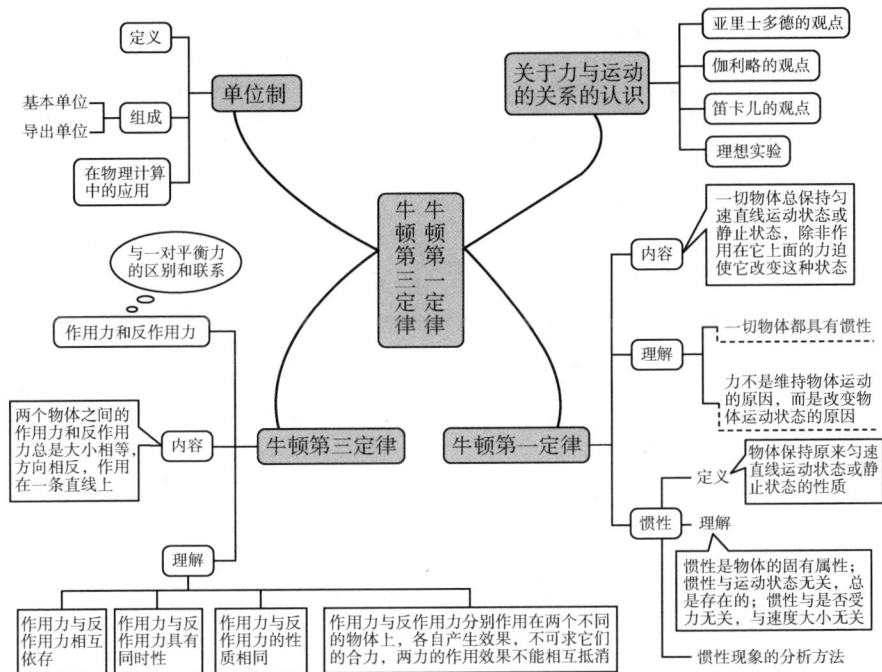

图 9-14　高中物理思维导图样例

注：此样例来自微信公众号"环球物理"。

第三节　物理复习课的教学设计案例分析

　　复习教学不只是简单地再现学过的内容，也不只是为了防止遗忘。复习可以进一步揭示学生先前未注意到的知识或概念之间的联系，从而使学生对已熟悉的物理知识或概念理解得更加全面、深刻，更加深入认识物理的本质，获得更加简明扼要、牢固可靠的结论，达到温故而知新的目的。

　　在物理复习课教学之前，教师需要精心设计，要了解学生课前的状态，包括学生已掌握了哪些知识、技能，存在哪些疑难和困惑，了解学生的学习习惯、方法等。同时教师要清楚物理复习课的任务，特别是在物理学科核心素养方面预设的目标，根据学生的实际情况与物理复习课计划实现的教学目标和任务，选择和利用恰当的课程资源和相应的教学策略。下面以"匀变速直线运动的研究"专题复习为例，进行教学设计与分析。

一、"匀变速直线运动的研究"复习课教学设计案例

"匀变速直线运动的研究"出自人教版高中物理教材必修1第二章，是在质点、参考系、时间、位移、速度、加速度等描述运动的基本物理量的基础上展开的。学生主要学习匀变速直线运动的速度、加速度、位移和时间之间的关联性，再通过自由落体运动规律的探索和应用，学生对匀变速直线运动有更深入的了解和认识。通过本章的学习，学生能够初步掌握匀变速直线运动的基本规律，并清楚自由落体运动与竖直上抛运动所具备的内在联系。下面主要呈现该复习课教学设计的教学过程环节。

（一）创设情境，提出问题

教师播放一段视频：一辆汽车遇到紧急情况刹车至静止。

教师：这辆车从刹车到静止这段时间做什么运动呢？

学生：匀变速直线运动。

目的：通过汽车刹车这一情境引入复习课，让学生感受到匀变速直线运动在生活中的常见性，激发学生的学习兴趣。

（二）探索交流，系统建构

教师：表述匀变速直线运动有哪些方式呢？

学生：文字描述、数学表达式、图像。

目的：通过回顾三种表述方式展开复习，强化规律学习的方法。

1. 匀变速直线运动的文字表述

教师：用文字可以从哪几个方面进行表述呢？

学生：可以从匀变速直线运动的定义、特点、分类三个方面。

教师：匀加速直线运动和匀减速直线运动两个运动之间存在什么样的关联性？

学生：竖直上抛运动存在两个阶段，在下降阶段属于自由落体运动。

教师出示匀变速直线运动的规律思维导图（如图9-15所示），总结文字表述匀变速直线运动的三个方面。

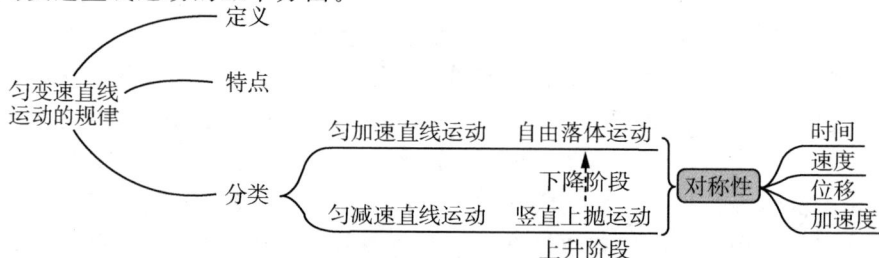

图9-15 匀变速直线运动的规律思维导图

2. 匀变速直线运动的数学表达

教师：匀变速直线运动的基本公式有哪些？下面请同学们快速默写基本公式，并把它们拓展到初速度为 0 的情境。

学生默写公式：

$$①v=v_0+at \qquad\qquad v=at$$

$$②x=v_0t+\frac{1}{2}at^2 \qquad\qquad x=\frac{1}{2}at^2$$

$$③v^2-v_0^2=2ax \qquad\qquad v^2=2ax$$

教师：除了三个基本公式，还有三个重要的推导公式，请同学们根据基本公式进行推导，求出中间时刻的速度、中间位置的速度和连续相等时间间隔的位移差。

学生利用基本公式得到推导公式：

$$①v_{\frac{t}{2}}=\frac{v_0+v}{2} \qquad\qquad v_{\frac{t}{2}}=\frac{v}{2}$$

$$②v_{\frac{x}{2}}=\sqrt{\frac{v_0^2+v^2}{2}} \qquad\qquad v_{\frac{x}{2}}=\sqrt{\frac{v^2}{2}}$$

$$③\Delta x=aT^2 \qquad\qquad \Delta x=aT^2$$

教师补充：第三个公式经常用来处理纸带，还可以拓展为 $x_m-x_n=(m-n)aT^2$，其中 m，n 分别指固定时间间隔的第 m 段和第 n 段。

目的：通过合作学习，活跃学生思维。

教师：在整个匀变速直线运动中，可以利用比例式的方式进行阐述和介绍，主要包括哪些呢？

学生小组合作，推导关系式。

当时间等分时：

①T 末、$2T$ 末、$3T$ 末……nT 末的瞬时速度之比为：

$$v_1：v_2：v_3：\cdots：v_n=1：2：3：\cdots：n$$

②T 内、$2T$ 内、$3T$ 内……nT 内的位移之比为：

$$x_1：x_2：x_3：\cdots：x_n=1^2：2^2：3^2：\cdots：n^2$$

③第一个 T 内、第二个 T 内、第三个 T 内……第 n 个 T 内的位移之比为：

$$x_{\mathrm{I}}：x_{\mathrm{II}}：x_{\mathrm{III}}：\cdots：x_{\mathrm{N}}=1：3：5：\cdots：(2n-1)$$

当位移等分时：

①前 x 末、前 $2x$ 末、前 $3x$ 末……前 nx 末的瞬时速度之比为：

$$v_1：v_2：v_3：\cdots：v_n=\sqrt{1}：\sqrt{2}：\sqrt{3}：\cdots：\sqrt{n}$$

②通过前 x、前 $2x$、前 $3x$……前 nx 的位移所用的时间之比为：

$$t_1 : t_2 : t_3 : \cdots : t_n = \sqrt{1} : \sqrt{2} : \sqrt{3} : \cdots : \sqrt{n}$$

③通过连续相同的位移所用时间之比为：

$$t_{\mathrm{I}} : t_{\mathrm{II}} : t_{\mathrm{III}} : \cdots : t_N = \sqrt{1} : (\sqrt{2} - \sqrt{1}) : (\sqrt{3} - \sqrt{2}) : \cdots : (\sqrt{n} - \sqrt{n-1})$$

通过小组合作、教师讲解，学生真正地理解公式，避免死记硬背。对重点公式再次推导，加深对公式的理解。

教师出示匀变速直线运动公式思维导图（如图 9-16 所示），总结用数学表达式表示匀变速直线运动的相关内容。

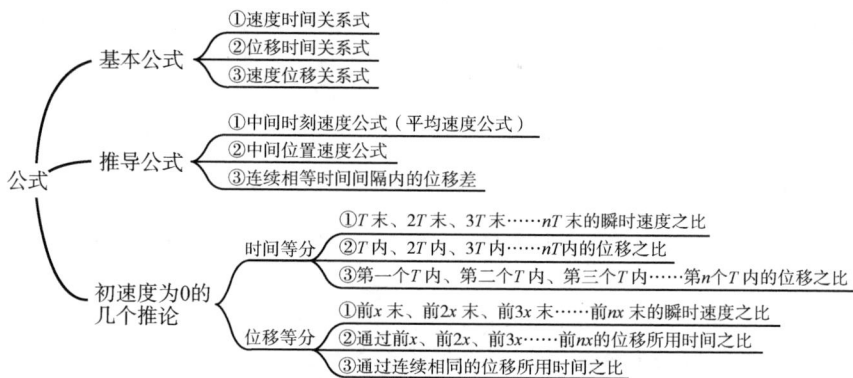

图 9-16 匀变速直线运动公式思维导图

3. $v\text{-}t$ 图像与 $x\text{-}t$ 图像

教师：除了公式，还可以用图像表示匀变速直线运动，那同学们请思考，常见的表示匀变速直线运动的图像有哪几种呢？

学生：有两种，分别是 $v\text{-}t$ 图像与 $x\text{-}t$ 图像。

教师：对于 $v\text{-}t$ 图像，可以怎样解读呢？

学生：从纵截距能读出初速度，从横截距能读出运动方向改变的时刻，从斜率能读出加速度，折点代表加速度的方向发生改变，交点代表速度大小相等，面积代表位移。

教师：对于 $x\text{-}t$ 图像，应从哪些方面解读呢？

学生思考并回答。

教师：同学们总结得很全面，以后遇到图像问题的时候，首先应该看清楚是什么图像，然后根据所求问题从不同方面进行解读，一般归结为以下几个方面（如图 9-17 所示）。

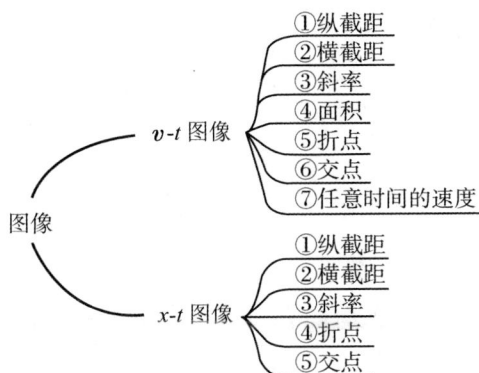

图 9-17 匀变速直线运动图像思维导图

4. 自由落体运动与竖直上抛运动

教师：通过这三方面的复习，相信大家对匀变速直线运动的认识更加深刻。在处理自由落体运动的时候，只需要将初速度为 0、加速度为 g 代入就可以使问题得到解决。在处理竖直上抛运动上升阶段问题的时候，通常转化为反向的自由落体运动。

5. 实验

教师：物理规律的得出往往需要一定的实验基础，匀变速直线运动的规律也是建立在实验的基础之上的。探究小车速度变化的规律，在做这个实验的时候有哪些需要注意的呢？

学生思考并回答。

教师：如何处理纸带来求出位移与速度呢？

学生思考并回答。

教师总结并展示打点计时器测速度实验思维导图（如图 9-18 所示）。

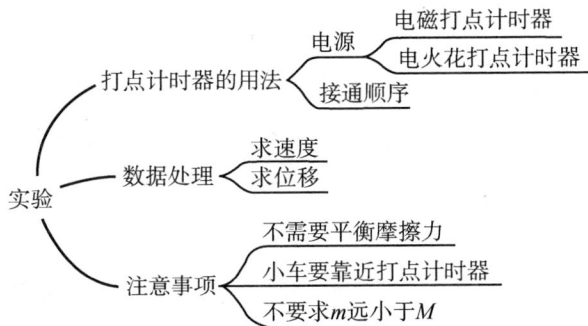

图 9-18 打点计时器测速度实验思维导图

233

（三）练习反馈，要点突破

练习 1：汽车以 20 m/s 的速度做匀速直线运动，发现前方有障碍物立即刹车，刹车的加速度大小为 5 m/s²，汽车刹车后第 2 s 内的位移和刹车后 5 s 内的位移为（   ）

A. 30 m，40 m

B. 30 m，37.5 m

C. 12.5 m，40 m

D. 12.5 m，37.5 m

分析：汽车速度减为零的时间 $t = \dfrac{v}{a} = \dfrac{20}{5}$ s$=4$ s，则汽车在 4 s 时停止。

1 s 内的位移为 $x_1 = v_0 t_1 - \dfrac{1}{2} a t_1^2 = 20 \times 1$ m $- \dfrac{1}{2} \times 5 \times 1^2$ m $= 17.5$ m

2 s 内的位移为 $x_2 = v_0 t_2 - \dfrac{1}{2} a t_2^2 = 20 \times 2$ m $- \dfrac{1}{2} \times 5 \times 2^2$ m $= 30$ m

第 2 s 内的位移为 30 m $-$ 17.5 m $=$ 12.5 m

5 s 内的位移为 $x_3 = v_0 t_3 - \dfrac{1}{2} a t_3^2 = 20 \times 4$ m $- \dfrac{1}{2} \times 5 \times 4^2$ m $= 40$ m

故 C 正确。

总结：该问题的过程比较简单，涉及刹车问题时一般要考虑车速减为零的时间，结合题中的问题选择合适的公式进行解答，但需要结合实际情况进行分析。该问题是一个实际情境题，车速减为零后加速度也立即变为零，汽车不会再反向加速运动，这是解题的一个关键，可以锻炼学生把理论知识用于实际情境。

练习 2（多选）：汽车由静止开始从 A 点沿直线 ABC 做匀变速直线运动，第 4 s 末通过 B 点时关闭发动机，再经 6 s 到达 C 点时停止。已知 AC 的长度为 30 m，则下列说法正确的是（   ）。

A. 通过 B 点时的速度是 3 m/s

B. 通过 B 点时的速度是 6 m/s

C. AB 的长度为 12 m

D. 汽车在 AB 段和 BC 段的平均速度相同

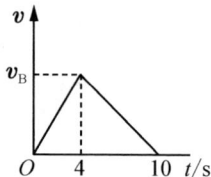

图 9-19　v-t 图像

分析：汽车由静止开始从 A 点沿直线 ABC 做匀变速直线运动，画出 v-t 图像。如图 9-19 所示，可得 $x_{AC} = \dfrac{1}{2} v_B t$，解得 $v_B = 6$ m/s，所以选项 B 正确；

$0\sim4$ s 内，$x_{AB}=\dfrac{1}{2}v_Bt_1=12$ m，所以选项 C 正确；由 $\overline{v}=\dfrac{v_0+v_t}{2}$，可知汽车在 AB 段和 BC 段的平均速度相同，所以选项 D 正确。

总结：本题主要是对匀变速直线运动中平均速度的考查，同时结合 $v\text{-}t$ 图像对该问题获得更加深入的认识。

练习 3：如图 9-20 所示，篮球架下的运动员原地垂直起跳扣篮，离地后重心上升的最大高度为 H。上升第一个 $\dfrac{H}{4}$ 所用的时间为 t_1，上升第四个 $\dfrac{H}{4}$ 所用的时间为 t_2。不计空气阻力，则 $\dfrac{t_2}{t_1}$ 满足（　　）。

A. $1<\dfrac{t_2}{t_1}<2$　　　　　　B. $2<\dfrac{t_2}{t_1}<3$

C. $3<\dfrac{t_2}{t_1}<4$　　　　　　D. $4<\dfrac{t_2}{t_1}<5$

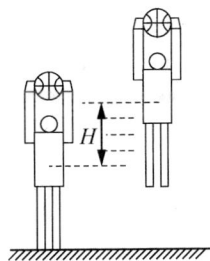

图 9-20　起跳扣篮

分析：运动员的竖直上抛运动可等同于从一定高度处开始的自由落体运动，所以上升第四个 $\dfrac{H}{4}$ 所用的时间为 $t_2=\sqrt{\dfrac{2\times\dfrac{H}{4}}{g}}$，上升第一个 $\dfrac{H}{4}$ 所用的时间为 $t_1=\sqrt{\dfrac{2H}{g}}-\sqrt{\dfrac{2\times\dfrac{3}{4}H}{g}}$，因此有 $\dfrac{t_2}{t_1}=\dfrac{1}{2-\sqrt{3}}=2+\sqrt{3}$，即 $3<\dfrac{t_2}{t_1}<4$。选项 C 正确。

此题也可以直接用初速度为零的匀加速直线运动的比例式来进行计算，连续相等的位移内的时间之比为 $1:(\sqrt{2}-1):(\sqrt{3}-\sqrt{2}):(2-\sqrt{3}):\cdots:(\sqrt{n}-\sqrt{n-1})$，可得：$\dfrac{t_2}{t_1}=\dfrac{1}{2-\sqrt{3}}=2+\sqrt{3}$，故 $3<\dfrac{t_2}{t_1}<4$。

总结：本题采用的是逆向思维法求解，很多物理过程具有可逆性（如运动的可逆性），在沿着正向过程或思维（由前到后或由因到果）分析受阻时，"反其道而行之"，沿着逆向过程或思维（由后到前或由果到因）来思考，有时可以化难为易、出奇制胜。

（四）课堂总结，巩固提升

教师引导学生总结本节课所学内容，课后学生自己绘制本章内容的思维导图。

二、案例分析

本节是匀变速直线运动的研究复习课。教师通过汽车刹车这一情境引入，让学生感受匀变速直线运动在生活中的常见性，激发学生的学习兴趣；通过回顾匀变速直线运动规律的三种表达方式，展开复习，强化规律学习的方法。通过思维导图的学习方式加深学生的理解。在复习过程中，教师一直处于主导地位，引领学生自己动手动脑复习公式的推导过程。对于各个知识要点的复习，教师展示思维导图，最后让学生自己动手绘制本章内容的思维导图，可有效锻炼学生的归纳综合和整合能力。

【思考练习】

1. 结合教学实例，谈一谈复习课在中学物理教学中的重要作用。

2. 物理复习课有哪些基本特征？

3. 物理复习课教学的基本要求有哪些？

4. 物理复习课教学一般可采用哪些方法？请选择其中一种方法在实际教学中进行应用。

5. 通过本章的学习，以"相互作用——力"一章为例写一个物理复习课教学设计。

【推荐阅读】

[1]阎金铎，郭玉英. 中学物理教学概论(第四版)[M]. 北京：高等教育出版社，2019.

[2]王从戎. 物理课教学设计经典案例研究[M]. 武汉：武汉大学出版社，2015.

[3]张红明. 高考物理备考中的整合教学实践研究——以势能专题复习为例[J]. 物理通报，2020(10)：35-38.

[4]胡生青，卞望来，李威. 高三物理"思维链"问题情境复习教学的实践——以"力学中的图像问题"为例[J]. 物理教学探讨，2020(11)：3-6.

[5]胡卫雄. 核心素养导向下的进阶式复习课教学设计——以"电势差与电场强度的关系"为例[J]. 中学物理教学参考，2020(22)：26-30.

［6］田成良，王峰．深度学习下单元教学的重点、难点与路径——谈物理思维课堂的建构策略［J］．物理教师，2021(3)：14-17.

［7］杜傲林，冯一兵，张文博，等．初中物理复习教学的误区及建议［J］．理科考试研究，2019(12)：43-45.

［8］武志伟．思维导图在促进学生物理概念结构化的应用——以复习课为例［D］．北京：中央民族大学，2019.

［9］张成娇．PBL教学模式在初中物理复习课的应用策略研究［D］．苏州：苏州大学，2020.

［10］周妮娜．高三物理复习课导学案的设计与应用研究——以《交变电流》专题复习课为例［D］．长春：东北师范大学，2021.

第十章　物理"跨学科实践"的教学设计

章前导语

　　"跨学科实践"是物理课程内容的重要组成部分，旨在发展学生跨学科应用知识的能力、分析和解决问题的综合能力、动手操作的实践能力，培养学生积极认真的学习态度和乐于实践、敢于创新的精神。它也是物理课程学习的重要方式，学生在物理"跨学科实践"活动中形成物理观念、发展科学思维、提升探究能力、培养科学态度与责任。本章可以帮助了解物理"跨学科实践"的内涵、特征及教学要求，提高物理"跨学科实践"主题教学的设计能力。

　　本章共有三节内容：第一节分析物理"跨学科实践"的内涵与特征；第二节分析物理"跨学科实践"的教学要求；第三节展示并分析物理"跨学科实践"的教学设计案例。

第一节　物理"跨学科实践"的特征

　　相较于物理概念课、规律课，物理"跨学科实践"是一种比较新的课型。教师首先要明确什么是物理"跨学科实践"，物理"跨学科实践"与"综合实践活动"之间的关系是什么，物理"跨学科实践"有哪些主要特征和育人价值。

一、物理"跨学科实践"的内涵

（一）什么是物理"跨学科实践"

　　"跨学科实践"既是物理课程内容的重要组成部分，又是物理课程学习的重要方式。从课程内容的角度看，"跨学科实践"具有跨学科性特点，包含物理学与日常生活、物理学与工程实践、物理学与社会发展，密切联系与日常生活、工程实践、社会发展相关的物理学内容，是物理课程内容的重要组成部分。从课程学习方式的角度看，"跨学科实践"具有实践性特点。它是把物理学具有联系实际价值的节点性知识作为突破口，综合组织设计教学内容，优化教学过程，从而建构物理概念、获得物理规律、应用物理知识的重要学习方式。

　　物理"跨学科实践"与新课程理念一致，以促进学生个性的自主和谐发展为基点，课程建立在学生浓厚的学习兴趣和强烈的内在学习需要的基础上，强调主动探究式学习，是培养学生创新精神和实践能力、推进素质教育的一种新的尝试和实践活动。

在物理课程的教学中，教师要让学生学到知识，更要让学生得到能力的提高。"跨学科实践"是新课程改革的亮点，倡导学生通过自主探究和积极实践获得亲身体验，发展学生的创新精神和实践能力。

(二)物理"跨学科实践"与"综合实践活动"的关系

物理"跨学科实践"主题学习活动与义务教育课程体系中的"综合实践活动"是两个不同的概念。物理"跨学科实践"是物理课程的学习内容与学习方式，"综合实践活动"在义务教育课程类别与科目设置中是独立的课程，两者在学习内容上有交叉的成分，在学习方式上有相似之处，但在课程性质上完全不同。物理"跨学科实践"与"综合实践活动"是相对独立的，不能用"综合实践活动"代替物理"跨学科实践"主题学习活动。

在《义务教育课程方案(2022年版)》中，"跨学科"一词多次出现。"前言"部分明确指出各学科课程标准优化了课程内容结构，包括设立跨学科主题学习活动，加强学科间相互关联，带动课程综合化实施，强化实践性要求。"基本原则"部分指出要"加强课程综合，注重关联"，具体为："加强课程内容与学生经验、社会生活的联系，强化学科内知识整合，统筹设计综合课程和跨学科主题学习。加强综合课程建设，完善综合课程科目设置，注重培养学生在真实情境中综合运用知识解决问题的能力。开展跨学科主题教学，强化课程协同育人功能。"这里对跨学科主题学习活动的描述和综合课程是并列关系，跨学科主题教学是以学科为基础的，是在强化学科内知识整合的同时，在学科教学的过程中开展跨学科主题教学，强化课程协同育人功能。

在"课程设置"部分，与跨学科相关的表述为："国家课程设置道德与法治、语文、数学、外语(英语、日语、俄语)、历史、地理、科学、物理、化学、生物学、信息科技、体育与健康、艺术、劳动、综合实践活动……综合实践活动侧重跨学科研究性学习、社会实践。"这里提到的跨学科是综合实践活动中的跨学科研究性学习和社会实践。

在"课程标准编制与教材编写"部分，与跨学科相关的表述为："基于核心素养培养要求，明确课程内容选什么、选多少，注重与学生经验、社会生活的关联，加强课程内容的内在联系，突出课程内容结构化，探索主题、项目、任务等内容组织方式。原则上，各门课程用不少于10％的课时设计跨学科主题学习。"这里提到的跨学科是以学科为基础的跨学科，明确规定了学科课程内容设置中必须有跨学科内容的设置，且跨学科主题学习活动的时间不少于总课时的 10%。

在"课程实施"部分，与跨学科相关的表述为："鼓励将小学一至二年级道德与法治、劳动、综合实践活动，以及班队活动、地方课程和校本课程等相关内容整合实施。统筹各门课程跨学科主题学习与综合实践活动安排。"这里明确提出跨学科主题学习活动与综合实践活动相互独立，应避免相互取代，不能用综合实践活动代替跨学科主题学习活动。

（三）物理"跨学科实践"的育人价值

"跨学科实践"可以发展学生跨学科运用知识的能力、分析和解决问题的综合能力、动手操作的实践能力，培养学生积极认真的学习态度和乐于实践、敢于创新的精神。物理本身是一门综合性、实践性很强的学科，在塑造和提升学生核心素养方面发挥着不可替代的作用。因此，物理"跨学科实践"主题的学习是培养学生自主创新意识和实践能力的重要途径，对提高学生的综合素质具有重要意义。

以立德树人为导向的教育要求在全面发展基础上高度关注和加强学生的社会责任感、创新精神、实践能力。物理"跨学科实践"为学生构建开放的学习环境，提供多渠道获取知识并将知识综合应用于实践的机会，强调学生的主动参与，重视学生在实践活动中的主观感受和过程体验。因此，这种实践导向的学习活动有助于提升学生的动手实践能力，培养其发现问题、解决问题以及收集、分析和利用信息的能力，引领其感悟科学与社会的联系，形成正确的观念。这些体验、能力与观念超越学科界限而存在，对学生终身发展具有极大意义。"跨学科实践"以此实现学科壁垒的突破，培养适应未来社会的时代新人。

物理"跨学科实践"的目标是培养学生的综合实践能力、科学探究与创新精神以及社会责任感，并为学生确立正确的价值观、形成良好的情感和态度奠定基础。实践课需要学生的认知、能力、情感、态度和价值观的共同参与，是强调实践、感知和思考共同参与的整体学习。它是一种既把学生课内的学习内容同课外生活相结合，又把物理学科知识和其他学科知识密切统一的整体化课程。物理"跨学科实践"强调学生的主动参与，重视学生在实践活动中的主观感受和过程体验，并以物理学习兴趣的激发和学生的内在动机与需要的维持为基础，以主动探究、勇于实践为主要特征，从而实现学生主体综合能力的发展。由此可见，物理"跨学科实践"课程的开展是培养学生学习兴趣与提升学生学习综合能力的有效途径。

物理"跨学科实践"着眼于改变学生以单纯接受教师传授的知识为主的学习

方式，促进学生形成积极的学习态度和良好的学习策略。这种实践课有助于学生获得亲身参与研究、探索的体验，帮助学生建立物理观念、发展科学思维、提升探究能力、形成科学态度与责任。

二、物理"跨学科实践"的主要特征

"跨学科实践"具有跨学科性和实践性特点，从内容和教学过程两个角度分析，其具有以下特征。

（一）实践性

实践性是"跨学科实践"的首要特征。"跨学科实践"强调以学生为主体，是基于真实问题解决的实践活动。

课程方案指出，义务教育要"使学生有理想、有本领、有担当，培养德智体美劳全面发展的社会主义建设者和接班人"。同时为落实培养目标，课程方案提出了"变革育人方式，突出实践"的基本原则。课标在此基础之上进一步明确指出，义务教育物理课程要注重培养学生适应个人终身发展和社会发展需要的正确价值观、必备品格和关键能力；注重时代性，加强与生产生活、社会发展及科技进步的联系；注重"知行合一、学以致用"，体现物理课程基础性、实践性等特点。可见，新课程理念体现出核心素养背景下的课程改革要求，强调必备品格和关键能力的培养，注重运用知识技能解决现实课题所必需的思考力、判断力、表达力及人格品性的提升。要转变育人方式、培养关键能力，实践是必然路径，将实践纳入物理课程结构是发展学生核心素养的必然选择。

（二）跨学科性

"跨学科实践"是基于真实问题解决的实践，而真实问题往往并不是单一学科知识能够解决的问题，因而"跨学科"是解决实际问题的必然途径。"跨学科实践"的跨学科性特征反映了实际问题的复杂性和知识的关联性，各学科知识之间是相互联系而非孤立存在的，它们在真实问题解决的过程中有机融合。

虽然"跨学科实践"在义务教育物理课程中是一个新主题，但跨学科教育的理念由来已久，其中影响力较大的是 STEM 教育理念。STEM 教育强调科学、技术、工程、数学的整合，往往通过在真实情境中解决实际问题来实现学科融合。"跨学科实践"的学科类别界定与之类似，但其学科远远超越了 STEM 教育强调的四门学科。只要能帮助学生解决问题、实现素养发展，各学科都可以在"跨学科实践"教学之中完美融合。

物理学科与其他学科的知识联系紧密，例如，以环境保护为主题的"跨学科实践"过程涉及的知识内容与物理学中的物质、能量等主题知识密切相关，同时与生物、化学等学科知识密切相关。因此，开展物理"跨学科实践"活动要以物理学科知识为主，灵活运用物理学科中的知识和技能，同时有机融合其他相关学科知识，做到兼容并蓄、融会贯通，以达到培养学生跨学科思维能力的目的。

（三）立足于本学科

物理"跨学科实践"应立足于物理课程，指向物理课程着力培养的核心素养。这里的"跨学科"主要是跨出本学科知识的视野，把物理课程的知识跟日常生活、工程、社会发展结合起来，综合分析和具体解决真实的现实问题。显然，这一结合是以物理学科为支点的多学科融合，具有明显的物理学科特征。物理"跨学科实践"是以物理课程为起点的循序渐进的实践过程，需要把物理概念、物理规律和物理方法应用于实践活动的主要过程，因而应是立足于物理学的。

当然，物理"跨学科实践"在立足于物理学的同时也是跨越物理学的，教学实践要处理好立足于本学科与"跨学科"的关系。选取"跨学科实践"的课题时既要立足于物理课程内容，又要跨出物理学科。活动设计者应以物理教师为主，可邀请相关学科教师共同研究、确定方案。物理"跨学科实践"活动应以物理学科为主线，在探究问题和解决问题的过程中，自然有机融合其他学科。

物理"跨学科实践"活动会涉及大量的实际问题，教师应引导学生立足于物理课程，用物理学的视角审视分析问题，用物理学的思想方法解决问题，并在解决实际问题的过程中跨越单一学科领域的束缚，综合应用多学科知识解决问题，在发展物理学科核心素养的同时全面发展学生的综合素养。

（四）学生参与的自主性

在物理"跨学科实践"活动内容的具体选择与设计上，教师可以根据学生、学校与社区的具体情况，灵活地选择活动项目。只有符合学生本人意愿和内在需要的活动才能够产生巨大的内驱力，学生在活动时才有更强的自愿性、迫切性和持久性。此外，整个实践过程都是以学生活动为中心的，在教师的指导下，学生从他们的现实生活场景中自主选择和设计主题，并通过参与活动的设计、准备和组织经受各种考验，培养独立性、自觉性、创造性等能力，为以后走向社会、独立从事实际工作打下良好的基础。

新课程理念强调学生是学习和发展的主体。教师必须根据学生身心发展规律和学科学习特点，关注学生的个体差异和不同的学习需求，因材施教，充分激发学生的主动意识和进取精神，提倡自主、合作、探究的学习方式。因此，在实践活动中，教师要给学生提供自主学习的机会，让他们自主选择研究课题、确定研究目标、安排研究进度，并适时地进行自我矫正、自我评价、自我激励。

（五）活动形式的多样性特征

活动形式的多样性是"跨学科实践"的重要特征。"跨学科实践"以培养学生的兴趣、发展学生的必备品格与关键能力为目的。学生客观上存在差异性，所以在活动的开放性和组织形式上要因人、因组、因班而异。"跨学科实践"活动的组织形式应是多样的，活动时间、参与人数具有灵活性，即使是同一活动内容，也可采取不同的组织形式。

"跨学科实践"是一个开放的实践过程，强调学生亲身经历，在过程中发现和解决问题，体验和感受生活，发展实践能力和创新能力。实践活动的形式丰富多彩、不拘一格，可以是实验探究，也可以是考察、调查、设计、制作等。例如，通过办黑板报、出"物理专刊"、开放实验室、观看科技录像、参观科技展会、实地考察与调研、主题科学探究等方式，寓教学于活动，在激发学生兴趣的同时拓宽实践活动空间，实现教学的开放性。

三、物理"跨学科实践"的内容主题

"跨学科实践"是物理课程内容的重要组成部分，依据义务教育物理课程标准，主要包含物理学与日常生活、物理学与工程实践、物理学与社会发展三个部分。

（一）物理学与日常生活

物理作为一门源于生活的学科，与我们的生活息息相关。物理学也贯穿人类文明的发展历程，从远古时期的钻木取火到如今信息化社会的建设，都少不了物理学的发展。

在进行物理"跨学科实践"的过程中，教师需要结合日常生活，引导学生做到以下几点：一是发现日常生活中与物理有关的问题，分析形成原因，提出解决方案；二是运用所学知识分析日常生活中的安全问题，提出可行的解决方案，践行安全与健康生活理念；三是运用所学知识指导和规范个人行为，形成低碳生活、节能环保等意识。

在"跨学科实践"教学中，教师要注意贴近学生的生活，关注学生的自主发展；结合当地特点，围绕现实生活和社会发展的热点问题选择和确定研究主题，激发学生的求知欲和学习热情，让学生在"跨学科实践"活动中学到知识、学会方法，养成良好的学习习惯；引导学生积极参与团队活动，提升其团队意识和协作能力。

在教学实践中，教师可以布置与日常生活相联系的课后作业，如通过资料查阅、商店咨询和实物考察，分析自行车涉及的物理知识，选择感兴趣的主题写一篇小论文；或者了解家庭用电线路的安全设置要求，撰写简单的研究报告；也可以了解机动车的尾气排放情况，撰写关于城市污染和汽车尾气排放的研究报告等。以此巩固所学知识，建立知识系统，优化学习效果。

(二)物理学与工程实践

从生活到物理，从物理到技术，物理学的发展与工程技术的联系密不可分。教师需要结合工程技术引导学生做到以下几点：第一，了解我国古代技术应用的案例，体会我国古代科技对人类文明发展的促进作用；第二，调查物理应用于工程技术的案例，体会物理对工程技术发展的促进作用；第三，了解物理在信息技术中的应用。在进行物理"跨学科实践"的过程中，教师可通过讲解我国古代的技术应用案例，让学生体会我国古代科技对人类文明发展的促进作用。布置相关的小组任务，例如，让学生了解我国古代龙骨水车的工作原理，尝试设计相关装置；让学生调查物理学应用于工程技术的案例，使学生体会物理学对工程技术发展的促进作用；或者让学生了解物理学在信息技术中的应用，如信息记录或传播，使学生体会物理学对现代技术的促进作用。

在课程进行中，教师可以举办我国古代科技发明作品展览；或者举办"简易滑翔机制作比赛"等活动，让学生利用所学知识分析原理、绘制设计图、选用材料、制作样机并进行比赛。学生在参与活动的过程中提高动手实践能力，培养创新精神。同时，教师要注意在整个课程设计过程中突出问题导向，重视迁移能力的培养，创设联系生活、工程等的真实问题情境，引导学生发现问题、提出问题、分析问题和解决问题，通过观察、实验、设计和制作等活动提高学生的技术意识、工程思维和动手操作能力。

(三)物理学与社会发展

物理学的发展孕育了技术的革新，促进了物质生产的繁荣，改变了人类的生产生活方式，提高了人类的生活水平，推动了社会的进步。物理技术与理论相互推进，并广泛应用于科学技术和科学研究的各个部门，成为科学技术创新和革命的重要动力，极大地促进了物质生产的发展和精神文明的进步。教师需要结合社会发展引导学生做到以下几点：第一，结合实例，尝试分析能源的开发与利用对社会发展的影响；第二，结合实例，了解一些新材料的特点及应用，了解新材料的研发与应用对社会发展的影响；第三，了解我国科技发展的成就，增强科技强国的责任感和使命感。

例如，在"能源的开发与利用"一节中，教师引导学生查阅资料并举办报告会，讨论能源利用对环境的影响，同时结合对当地能源利用状况的调查结果提出改进建议；或者引导学生结合实例了解一些新材料的特点及其应用，进而了解新材料的研发与应用对社会发展的影响；也可以鼓励学生了解半导体、超导体的主要特点，展望超导体应用对社会发展的影响；还可以引导学生了解我国科技发展的成就，增强科技强国的责任感和使命感，如鼓励学生讨论交流我国"两弹一星"的成就，了解赵忠尧、钱学森、邓稼先等伟大科学家的杰出贡献和爱国情怀，激发学生勇攀科技高峰的精神。

在课后环节，教师可以引导学生查阅资料。例如，研究环境污染治理比较成功的案例，完成一篇调研报告；也可以学习手机发展历程中的典型案例，体会通信技术的进步对社会发展的影响等。这样能使学生更加深刻地认识物理学与社会发展的联系。

此外，在教学实践过程中，教师还要注意拓展教学资源，增强教学内容的综合性、实践性和拓展性，提升学生的社会参与能力，真正让学生从生活走向物理、从物理走向社会。教师在教学中也要注意引导学生了解我国古代科技成果，关注我国最新科技进展，让学生通过资料查阅、现场考察、实物查看、比较分析等实践活动认识我国古代科技的悠久历史和当代科技的辉煌成就，从而提升学生的民族自豪感和国家认同感。

四、物理"跨学科实践"的活动形式

物理"跨学科实践"是在新课程改革背景下应运而生的新课型，教学内容涉及物理学与日常生活、物理学与工程实践、物理学与社会发展，涵盖了物理学在现实世界中的主要方面。"跨学科实践"没有固定的教学模式，它需要广大教师发挥自己的聪明才智，进行创造性的劳动，由师生共同开发实施，创造基于真实情境的实践活动。物理"跨学科实践"的活动形式不拘一格，下面是几种常见的活动形式。

（一）实验探究类实践活动

实验探究类实践活动首先要创设问题情境，再引导学生主动探求知识。教师从学科和生活中设计具有实践性的探究课题，或者学生提出自己感兴趣的课题，然后用类似于科学研究的方法主动探究、发现问题、解决问题、获得知识，使学生在实践中学会学习。

实验探究类实践活动有多方面的主题，涉及与日常生活、工程实践、社会发展方面相关的内容。例如，以"观察和体验人在生活或劳动中的杠杆模型"为探究主题，教师可以参考以下流程：首先教师通过在生活或劳动中的体验使学生建立杠杆的概念；然后让学生体会生活现象蕴含的物理知识，引导学生探究并了解杠杆的工作原理；再通过对多种杠杆实例的共同属性的概括，抽象出它们的本质特征，建构杠杆的物理模型；还可以通过了解人体结构让学生从物理学和生物学视角认识周围事物，综合运用多学科知识解释生活现象；最后引导学生学习杠杆工作时动力、阻力、动力臂、阻力臂之间的关系，加深对生活中的省力杠杆和省距离杠杆的认识。这种活动不仅综合了学科知识和实践，使物理知识和生活联系起来，也体现了课程活动的跨学科性。

（二）科学写作类实践活动

科学写作类实践活动是让学生通过查阅图书资料、网络资料或者参观采访等方式获取信息，再对这些资料进行整理加工，最终写成论文或出物理板报专栏等。资料查阅是学生获取物理学科前沿信息、科技成就、生产生活运用等方面知识的重要方式，是开阔学生视野、激发学生学习兴趣、启迪学生科学精神的重要途径。为了使学生获取更多物理新信息，可以邀请有关专家和本校教师，结合当下社会热点介绍一些与社会、生产、生活紧密联系的物理知识；也可以围绕"物理与科技""物理与环境""物理与能源""物理与生命科学""物理与日常生活"等主题开设讲座，帮助学生了解物理学对科技、生产、社会发展等的重要作用。这类课题通常与课堂教学内容相关，教师先指定题目，学生再利用收集的信息自主学习，这样可以开阔学生的视野，帮助学生有目的地获取物理知识及相关跨学科知识。例如，让学生了解深海、太空等的开发与利用技术，思考其对人类社会和平发展的意义。学生可以先在互联网上搜索或查阅图书资料等，再整理心得体会和收获，最后完成一篇小论文。

（三）科技制作类实践活动

科技制作类实践活动先给学生设定一个目标，再给学生留出足够的创造空间，让学生制作完成一个作品，锻炼学生的动脑动手能力。例如，在开展"制作水火箭"的实践活动中，教师先带领学生学习水火箭的原理、结构、材料性质等，再让学生进行小组分工，设计并动手制作简单的水火箭，最后让学生利用做出的水火箭进行比赛。在整个制作活动中，教师主要负责给学生讲解原理和结构，由学生自己设计并寻找合适材料。这种活动形式寓教于乐，有利于培养学生乐于实践的精神。又如，在"制作医用冷藏盒"这个主题中，教师先引导学生探究选择哪种保温材料，然后让学生用所选的材料自制一个冷藏盒并检验其保温性能。此类实践活动能使学生了解材料的物理属性，形成评估和改进方案的意识，同时加强物理学习与医学方面的联系。

物理"跨学科实践"在实施的过程中不仅要考虑学生的知识、经验和能力基础，还要考虑活动场地、时间、安全、器材、经费等因素，合理地选择活动内容、设计活动方案，使其具有可操作性。教师要从教学实际出发，根据学生身心发展的特点，创造性地设计不同的活动形式，使物理"跨学科实践"主题教学具有规范性和可操作性，提高教学质量，更好地发展学生的创造力及实践能力。

第二节　物理"跨学科实践"的教学要求

"跨学科实践"是提升学生问题解决能力的行之有效的教学形式。在《教育部关于全面深化课程改革 落实立德树人根本任务的意见》中指出："要在发挥各学科独特育人功能的基础上，充分发挥学科间综合育人功能，开展跨学科主题教育教学活动，将相关学科的教育内容有机整合，提高学生综合分析问题、解决问题能力。"基于此，教师和学校等相关教育人员在落实物理"跨学科实践"时要注意跨学科课程的实施要求。本节从物理"跨学科实践"的教学目标要求、教学过程要求、教学评价要求和教学设计策略四方面阐述课程实施过程中需注意的细节。

一、物理"跨学科实践"的教学目标要求

要设计一节课，首先要确定教学目标是什么。对于一般的学科课程而言，教学目标的表述只需内容明确、层次清晰，而"跨学科实践"的教学目标多样且复杂，既应有物理学科课程层面的教学目标，也应有综合实践能力和跨学科能力培养层面的教学目标，具体内容需要进一步辨析。

（一）从综合实践活动的视角看目标要求

尽管"跨学科实践"与中小学综合实践活动课程性质不同，但两者在培养学生综合实践能力方面的目标是一致的。下面是《中小学综合实践活动课程指导纲要》（以下简称《纲要》）对教学目标的阐述，其理念与目标要求可以为深入理解物理"跨学科实践"提供思考的角度。

本课程强调学生综合运用各学科知识，认识、分析和解决现实问题，提升综合素质，着力发展核心素养，特别是社会责任感、创新精神和实践能力，以适应快速变化的社会生活、职业世界和个人自主发展的需要，迎接信息时代和知识社会的挑战。

学生能从个体生活、社会生活及与大自然的接触中获得丰富的实践经验，

形成并逐步提升对自然、社会和自我之内在联系的整体认识，具有价值体认、责任担当、问题解决、创意物化等方面的意识和能力。

《纲要》对于初中阶段综合实践活动的具体目标要求如下。

①价值体认：积极参加班团队活动、场馆体验、红色之旅等，亲历社会实践，加深有积极意义的价值体验。能主动分享体验和感受，与老师、同伴交流思想认识，形成国家认同，热爱中国共产党。通过职业体验活动，发展兴趣专长，形成积极的劳动观念和态度，具有初步的生涯规划意识和能力。

②责任担当：观察周围的生活环境，围绕家庭、学校、社区的需要开展服务活动，增强服务意识，养成独立的生活习惯；愿意参与学校服务活动，增强服务学校的行动能力；初步形成探究社区问题的意识，愿意参与社区服务，初步形成对自我、学校、社区负责任的态度和社会公德意识，初步具备法治观念。

③问题解决：能关注自然、社会、生活中的现象，深入思考并提出有价值的问题，将问题转化为有价值的研究课题，学会运用科学方法开展研究。能主动运用所学知识理解与解决问题，并做出基于证据的解释，形成基本符合规范的研究报告或其他形式的研究成果。

④创意物化：运用一定的操作技能解决生活中的问题，将一定的想法或创意付诸实践，通过设计、制作或装配等，制作和不断改进较为复杂的制品或用品，发展实践创新意识和审美意识，提高创意实现能力。通过信息技术的学习实践，提高利用信息技术进行分析和解决问题的能力以及数字化产品的设计与制作能力。

《纲要》对于高中阶段综合实践活动的具体目标要求如下。

①价值体认：通过自觉参加班团活动、走访模范人物、研学旅行、职业体验活动，组织社团活动，深化社会规则体验、国家认同、文化自信，初步体悟个人成长与职业世界、社会进步、国家发展和人类命运共同体的关系，增强根据自身兴趣专长进行生涯规划和职业选择的能力，强化对中国共产党的认识和感情，具有中国特色社会主义共同理想和国际视野。

②责任担当：关心他人、社区和社会发展，能持续地参与社区服务与社会实践活动，关注社区及社会存在的主要问题，热心参与志愿者活动和公益活动，增强社会责任意识和法治观念，形成主动服务他人、服务社会的情怀，理解并践行社会公德，提高社会服务能力。

③问题解决：能对个人感兴趣的领域开展广泛的实践探索，提出具有一定

新意和深度的问题，综合运用知识分析问题，用科学方法开展研究，增强解决实际问题的能力。能及时对研究过程及研究结果进行审视、反思并优化调整，建构基于证据的、具有说服力的解释，形成比较规范的研究报告或其他形式的研究成果。

④创意物化：积极参与动手操作实践，熟练掌握多种操作技能，综合运用技能解决生活中的复杂问题。增强创意设计、动手操作、技术应用和物化能力。形成在实践操作中学习的意识，提高综合解决问题的能力。

了解综合实践活动的目标可以使我们更好地理解物理"跨学科实践"的目标，但同时要清楚物理"跨学科实践"的目标与综合实践活动的目标也存在很大的区别：综合实践活动不以知识为出发点，将综合素质的培养蕴含于实践活动当中，旨在通过活动提升学生多方面的素质；而物理"跨学科实践"注重物理学科知识的建构与应用，是立足于物理学科的实践活动形式，物理学科知识应用于问题解决和实践探究是其主线，旨在通过知识的应用推进学生的物理学科能力发展。

（二）从核心素养的视角看目标要求

"跨学科实践"中的学习与一般意义上的学科知识学习有所不同：学科知识学习以知识为中心，偏向间接经验的学习；而"跨学科实践"以经验为中心，偏向直接经验的获得。但两者并非完全割裂或对立的关系，都是为了实现教育的总目标，即培育学生的学科核心素养。"跨学科实践"与一般意义上的学科知识学习正逐步走向统一，在《普通高中物理课程标准（2017年版2020年修订）》的"教学建议"部分提到：

物理教学若仅以知识为线索展开，就会导致教学设计聚焦于知识，仅仅专注于学生获得知识，而忽视物理课程对学生物理学科核心素养的培养。为此，必须把培养物理学科核心素养作为物理教学的重要目标，将"物理观念""科学思维""科学探究""科学态度与责任"等物理学科核心素养的培养落实于教学活动中。

物理观念的形成和发展需要学生通过物理概念、物理规律等内容的学习及运用才能逐步形成。学习概念和规律是学生形成物理观念的有机组成部分。在教学中，通过对物理概念和规律的逐步学习、系统反思和迁移应用，可促进学生的物质观念、运动与相互作用观念和能量观念不断发展，使其学会用这些观念解释自然现象，解决生产生活中的实际问题。

课标教学建议指出了物理教学仅以知识为线索展开的不良结果，强调运用知识以形成物理观念的重要性。物理"跨学科实践"重在应用物理知识分析、解决实际问题，通常以真实问题的解决或实践项目的完成为线索，能够在一定程度上发展学生的物理学科核心素养。作为物理课程的一部分，"跨学科实践"以学生物理学科核心素养的提升为目标也是必然的。

《义务教育物理课程标准(2022年版)》从核心素养的角度对学生在"跨学科实践"方面的学业水平提出了明确的要求，包括物理观念、科学思维、科学探究、科学态度与责任四个方面。

能在跨学科实践中综合认识所涉及的知识；能用物理及其他学科知识解释与健康、安全等有关的日常生活问题，探索一些简单的工程与技术问题，分析与能源、环境等有关的社会热点问题，初步具有运用跨学科知识解决简单问题的能力。

能在跨学科实践中尝试找出影响活动成效的主要因素，能运用简单模型解决问题；能利用归纳或演绎的方法对跨学科问题进行推理，获得结论；能基于证据说明操作的合理性；能在操作中独立思考，提出自己的见解。

能在真实、综合的情境中发现问题，提出假设；能设计简单的跨学科实践方案，能通过调查等方式收集信息，提出证据；能对跨学科实践活动方案、实施过程及结果进行解释；能与他人共同实施方案，合作交流，并撰写简单的活动报告。

为我国古代科技发明感到自豪，能体会物理学对人类生活、工程实践和社会发展的影响；乐于思考与实践，敢于探索，勇于创新，进一步增强安全意识，践行健康生活；具有节能环保、促进可持续发展的责任感。

物理课程着力培养的核心素养在综合实践活动的目标中有多种体现，促进学生综合实践能力发展就是促进其核心素养发展。"跨学科实践"具有综合实践活动所没有的学科本位的特征，因此，在确定目标时，推动学生物理学科核心素养向更高水平发展是首要考虑因素。值得注意的是，物理学科核心素养的培养不能为了达到知识目标而弱化活动的存在，使得"跨学科实践"流于形式。知识目标应当嵌套在"跨学科实践"活动过程中去实现。

二、物理"跨学科实践"的教学过程要求

物理学科与实际生产生活的联系十分紧密，以物理学科为中心设计"跨学科实践"活动来解决实际问题具有极大的可行性。需要注意的是，教师在教学设计中要跳出"以知识为中心"的思维，将活动放在主导地位，并在实践中应用物理学科知识以及其他学科相关知识解决活动中产生的实际问题。其中，"跨

学科实践"活动的设计是一大难题。在实际教学中，教师往往感到无所适从，多体现在活动的设计缺乏指向性、活动的过程难以把控、设计出的部分活动可行性不足等。

"跨学科实践"的教学过程应突出内容的跨学科性以及教学活动过程的实践性，通过设计多样化的学习活动形式促进学生自主学习，引导学生在问题解决的过程中形成物理观念，提高科学思维及科学探究能力，形成科学态度与责任意识。

（一）恰当选择实践课题

选择课题是设计"跨学科实践"活动的第一步，可以参照《义务教育物理课程标准（2022年版）》的三个"跨学科实践"主题来选择合适的课题，课题的选择要注意以下几点。

第一，课题要具备现实意义。"跨学科实践"的课题要贴近学生的生活，关注社会热点问题，体现物理学科对于学生生活及社会发展与进步的重要意义。选择的课题应具有综合性、实践性的特点。

第二，课题相关活动应具备可行性。"跨学科实践"不同于一般课堂教学，对于客观条件要求较高。例如，制作类实践活动需要一定的材料和工具准备，在选取课题前要充分考虑客观条件的限制，确保能满足学生实践所需。

第三，课题要与物理学紧密相连。"跨学科实践"强调知识的跨学科应用，但跨学科也应建立在学科基础之上。物理"跨学科实践"需要以物理学科知识为中心，让学生在面对现实世界中的真实问题时能够应用物理学科知识并结合其他学科相关知识，通过跨学科的方式解决问题。

选择课题时应考虑以下几个因素：一是围绕现实生活、工程技术和社会发展的热点问题，问题的科学内容应贴合所学物理知识；二是尽量结合当地特点，这样能激发学生的学习热情，同时获取研究信息也比较方便；三是考虑跨学科，学习主题有利于跨出物理学科的视野，能从多角度观察、思考和分析问题。

（二）合理制定实践方案

开展"跨学科实践"的过程中有着很多不确定性，教师要预先制定好合理的实践方案，包括实践前的知识补充、材料准备，实践中的流程设计，实践后的评价等，以便更好地把握实践过程，使跨学科实践课程更加紧凑，开展更加流畅。

例如，可以以问题的解决过程为线索来制定实践方案，将"跨学科实践"的课题分解为若干驱动性任务。在完成这些任务时，学生进行观察、实验、设计、制作、调查等实践，通过制定实践方案，将"跨学科实践"的驱动性任务转化为可操作的实施步骤。

（三）科学引导实践过程

"跨学科实践"的实施需要循序渐进，教学实践通常以激发学生的兴趣作为起始，逐步引导学生应用物理知识深入探究问题，再结合其他学科知识并通过跨学科思维寻求解决问题的方案，最终通过实践完成任务。教师在其中扮演引导者的角色，既要组织学生进行实践，帮助他们克服困难，又不能过分干预学生的自主探究，使他们亦步亦趋。

采取学生自主与教师指导相结合的方式循序渐进地实施教学，教师应给学生布置适当的预习作业，引导学生提前了解活动的任务、要求和流程；教师跟学生一起商讨活动的分工，并进行合理分组，使学生能相互取长补短，共同完成活动。教师要引导学生主动学习、独立思考、大胆实践、敢于创新，在学生遇到困难时给予必要的指导和帮助。

三、物理"跨学科实践"的教学评价要求

"跨学科实践"活动的评价不仅包含成果评价这一重要的环节，还包含贯穿整个实践活动每一个环节的即时评价，即过程性评价。在"跨学科实践"中实施过程性评价，有助于教师了解学生的实践状态、测量学生的实际能力，并及时进行必要的干预、引导。

（一）"跨学科实践"中的过程性评价

传统教学评价往往采用纸笔测验的形式，但"跨学科实践"活动培养的不仅有学科核心素养，还有问题解决能力等难以测量的意识与能力。因此，"跨学科实践"活动的学习成果无法完全通过纸笔测验体现出来，应采用表现性评价。[①]

表现性评价是通过观察学生在实际任务中的实时表现，为学生提供一定的问题情境，评价学生发展成就的一种方法。表现性评价属于一种过程性评价，不仅可以测试学生对知识和技能的掌握程度，还可以测试学生运用所学知识分析和解决问题的能力。

基于项目式学习的"跨学科实践"的过程性评价设置需要包含四方面。第一，明确评价目标。在物理"跨学科实践"中，一部分物理学科核心素养的发展以及其他实践能力的提升是主要目标，所有的评价应该围绕这两方面的目标进

---

① 钱新建：《综合实践活动表现性评价的认识、开发与运用》，载《课程·教材·教法》，2015(5)。

行，并且罗列出各个活动指向的具体能力目标。第二，设置活动任务。"跨学科实践"活动中的表现任务也是学生活动的形式。教师通过设置反映"跨学科实践"特点的活动可以判断学生能力和综合素质发展的状态和水平，在完成相应任务时检查学生的表现和成绩。第三，选择任务情境。表现性评价需要在真实或模拟的活动情境中进行，以检验学生在实践活动中的能力表现，充分体现学生解决问题的能力。第四，制定活动要求。表现性评价的任务情境确定后，有必要从内容、步骤、方法、结果等方面明确对学生的要求。

以物理"跨学科实践"中"静电的危害"的子项目"寻找避免静电危害的技术"为例，该项目具体目标为：能分析生活中的物理现象，提出合理的猜想，并应用物理观念、寻找证据来验证猜想。学生通过调查需要避免静电危害的情境，发现已有的防静电技术，填写调查报告。"跨学科实践"活动成绩评价的结果应通过区分学生完成任务的表现来获取，区分表现的依据是评价规则，评价规则的制定实质上是根据具体的表现性评价目标描述学生在评价活动或结果中的表现的过程。表现性评价可以是整体的，也就是说评价要基于对表现或结果的总体印象，其规则应该明确每个表现水平是什么。表现性评价也可以是分析性的，即对学生活动过程或结果的各种要素或特征进行评分，并将这些部分的分数相加得到总分。在上述案例中，可以根据学生提交的调查报告进行整体评价。

(二)"跨学科实践"中的成果评价

成果评价应用于"跨学科实践"活动的最后阶段，用以评价通过各种形式呈现的实践成果。它仅针对学生通过实践产生的最终成果，可以采用集体评议的方式，即由教师和学生共同对每一个实践成果予以评价，并通过打分、投票等方式得出评价分数或等级。专家评议也是常用的方式，由相关专家(通常是具备专业知识的教师)对学生实践成果进行评判。两种评价也可适当地结合应用。需要注意的是，评价不仅要给出量化的成绩，更要给出质性的评语，来促进学生对实践的反思。按照"跨学科实践"活动的形式分类，通常会产生实验报告、科学小论文、手工科技作品三类实践成果。

"跨学科实践"中的科学实验与教材中的学生实验和演示实验等有所不同，通常是为了探究某一现实的具体问题而做的，虽然也要求科学性和严谨性，但严格程度不高，因而实验报告也不需要完全按照标准格式书写。教师可以根据实验报告中学生设计实验的思路是否新颖、实验原理是否科学、实验过程是否合理等对学生的实验做出一定评价。

科学小论文的评价相对简单，针对学生写作的科学性和文字的逻辑性等方面评价即可。手工科技作品通常呈现多元化的特点，对于此类成果的评价不能拘泥于单方面标准，可以从科学性、实用性、美观性等多个方面来评价，也可以结合学生互评与教师点评，针对每一件独特的作品给出描述性评价，还可以通过多评价主体(师生及其他人员)的打分式评价给出量化的评分。

四、物理"跨学科实践"的教学设计策略

物理"跨学科实践"只有立足于物理课程，才能够"跨"到其他学科，这是"跨学科实践"教学设计的一个基本原则。跨学科主题学习是一种目的性很强的探究学习方式，应该按问题解决的真实需要设计物理学科和跨学科的学习内容和学习方式，以课程核心素养为纲，以实践性主题为导引，创设真实情境，加强各种学习资源之间的联系，设计实践性学习任务，让学生学习新的物理知识，掌握基本技能，在完成学习任务、解决问题的过程中深化对物理学科和跨学科知识的理解及相关观念的形成，实现物理观念、跨学科观念和实践问题的有机整合，提升创新意识、实践能力、社会责任感等课程核心素养。

物理"跨学科实践"的教学设计策略多种多样，下面根据设计"跨学科实践"的三个主要环节给出几种策略，以供参考。

(一)实践活动的开发策略

1. 已有活动的改造

随着综合实践活动的常态化实施，许多具备一定特色的校本综合实践活动进入校园。教师可以对其中某些实践活动的主题加以拓展，使其与物理学科知识产生联系，以此开发物理"跨学科实践"活动。这样借助现有活动的实践基础进行开发，可显著减小活动的实践难度。

例如，某地开展"戏曲进校园"活动，该活动需要学生认识一些传统乐器并学习使用。而初中物理中"声音的特性"章节知识能够解释乐器的发声原理，教师若借此活动开展"跨学科实践"，则能够引导学生应用所学的物理知识，结合音乐等其他学科知识解决一些实际问题。

2. 社会热点问题的探索

社会中引起广泛关注的热点问题同样也是良好的活动来源，可以从该问题的一个小方面入手，找到其与物理知识的关联，让学生在"跨学科实践"活动中收集信息、思考问题、解决问题。该策略符合STS教育理念，有利于培养学生的科学态度和社会责任感。

例如，2022年举办的北京冬奥会引起了全民关注，各类冰雪运动中蕴含着丰富的物理知识。在"跨学科实践"中对此展开探究，可以让学生在更多地了

解冰雪运动、应用物理知识解释现象、发现并解决问题的同时认识到物理学对于社会的意义。

(二)实践过程的实施策略

1. 驱动性问题链策略

驱动性问题链是问题解决教学的核心策略。问题解决教学以教师精心设计真实的驱动性问题贯穿整个教学过程,促使学生在设问和释问的过程中萌生自主学习的动机和欲望,在分析和解决问题的过程中获得知识和技能,逐渐形成问题解决能力。

在物理"跨学科实践"活动中,驱动性问题链能够有效推进探究活动,通过一系列螺旋上升式问题引导学生的认识走向更高层次。

2. 论证式教学策略

学生在"跨学科实践"活动中常产生对于同一个问题的不同意见,教师可以利用意见的交锋引导学生进行论证,提高其科学思维和科学探究能力。论证是共同体围绕某一论题,利用科学的方法收集证据,运用一定的论证方式解释、评价自己与他人的证据与观点之间的相关性,促进思维的共享与交锋,最终得出可接受的结论的活动。

在引导学生论证时,教师要注重学生收集证据、表征证据的能力训练,指导学生就不同观点进行辩论。在此过程中,教师让学生不断完善认识,吸收他人正确观点,弥补原有观点的不足,实现认知的升级。

3. 项目式学习策略

"跨学科实践"活动的开展常常通过项目式学习即基于项目的学习来实现。作为一种教学方式,项目式学习强调学习的探究性、操作性、实践性和应用性,倡导学生在现实生活中发现真实问题,通过问题牵引、任务驱动等方式使学生在实践过程中探究、设计并制作产品,综合运用知识解决实际问题,完成项目任务。当前,项目式学习受到了中小学的广泛关注,在综合实践活动课程中也经常被运用。[①]

(三)教学评价策略

"跨学科实践"活动评价方式多样,可采用多元评价策略,即根据活动的特点确定评价指标,整合多种评价方式。

例如,档案袋评价可以分为作品型档案袋和过程型档案袋两种。作品型档

---

① 李金梅:《综合实践活动课程中的项目学习:理念、优势与改进》,载《教育学术月刊》,2021(2)。

案袋主要包括通过"跨学科实践"生成的作品，过程型档案袋包括活动过程中有价值的资料。档案袋评价也并非以单一的量化评分为目的，可以运用欣赏性评价等手段对学生活动档案袋内容进行鉴定，这样能更好地体现"跨学科实践"活动的过程价值，避免结果导向的误区。

"跨学科实践"活动评价宜采用成果评价与过程性评价相结合的方式，评价学生提出问题和解决对策的能力、收集和处理信息的能力、综合解决实际问题的能力以及团队合作能力。由于"跨学科实践"具有把学习成果进行物化的特点，这为评价和交流提供了有利条件。在评价过程中，师生可以灵活采用多种方式进行成果交流，既可以是设计作品、制作模型、撰写报告等形式，也可以是成果展览、报告会、研讨会等形式。比如，对学生提交的"安全用电"的建议报告，可以举办报告会；对学生设计的"龙骨水车"装置，可以组织成果展览。教师在多样化的交流活动中引导学生反思与评价。

第三节　物理"跨学科实践"的教学设计案例分析

项目式学习为"跨学科实践"活动的设计提供了一种良好的思路，其以项目为中心，使物理学科知识贯穿于活动，将学生自主实践作为主要活动形式，可操作性比较强。本节所展示的案例就是基于项目式学习的理念而设计的。

一、基于项目式学习的教学设计思路

(一)项目式学习的特征优势

项目式学习应用于"跨学科实践"活动设计的优势表现在以下几个方面。

第一，项目式学习具有跨学科性。项目式学习涵盖了多学科知识，问题通常是基于真实情境的，仅靠单一学科知识难以解决，需要运用多学科知识共同解决问题。

第二，项目式学习以学生为主体。在项目式学习中，学生往往能充分发挥主体性，以自主探究、合作学习等方式为主，解决项目中的问题。"跨学科实践"活动同样强调以学生为主体的实践。

第三，项目式学习重视评价。项目式学习对成果的评价是多元化的，评价主体有自评、他评，评价方式包含形成性评价和总结性评价等，采用多种评价有机结合的方式。例如，过程性评价结合实物作品评价，为"跨学科实践"活动的评价提供了一个良好的解决方案。

第四，项目式学习指向核心知识的再建构。项目式学习帮助学生实现知识的再建构，让学生在掌握核心知识的基础上，能够在新的情境中迁移、运用、转换，产生新知、付诸实践，运用各种知识和资源来解决实际问题。而"跨学科实践"以知识的应用为目的，最终内化知识、形成素养，也包含知识的再建构过程。

（二）基于项目式学习的教学设计环节

基于项目式学习设计的"跨学科实践"活动主要包括开发项目、设计方案、问题解决、制作实践、成果评价五个环节。

1. 开发项目

选择一个合适的项目主题是开发的第一步，物理"跨学科实践"活动的项目主题通常与日常生活、工程实践或社会热点问题密切相关，体现实践活动与现实生活的交互性，提升学生应用多学科知识解决实际问题的能力，发展学生动手操作完成项目的综合实践能力，培养学生实践创新的精神。例如，把"制作重力驱动小车"这样具备明确目标的项目作为综合实践活动内容，使活动的过程更容易把控，并在解决问题过程中多次应用物理学科知识，深化学生的物理观念，进行创意物化和问题解决这两种能力的培养。

此外，教师还需要注意：围绕项目而整合的各学科之间应深度融合，避免散乱。"跨学科实践"的一大特征就是多学科融合，各学科的融合应该是基于项目情境的，实现自然的、有机的结合。如果仅以学科知识融合为出发点，将一些知识要素简单地拼凑在一起，活动就显得杂乱无章。各学科知识并不能一致地指向项目的完成，而是完全独立、貌合神离。各学科知识要达到深度融合，拟进行融合的各学科知识要能够共同解决一个真实情境下的核心问题。例如，在"皮影戏的制作"活动中，美术中的剪纸和物理中的光学都起到重要的作用，需要运用到这两个学科的知识才能完成制作。

紧接着是将项目具体化，即形成一系列连续的、可实施的活动。"跨学科实践"活动需要具备明确的目标且便于教师把握，各环节流程明确、容易实施。因此，实践活动需要具备目标指向性，漫无目的的实践活动会使得教学活动走入困境。项目式学习具有明确的目标，为了能在其中体现物理学科知识的应用，项目的预设需要目的性，每一个项目均以一个或多个问题的解决为目标，使得每一个环节的任务明确、流程清晰。并且需要教师的引导和把握，保证实践活动的实施过程的流畅性，同时让学生明白每一个环节的目的，实现高效学习。

2. 设计方案

方案的设计是项目式学习的核心环节之一，包括教师方案和学生方案。在活动实施之前，教师应当提前设计好一个大致的方案，以确定完成项目所需的材料、步骤等，为活动实施做好准备，这样才能更好地指导学生完成项目。学生方案则是在项目完成的过程中形成的，随着项目的进行而逐渐形成、完善。

一个大的项目主题中会包含很多子项目，如果某个子项目的完成有一定难度，教师可以提前设计解决方案，帮助学生顺利进行实践活动，伴随着子项目的逐个进行实现整个项目的完成。方案制定并非一蹴而就，此过程中学生之间、师生之间都要不断地交流论证，对方案进行调整，实现方案的迭代，使之更易实行、更完善，从而确保项目活动的顺利实施。

3. 问题解决

问题解决是"跨学科实践"活动的主要内容，通过逐个解决在完成项目过程中产生的问题来推进活动的深入。为了培养学生以问题解决能力为主的多方面素养，教师要引导学生通过自主探究、讨论交流等方式解决实际问题。教师可以对学生进行分组，指导他们通过查阅资料、实地调查等方式获取信息，并鼓励他们积极沟通交流。

"跨学科实践"活动过程中往往会出现学生以当前认知水平和能力水平难以解决的问题，或者现实条件下无法解决的问题。这样的问题会使得实践陷入停滞，学生也容易产生挫败感，影响其积极性。此时，教师应及时进行启发，帮助学生克服困难、解决问题。

4. 制作实践

作品制作是项目式学习独特性的重要体现，学生将在活动过程中学到的知识物化为实体成果。这些成果可以通过诸多形式来展示，如撰写调查报告、制作实物模型等，或者进行演讲、戏剧表演、影像记录等。作品制作要充分考虑客观条件，不宜选择过于复杂、技术难度过高的制作项目。如果项目具备一定难度，如在"制作水车"项目中，木工制作需要耗费大量时间，这时教师可以提前准备一些制作好的部件，帮助学生更好地完成该项目。

5. 成果评价

项目式学习需要通过作品来呈现问题的解决。学生通过自己的实践产生了成果物品，能够强化其对于实践活动的体验，产生付出得到回报的自豪感，体会到动手实践的乐趣。另外，教师还需要组织成果评价，在评价过后进行交流、展示。

二、基于项目式学习的物理"跨学科实践"活动设计——传统弓的制作①

【教学对象】

本案例适合的教学对象为普通高中一年级的学生，学习本案例之前应具备杠杆的平衡原理、弹力的概念、胡克定律、力的合成、受力分析等相关知识基础，同时具备基本的科学探究与实践活动能力。

【设计理念】

本案例基于项目式学习的设计理念，结合物理"跨学科实践"的要求，突出物理学科基础，强调立足于物理学科，跨越物理学科，综合应用多学科知识与能力解决真实情境中的问题。

【活动流程】

按照实践活动开展的顺序及每个活动的设计意图，用图示的方式展示整个活动的流程，如图 10-1 所示。

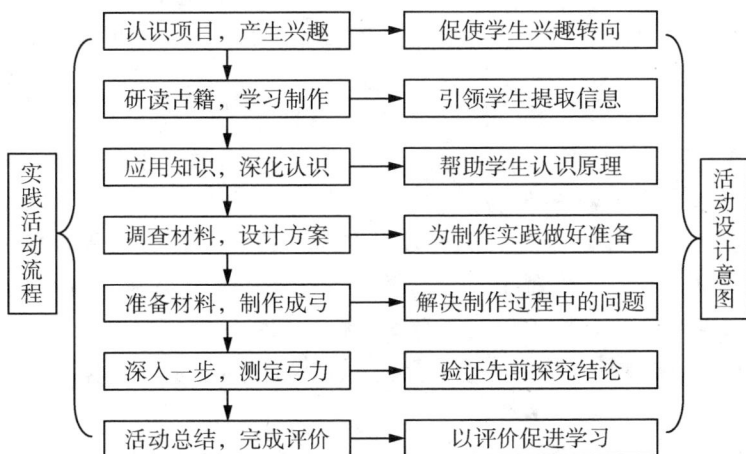

图 10-1 传统弓的制作实践活动流程

【活动过程与分析说明】

下面按实践环节的顺序展示该案例的设计，同时以夹叙夹议的方式给出每个活动环节的设计理念与设计意图，并给出对本案例的简单评析。

---

① 杜明荣、周沐可、王国庆：《基于项目式学习的物理跨学科实践活动设计——以〈传统弓的制作〉活动为例》，中国专业学位教学案例中心案例库，2022045110105。

（一）项目探究：从激发兴趣到探寻原理

"跨学科实践"活动以学生的合作探究、自主实践为核心。因此，实践活动开始前，教师需要让学生了解该活动项目的一些背景，使其产生自主探究及动手实践的兴趣。为了在"跨学科实践"活动中融入物理学科知识，提升学生的物理学科核心素养，教师需要引导学生的兴趣转向科学探究。紧接着，教师需要引导学生应用物理知识对弓的原理问题展开合作探究，在深入认识的过程中体会物理知识与工程的联系，在应用中内化知识、形成素养。

1. 认识项目，产生兴趣

为了激发学生对于活动项目的兴趣，课堂伊始，L 老师从弓箭的神话传说开始导入新课，结合 PPT 展示的丰富图片，激发学生认识弓箭的兴趣。L 老师激情洋溢的讲解配合令人目不暇接的图片，很快吸引了学生的注意，课堂气氛显得非常欢快。

L 老师播放纪录片《强弓三百年》片段，该纪录片主要讲述国家级非物质文化遗产项目聚元号弓箭制作技艺代表性传承人杨福喜的故事，也包含关于传统弓制作的一些知识。通过观看纪录片，学生更进一步学习了传统弓制作的部分知识，认识到传统弓的主要结构包括弓臂、弓弦、弓梢等。学生也对传统弓制作技艺的现状有了一定了解，体会到中国弓箭的魅力。

L 老师在完成介绍后，让学生自主交流。学生明显产生了一定兴趣，他们热烈地讨论起自己所了解到的弓箭知识。

评析：案例中 L 老师以兴趣为教学起点，这是一种比较常规的做法。相较于传统课堂教学，学生对于实践活动通常更有兴趣，教师应抓住这种兴趣，让学生主动参与活动。科学探究与动手实践分别对应物理素养的提升和综合实践能力的培养，体现出"跨学科实践"活动的学科特征和实践活动本质。

2. 研读古籍，学习制作

L 老师选择《天工开物》作为学生的阅读材料。

L 老师：弓是我国古代最重要的兵器之一，性能优良的弓在战场上能带来巨大的优势，因此，历朝历代工匠不断改进其制作技艺。通过这次活动，我们将学习古人的智慧，亲自做出一把传统弓。

对于这样全新的学习形式，学生们感到兴奋不已，都迫不及待地想要进入实践活动。L 老师提供的资料《天工开物·佳兵》中有一段话：

宋子曰：兵非圣人之得已也。虞舜在位五十载，而有苗犹弗率。明王圣帝，谁能去兵哉？弧矢之利，以威天下，其来尚矣。为老氏者，有葛天之思焉。其词有曰："佳兵者，不祥之器。"盖言慎也。

火药机械之窍，其先凿自西番与南裔，而后乃及于中国。变幻百出，日盛月新。中国至今日，则即戎者以为第一义，岂其然哉？虽然，生人纵有巧思，乌能至此极也？

L老师借此启发学生思考。

L老师：同学们读了这段话，思考一下影响战争胜败的因素有哪些呢？我们中华民族自古就爱好和平，既然说兵器是不祥之器，为何我们还要不断精进武器制造水平？

学生：为了抵抗侵略者。

L老师：说得非常好！作者宋应星还在此提出疑问——带兵者将兵器放在第一位对吗？对此，同学们怎么看？

学生讨论并相互交流。

L老师：武器水平是影响战争胜败的关键因素，而非决定性因素。例如，抗美援朝战争中，我们在武器装备、经济实力等客观条件均不占优势的情况下获得了战争的胜利，凭借的是什么呢？在南宋时期，拥有精良武器的宋军却抵挡不住蒙古铁骑，又是为什么呢？战国时期的思想家早已告诉了我们答案，《孟子》里有关于战争的著名论断："得道者多助，失道者寡助。"纵观整个人类历史，没有与人民站在一起的政权最终都会走向灭亡，只有得民心者才能所向披靡！但是，武器对于战争的重要性也是不言而喻的。为了更深入地了解古代最重要的兵器——弓，就让我们从古籍中寻找良弓的制作工艺，体会古代制弓人的匠心独具。

L老师要求学生研读《天工开物·佳兵》中"弧矢"部分的内容，并翻译为白话文，同时提取出弓的各个部分的制作工艺的关键信息并列成表格。此时，L老师注意到有部分学生没有参与这一活动，他们游离在活动之外。为了让他们加入活动，同时便于最后的评价，L老师要求每一位同学在活动结束后上交活动日志。

评析：传统弓的制作是该项目的主题，案例中的活动都指向这一主题。激发兴趣是第一步，教师要展示传统弓的魅力，激发学生主动探究的欲望。思想引领则是基于活动材料中的历史人文要素，融入一定课程思政元素。为了完成传统弓的制作，学生需要通过阅读材料自主收集信息，了解传统弓的基本结构和工艺，此过程体现了"跨学科实践"的多学科协同特征。评价也伴随着活动的开始而进行着，案例中的活动日志就是为了实现过程性评价而设置的。

3. 应用知识，深化认识

基于问题链策略，L老师准备了一系列与弓的制作有关的实际问题，带领学生从物理学的视角去探寻蕴含在其中的原理，在分析问题、解决问题的过程中提升科学探究能力。

L老师：在挽弓射箭的过程中，都有哪些力在起作用呢？

学生根据先前获得的直接经验，快速地回答有拉力和弹力。

L老师：人提供的拉力是毫无疑问的，而弹力是在弓的哪一部分产生的？

A同学：弓弦发生形变，从而产生了弹力。

B同学：弓臂使用牛筋这样的弹性材料制作，而弓弦所用的材料为蚕丝，弹性比较一般，因此弹力主要来自弓臂。

L老师：有同学认为弹力主要由弓弦产生，是否因为受到了以前经验的影响？在一些影视剧或动画作品中，弓箭出现得非常多。我们通常能在其中直观地看见弓弦形变，而弓臂的形变则不明显，这就导致直觉"欺骗"了我们。而通过对造弓材料的分析，我们会发现主要的弹力来源其实是弓臂形变。因此，我们看待问题的时候要避免仅依赖直觉和过往经验，而要自觉运用理论、积极寻找证据、反复验证，以保证结论的科学性。

L老师：那么在射箭的过程当中，发生了哪些能量转化？我们如何建立一个物理模型，完整地描述整个过程中各种力以及能量间的关系？

一开始，学生对这个问题无从下手。L老师认为，学生遇到的主要困难在于他们不知道如何利用物理知识简化真实情境中的物体，建立起物理模型。

L老师：根据《天工开物·佳兵》中的描述，弓弦由牛筋或蚕丝绞合而成。牛筋具有一定的弹性，而蚕丝弹性比较一般，弓弦受力时发生的弹性形变可忽略不计。因此，可将弓弦简化为什么呢？

学生：可以将弓弦看作轻绳。

L老师：弓臂由粘贴牛筋与牛角的竹片制成，粘贴牛筋与牛角的目的是什么呢？

学生：增加弹性。

L老师：没错，所以弓臂是一个弹性物体。但弹性物体模型中，我们只接触过轻弹簧模型，其产生的弹力沿弹簧轴线方向；在这里，弓臂产生的弹力是在切向的，我们不必深究，只需要判断弹力的作用情况即可。那么，弓臂产生的弹力作用在哪里？方向如何？

学生：弓臂产生的弹力作用于弓弦上，方向沿着弓弦。

L老师：那么，请同学们根据共点力的平衡以及力的合成与分解知识，通过画图分析得出挽弓射箭时力和能量的转化情况。如果可以的话，尽量说明各个力的三要素。

学生分组讨论，教师对各组分别进行指导，学生完成物理模型的建立，得出结论并发言。

L老师：反曲弓的特点是在未上弓弦时弓臂是朝着反方向弯曲的，而非反曲弓未上弓弦时，弓臂是接近直的。《天工开物·佳兵》中记载的就属于反曲弓，而一般反曲弓的制作工艺更为复杂。那么，工匠们为何要大费周章制作反曲弓呢？

学生：为了增加弓的威力，为了使弓更耐用……

L老师：反曲弓上弦时弓臂的牛筋处于什么状态呢？如果反曲弓与非反曲弓采用《天工开物·佳兵》中记载的同样材料，那么挽弓射箭时，反曲弓和非反曲弓拉同样的距离，产生的弹力相等吗？根据我们学过的胡克定律判断一下。

学生回忆之前学过的胡克定律，得出反曲弓上弦时牛筋被拉长，初始状态弹力 $F_{反曲初} = kx_0$，而非反曲弓牛筋处于原长，初始状态弹力 $F_{非反曲初} = 0$；拉弦使得牛筋伸长同样距离后，$F_{反曲} = k(x_0 + x)$，$F_{非反曲} = kx$，反曲弓弓臂的弹力较大。

L老师：那么，如果从能量的角度考虑，同样的拉弦距离，反曲弓是否能积蓄更大的弹力？

学生不假思索地给出了肯定的回答。很显然，在拉弦距离相同时，拉反曲弓需要更大的力。由功能关系可得，拉反曲弓拉力 F 更大，做功更多，转化成弹性势能就更多。

L老师：假设弓臂牛筋的伸长量和弹力关系满足胡克定律，则大家根据已学过的知识，能够知道弹力与伸长量的图像满足正比例函数。若 x_1 为反曲弓上弦时的牛筋伸长量，x_2 为拉弦后的牛筋伸长量，则反曲弓积蓄的弹性势能如何表示？请大家思考。

有学生根据功能关系提出弹性势能在数值上可能等于阴影部分的面积。L老师对该学生表示了赞赏，并鼓励其他学生说出自己对此的看法。

L老师：同学们是否记得，在匀变速直线运动的位移与时间关系那一节中，有一个与弹簧 F-x 图像类似的 v-t 图像，位移是如何计算的呢？我们是用什么方法推导出位移与时间关系的呢？

学生：当时用的是微元法。

L老师：我们曾经利用微元法推导出匀变速直线运动的位移公式，将时间分为无限多的 n 段，每段时间都很短，粗略认为这段时间内物体做匀速直线运动，每个矩形面积在数值上等于物体这段时间内的位移。将分割出的无限多个矩形面积相加，无限接近梯形的面积，即物体整个过程的位移。类似地，如果牛筋仅受到缓慢变化的拉力而伸长，拉力等于弹力，将牛筋伸长量分割为无限多的 n 段，根据功能关系，拉力做功使弹性势能增加，则伸长一小段增加的弹性势能是多少呢？

学生开始结合数学知识做公式推导，L老师对部分学生予以了指导，帮助他们纠正推导时出现的错误。

L老师：假设弓箭射出时，箭的动能由牛筋弹力做功全部转化而来。那么通过我们推导出的弹性势能公式，在牛筋劲度系数、拉弓弦导致的伸长量等条件相同的情况下，反曲弓发射的箭能比非反曲弓发射的箭多多少动能呢？

学生各自独立完成推论、计算，小组成员互相交流。

L老师：可见，其他条件相同的情况下，拉弦导致的牛筋伸长量、反曲弓上弦状态的初始牛筋伸长量越大，反曲弓和非反曲弓提供的动能差值越大。在之后弓的制作中，我们应该如何增强弓的威力呢？相信大家都有了答案，让我们在实践中继续探索。

评析：应用知识解决问题是"跨学科实践"活动的重要一环，因为案例展现的是以物理学科为主导的"跨学科实践"活动，案例中的问题主要与物理学科相关。这些问题的解决也具有实际意义，能够让学生更加了解弓各部分的设计意图，为制作实践打下基础。案例中，L老师利用问题链策略引导学生解决问题，因为学生主动发现相关问题的意识比较薄弱，教师需要加以引导，甚至预设好一部分相关问题，这样才能更好地推进活动的深入。

（二）制作实践：从原理掌握到完成作品

动手实践是"跨学科实践"活动中难度最大、耗时最长的环节。为了使制作具备可行性，也为了使这一环节更加紧凑以符合教学需要，教师必须对制作进行简化，包括材料的替换和工序的优化。在实际制作的过程中，学生可能遇到很多问题。教师需要随机应变，找出其中值得深究的问题，引导学生探究并得出结论，使活动更具深度。制作完成后的评价是必不可少的，教师需运用多种评价方式，重视过程性评价，利用评价再度提升学生对于物理学的兴趣。

1. 调查材料，设计方案

根据从《天工开物·佳兵》中提取出的信息，制作一把传统弓所需的材料有：竹片、牛筋、牛角、桑木、鱼鳔胶、蚕丝。L老师让学生分组分别对这些材料进行调查，并查阅有关传统筋角弓制作的资料，了解这些材料的特性和起到的作用，以及用它们制作弓的优缺点，查询获得渠道，并在班上做报告。在选取材料和分析材料特性之前，L老师补充了一些可能用到的有关材料特性的名词知识。

在调查的过程中，B组学生产生了对于弓梢作用的疑问，出现这样的问题是L老师始料未及的。这种未知性也构成了"跨学科实践"活动的重要一环——解决实践过程中生成的实际问题，推动学生问题解决能力的形成。

各小组提出各自的观点。A组学生讨论后认为，弓梢可能是为了改变力的作用，增加箭速；B组学生讨论后认为，弓梢主要是为了承受弓弦的拉力，弓弦比较细，拉弦导致系弦的位置受压强作用大，如果没有弓梢，直接将弦系于弓臂上，则容易损坏弓臂；C组学生讨论后认为，弓梢可以使拉弦更加省力。

各小组根据自己的猜想收集证据、尝试论证并展开辩论，寻找他人观点中的错误，同时证明自己的观点。辩论的过程既是思想的交锋，也是对于猜想的检验。在此过程中，学生吸收他人的正确观点，修正自己的错误认识，或是根据他人的质疑不断完善自己的观点。

在辩论的过程中，A组学生认识到了自己观点存在的错误：弓梢并不能影响弹性势能大小，因而不能影响箭射出的动能与箭速。B组、C组学生的观点得到了初步认可，全体学生开始对这两组学生的观点进行更为深入的讨论。

师生最终总结：弓实际上也是一种机械，我们曾经学习过一种简单的机械——杠杆，要让杠杆作用效果相等，用省力杠杆会费距离，用费力杠杆则能省距离。无论怎样改变动力臂与阻力臂，要达到同样的作用效果，动力做功是无法减少的。无论多么复杂的机械都遵循这一原则，即机械无法省功。弓梢也并非越长越好，随着弓梢的加长，积蓄同样多的弹性势能所需的拉距也逐渐增大，弓箭手无法拉弓达到最大拉距。同时，在建立模型的时候，我们忽略了弓梢的质量。长弓梢的质量大，弓臂回弹的时候，改变弓梢运动状态需要的能量较多，造成箭速降低。

2. 准备材料，制作成弓

L老师选择以下材料来让学生完成弓的制作：弹性玻璃钢弓片（作为弓臂主体，替代粘贴了牛角的竹片），高弹力橡皮筋（替代牛筋），木制弓梢，木制握把，高强度尼龙线，401胶水。L老师向学生展示了拟用于制作弓的材料，并对其中不常见的材料的性质和使用方式做了介绍。

学生开始分组进行制作，整体方案在此起到总领作用。实践过程中，学生遇到更多实际的、未知的问题，其中很多问题L老师已经预料到，但他没有直接给出解决途径，而是让学生进行探究，利用多种方式找出解决方法。学生需要在逐步解决这些问题的过程中不断细化、修订方案，并最终完成弓的制作。

评析：传统弓的制作仅靠学生自己很难完成，因此L老师为制作准备了充分的材料，但他同样注重学生的主体性，主要的制作步骤由学生通过探究、讨论得来，在学生遇到困难的时候 L 老师给予一定的引导。制作过程中，学生还发现了不在 L 老师设计中的问题，"跨学科实践"活动的实施中常有这样的情况，最终通过 L 老师的合理引导以及学生的合作探究得到解决。

3. 深入一步，测定弓力

L 老师：关于试弓定力的方式，《天工开物·佳兵》中的文字记载道："以足踏弦就地，称钩搭挂弓腰。"这一描述与书中插图所画的方法（如图 10-2 所示）并不一致，两种方法有什么区别呢？

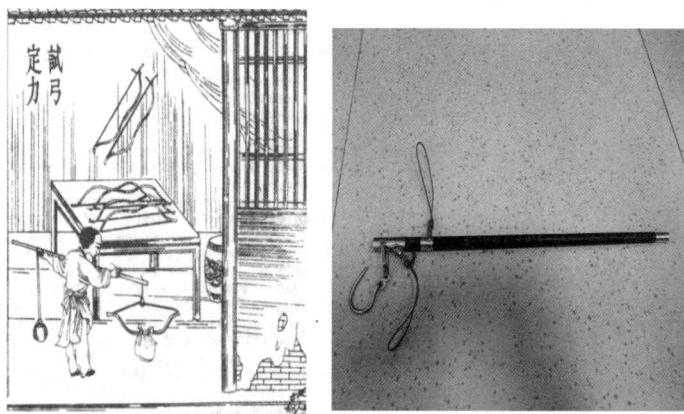

图 10-2　试弓定力的方法与所用的杆秤

学生："以足踏弦就地"的方法的优点是便于控制，缺点是比较费力，往上提弓的同时还要用力踩住弓弦。而图中在弓上坠重物的方式只需要手提，但重物的质量不好控制，太轻无法使弓满弦，太重则有可能导致弓损坏。

权衡之后，学生决定选择"以足踏弦就地"的方法测定弓力，因为制作的弓并不需要很大的力就能拉开。接下来，学生用此方法测出了弓距与拉力的关系，也验证了探究时得到的结论。

评析：该环节 L 老师让学生用杆秤测定弓力，进一步巩固了杠杆平衡知识的学习。虽然这样的测量可能并不准确，但明显可见，随着拉距增大，拉力的增长速度逐渐变大。另外，L 老师让学生评估《天工开物·佳兵》中文字记载和插图所示的两种测量方法，提高了学生对问题的分析判断与评估能力。

4. 活动总结，完成评价

"跨学科实践"的成果不同于传统的作业，L 老师决定将评价分为两部分：

一是书面成果，包括记录了制作过程的活动日志和修订完成的制作方案；二是实物成果，即各组的成品弓。

对于活动日志和制作方案等书面成果，L 老师将材料收集起来并给出等级，一一点评。

对于实物制作成果，L 老师别出心裁地举办了"产品发布会"，各组学生就自己制作的弓进行产品推销模拟。L 老师特别邀请了其他老师充当顾客，从各个产品的美观性、实用性、耐用性等方面进行评价，并给出评级。

最终，综合两份成果的评价，结合组内实践过程互评，形成了每名学生的"跨学科实践"活动评价。

评析：该案例中的评价分为过程性评价和成果评价，过程性评价依据活动日志，成果评价的方式比较有创新性。"跨学科实践"中的评价是灵活的，只要方式合理都可以使用。

在该案例中，传统弓的制作是项目主线，以探究和制作实践为主的两大类活动都指向项目完成。学生在活动中主要运用物理学科知识，融合语文、历史、数学和通用技术等多学科的知识，解决活动中的问题。运用知识解决问题的过程促进知识内化、形成素养，动手制作完成项目的过程培养、提升综合实践能力。

【思考练习】

1. 如何理解物理"跨学科实践"活动？其与综合实践活动的差异是什么？

2. 在物理"跨学科实践"活动中应当以物理知识还是实践活动为中心？二者在教学中的关系是什么？

3. 在通过项目式学习开展的物理"跨学科实践"活动中，项目的选择应该遵循哪些基本原则？如何推进项目式学习过程？

4. 在第三节的案例中，L 老师是如何通过"跨学科实践"促使学生物理学科核心素养向高层次发展的？分别在哪个环节提升了何种素养？

5. 以初中物理内容为载体，设计一个"跨学科实践"活动。

【推荐阅读】

[1]中华人民共和国教育部. 普通高中物理课程标准(2017 年版 2020 年修订)[M]. 北京：人民教育出版社，2020.

[2]中华人民共和国教育部. 义务教育物理课程标准(2022 年版)[M]. 北京：北京师范大学出版社，2022.

[3]张屹，赵亚萍，何玲，白清玉. 基于 STEM 的跨学科教学设计与实践[J]. 现代远程教育研究，2017(06)：75-84.

[4]陈峰. "问题串"在物理探究教学中的应用[J]. 课程·教材·教法，2006(11)：59-62.

[5]胡红杏. 项目式学习：培养学生核心素养的课堂教学活动[J]. 兰州大学学报(社会科学版)，2017，45(06)：165-172.

[6]高霞，陈莉，唐汉卫. 中小学综合实践活动：困境、成因与出路[J]. 课程·教材·教法，2020，40(03)：76-80.

[7]李金梅. 综合实践活动课程中的项目学习：理念、优势与改进[J]. 教育学术月刊，2021(02)：85-90.

[8]季苹，陈红. 综合实践活动课程如何实现"综合"："以问题和概念为两端"的设计框架[J]. 中国教育学刊，2019(10)：98-103.

[9]杜明荣，周沐可，王国庆. 基于项目式学习的物理跨学科实践活动设计——以《传统弓的制作》活动为例[A]. 中国专业学位教学案例中心案例库，2022045110105.

[10]王静. 初中物理"跨学科实践"主题教学研究[D]. 开封：河南大学，2023。

第十一章　物理线上微课的教学设计

章前导语

随着智能终端和移动互联网的发展和普及，以社交软件和短视频平台为代表的追求个性化、碎片化、快速更新的互联网环境已经形成。为满足学生和教师的个性化学习需求，微课越来越普及。本章主要介绍微课的基本特征以及如何根据需要设计制作出高质量的微课。

本章共有三节内容：第一节简要介绍物理线上微课的内涵与特征；第二节重点阐述物理线上微课的要求、设计与制作；第三节展示了以"牛顿第一定律的探索"为课题的线上微课设计实例，并进行简要分析。

第一节　物理线上微课的内涵与特征

一、微课的内涵

微课是 micro-lecture 在中国的本土化称谓，起源于戴维·彭罗斯的"一分钟微视频"的微课程理念，希望将教学内容和目标紧密结合，以产生一种更加聚焦的学习体验。2006 年，萨尔曼·可汗推出可汗学院，录制的微视频在美国基础教育领域风行一时，并向全世界普及。

在国内，随着信息技术、视频压缩与传输技术、移动终端、网络带宽、视频分享平台等的快速发展和普及，以视频为信息传输媒体的微课获得了大中小学教师的认同，开始被广泛应用于教学。

胡铁生老师率先在国内提出"微课"概念，他认为微课是一种微型课程：

微课又名微型课程，是基于学科知识点而构建、生成的新型网络课程资源。微课以一种微型课程"微视频"为核心，包含与教学相配套的"微教案""微练习""微课件""微反思""微点评"等支持性和扩展性资源，从而形成半结构化、网页化、开放性、情景化。[①]

---

① 胡铁生、黄明燕、李民：《我国微课发展的三个阶段及其启示》，载《远程教育杂志》，2013(4)。

胡铁生老师带领团队将原本 45 分钟的网上公开课缩减成 5～8 分钟的精华内容，建设了系列微课程，取得了非常好的效果。

也有一些学者倾向于将"微课"看成一种新型课程资源：

微课本质是一种支持教师教和学生学的新型课程资源。微课与其相匹配的"微目标、微教案、微讲义、微练习"等课程要素共同构成微"课程"，它属于课程论的范畴；当学习者通过微课开展学习时，学习者就以微课为介质与教师之间产生间接的交互，通过在线讨论、面对面辅导等不同形式进行直接交互，从而产生有意义的教学活动，即"微课"，它属于教学论的范畴。[①]

学者提出的两种微课界定体现了当前微课使用的两种倾向：一种是将其作为课程使用，通过短小精悍的微课进行高效的学习；另一种是将其作为资源使用，在课堂教学中灵活选取微课资源辅助教学。不论是作为课程还是作为资源，微课都已经成为教学的一个重要组成部分，具有教学的一些共同特征。

二、微课的特征

我国微课的普及是随着网络信息技术的不断升级而展开的，特别是 2019 年年底突发的新冠疫情，极大地加速了我国网络基础设施和网络教育资源的建设。不论是课程形态的微课还是资源形态的微课，都如雨后春笋般在我国教育领域迅速普及。

当前中学物理教师常用的微课主要有以下几个特征。

（一）在线视频的形式

催生微课的最主要原因是师生对在线教育资源的需求。当前，我国已经建成先进、快速的网络高速公路，广大师生都希望通过移动端随时随地使用这些教育资源。因此，在线视频的形式是当前微课资源的最显著特征。

当前支持在线微课视频的平台包括抖音、哔哩哔哩、优酷视频、腾讯视频、百度视频等专业视频平台，以及微课网站、微信公众号等。例如，同济大学退休教授吴於人在视频平台上发布了许多微课资源，师生可以在课上课下随时点击播放需要的视频。

（二）内容短小精悍

短小精悍是微课的内在要求。以解决具体教学问题为目的的微课一般不超过 10 分钟，这也符合师生对问题分析和讨论的时长的心理预期。作为资源的

---

① 苏小兵、管珏琪、钱冬明等：《微课概念辨析及其教学应用研究》，载《中国电化教育》，2014(07)。

微课一般不超过 5 分钟，方便师生在课堂上使用。

微课的时长没有严格的要求，不论是以解决问题为目的还是以辅助教学为目的，一般根据相关内容的需要而定。吴於人老师发布的视频最长的 10 分钟左右、最短的 10 多秒，以将问题说明白为基本原则。

（三）主题清晰明确

微课一般是围绕一个具体问题的分析展开的教学活动，如一个知识点、一个现象或一个重点、难点、疑点的分析等，这也与其短小精悍的特性相符合。例如，中国人民大学附属中学李永乐老师的微课资源包括针对冬奥会中的具体问题的介绍，用 1 分钟时间介绍短道速滑比赛中运动员身体倾斜的原因、花样滑冰对运动员体能的要求等。

（四）相对独立

相对独立性也是微课的重要特征之一，这是由微课的目的决定的。微课是基于某个知识点或教学主题建立起来的，各知识模块松散独立，呈现出课程学习的结构性特点。例如，李永乐老师发布了"李永乐老师给孩子讲物理"系列微课，使用相对独立的模块向青少年介绍经典力学、热学、经典光学等物理知识。

【拓展阅读】

面对突如其来的"微课热"，有不少人认为这只不过是教育领域突然掀起的一次"短时炒作"，噱头虽大，实用性却很小，对教学改革的作用不会很大。

这种质疑声大多来自对微课了解甚少且持有抗拒心理的人群，他们对新技术、新媒体不抱太大希望，主要以小心谨慎甚至冷眼旁观的消极态度来对待不断涌现的教育信息化热潮。因此，当"微课热"突然掀起时，他们会表现得麻木、冷淡、习以为常，甚至鄙视、反感、抵制。由于这类人过多地依赖过去的经验，一开始便掉入先入为主的陷阱，"有色眼镜"遮蔽了微课的教育价值和应用前景，这使得他们较难准确地定位和理解微课。在他们眼里，微课的教改作用不过像微风掠过湖面时漾起的涟漪，不值一提。因此，我们需要重新正视微课。

首先，"微课热"并非"炒作"，而是有其深刻的时代背景、巨大的现实需求和广阔的应用前景的。这是一个拥有众多名号的时代——信息时代、网络时代、数字时代、大数据时代、知识经济时代、后工业时代、后现代、创新时代、创意时代、创感时代、创客时代、数字化学习时代、学习型社会、碎片化时代、微时代（微博、微视频、微电影、微信等）。处在这样一个多样化的时代，学习者急需一种支持翻转学习、混合学习、移动学习、碎片化学习、泛在学习、个性化学习的新型数字化学习资源，帮助其从容应对信息超载、知识碎片化和自我更新的严峻挑战。工作任务繁重的一线教师更是急需一种支持其信息化教学、网络研修和专业发展的平民化新媒体和新技术。数字化学习资源的建设者亦急需更新换代，从以冗长乏味的课堂实录教学视频和常规多媒体课件为主体的资源建设旧模式转向灵活高效、可重用、"小、微、精"的资源建设新模式。而微课正是微时代视频技术的发展和延伸，其平民化、短小精悍、网络流媒体、符合网络时代学习者注意力模式等优势能够满足网络时代学习者、教师和资源建设者的迫切需求，而成为其"新宠"。MOOCs（慕课）的异军突起更是加剧了对微课的海量需求。依托云计算、物联网和大数据等新技术的有力支撑，微课的教育价值和应用前景将得到极大的扩展。

其次，微课有实实在在的教学成功先例。微课是一些短小精悍的视频，最早被人们关注的是可汗学院推出的系列微视频。这些视频用于学生自主学习，深受学生、家长的认可和好评，实现了用视频改造教育的目的。国内学者深受启发，将之取名为"微课"，从而为微课注入了本土化的理解和"灵魂"。在黎加厚、焦建利、胡铁生、李玉平等微课先行者的引领下，国内涌现出许多应用微课带动区域教育信息化的成功案例，如佛山微课实践和李玉平微课实践。胡铁生基于自身多年的实践撰文指出，微课将成为区域教育信息资源发展的新趋势。而对微课起源知之甚少的人们就会觉得微课来得过于突兀且来势汹汹，从而忽视了微课本身的价值，误解了它的"善良用意"。其实，微课在课前、课中、课后均有重要作用。微课用在课前，可以结合学习任务单实现导学功能，即帮助学生预习重点、难点和需要事先学习的内容，如回顾先前知识、唤醒已有经验、介绍背景知识、激发学习兴趣等，相当于攻城攻坚战之前的扫清外围、构筑攻城阵地、做好攻坚准备。微课用在课中，可以帮助学生解决重点、难点、疑点、易错点、易混淆点，完成知识内化，保持和强化学习兴趣，相当于攻城攻坚战中的攻克顽固堡垒、体验作战胜利。微课用在课后可以帮助学生复习、巩固重点、难点、疑点、易错点、易混淆点，扩展学习，促进迁移应用，引出后续学习内容，相当于攻城攻坚战之后的肃清残敌、巩固胜利、准备下一仗。开展基于微课的网络研修，包括说课、上课、评课和分享交流，将成为提升网络时代教师信息化教学与教研能力、促进教师专业发展的重要途径。在基于微课的网络研修中，微课支持教师的碎片化学习，可以缓解教师的工学矛盾；支持教师的个性化学习，可以提升研修的针对性和实效性；降低了技术门槛，有利于一线教师的全员参与；易于分享交流，便于研修成果的流通、可视化和最大化。在说课中应用微课，可以帮助教师提升信息化教学设计这一核心能力；在课前、课中、课后应用微课，可以解决重难点问题，支持学生个性化学习；在评课中应用微课，可以提升教学评价能力和教学反思能力。笔者认为，微课不仅将成为适应网络时代"教、学、研、专业发展"四位一体新需要的新媒体和新技术，也将成为教育资源建设的新趋势。

最后，正如中山大学王竹立所言："'微课热'是暂时的，微课却是长期的。之所以说微课是长期的，是因为微课符合了网络时代学习碎片化的需要。当微课与翻转课堂结合之后，会发挥更大的作用。"因此，不妨拨开微课起步时的"浮躁之气"，用发展的眼光来看待"沉淀后的微课"。"微课热"将演变成为一种教学常态。为此，每一个守望微课的教育人都必须付出更多的努力。第一，不要做盲目冒进者，要从理论和实践上加深对微课的理解。第二，避免陷入"凑热闹、追时尚、秀技术"的误区，要迅速进入"亲自践行、静心思考、注重内容"的佳境。第三，坚持并不断完善自己对微课的独特理解，把微课落实到某门课程的教学中，不要只停留在竞赛和功利的层面。如此脚踏实地，才能在"微课大潮"中找准方向，以免走向两个极端，成为微课的盲目支持者(冒进者)或完全反对者。第四，对于"微课大潮"中各种角色的人群，明智的策略是，微课先行者以智慧和热情引领跟进者(拥护者)，以卓越示范和培训转化观望者、中立者和反对者，善于从冒进者那里汲取经验教训，从冷静思考者那里发现问题。[①]

第二节　物理线上微课的设计要求

作为资源的物理线上微课要符合课程资源建设的相关要求。作为课程的物理线上微课则可被认为是物理概念、规律、实验及习题教学的延伸，要符合物理教学的一般要求，如启发性原则和以学生为中心原则等。同时，物理线上微课突破课堂的时空限制，学生可以在没有教师支持和引导的环境中学习。因此，在设计微课时，教师要考虑启发性和以学生为中心的要求；在制作时，教师要考虑适合网络传播和移动端播放的要求。

---

① 郑小军、张霞：《微课的六点质疑及回应》，载《现代远程教育研究》，2014(2)。

一、物理线上微课的要求

下面主要介绍作为课程的物理线上微课在设计和制作时需要注意的要求。

（一）选题内容的要求

微课针对的是物理教学中的特定主题，如物理概念、实验或具体的物理问题等。教师在课堂上一般也会进行分析和讲解，但将其制作成微课的重要原因是学生灵活学习的需要。例如，针对课程的重点内容，微课可为学生课后复习强化提供支持；针对常见的疑难问题分析，微课可为有需要的学生答疑解惑；针对非共性的错误分析，微课可为学生个性化学习提供诊断；等等。

此外，微课是以视频形式通过网络进行传播的，选取符合视频传播特征的教学内容能够最大化地发挥微课的作用和优势。物理教学中的许多内容都适合制作成微课进行网络传播，如科学家的事迹介绍、试题的规范解答、实验的规范操作、具体问题的推理分析等。但也有一些内容不建议制作成微课，如物理概念和规律的引入与讲解，时长短的微课能够引出所要讲解的概念或规律，但无法讲清讲透，容易给人意犹未尽的感觉。

（二）技术性的要求

微课的技术性主要体现在制作方面，依据课程的主题内容、教学行为的特点等选择适宜的技术、表达方式来制作微课是至关重要的。在视频的影像表达上，要充分考虑到镜头语言的表意性以及镜头的组接、多媒体的应用对学习者的影响。

根据录制微课技术的要求，可以将微课分为以下两种。

一是基于个人计算机桌面录屏的微课。这种微课是众多教师的首选，操作简单易学，成本也低，仅需计算机、麦克风加一个录屏软件。

二是基于专业录制设备加后期制作的微课。这种微课的效果比录屏模式的微课好很多，但对拍摄环境、设备等要求相对较高，一般需要专业团队的支持。

此外，微课还可根据教师是否出镜分为真人出镜模式和课件模式。

（三）艺术性的要求

微课设计的艺术性要求体现在两个方面。一方面是教学呈现的艺术性。微课的教与学是时空分离的，教师应凭借经验赋予微课独特的认知，利用教学艺术激发学习者的参与兴趣，拉近师生之间的情感距离。另一方面是视频影像呈现的艺术性。影像表达是技术支撑下的艺术创作，须考虑其呈现的艺术效果，以刺激学习者的感官、优化学习体验。

二、物理线上微课的设计

物理线上微课的设计应以问题解决为导向，将重点放在问题引导上，将问题解决作为教学活动的目标。

以问题解决为导向的微课设计要强调问题意识，要考虑微课应从哪些方面体现这一设计思想。其流程主要包括问题设计、学习目标设计、学习内容设计、学习资源设计和脚本设计，如图 11-1 所示。

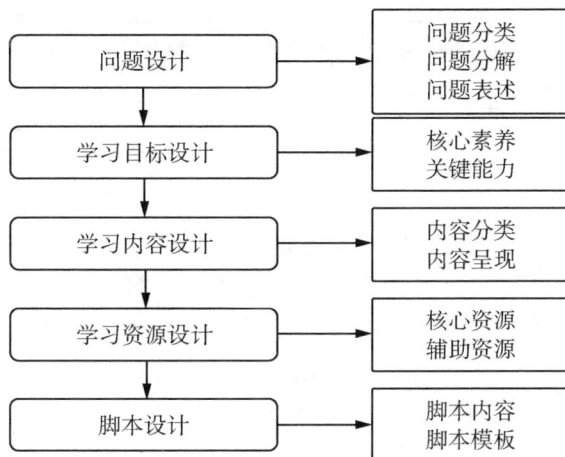

图 11-1　物理线上微课设计流程

以问题解决为导向的微课设计首先应设定问题。该问题可作为微课的标题，然后对其进行分类和分解，将其变成若干个相关联的子问题，再根据问题表述利用分类学表设定学习目标。

在此基础上对学习内容进行分类，针对不同类型的学习内容分别进行内容呈现设计，最后根据不同的学习内容和学习目标制作微课脚本，作为微课制作的参考。

以问题解决为导向的微课设计从问题设计、学习目标设计、学习内容设计、学习资源设计到脚本设计都应以教育目标分类理论为基础，各部分环环相扣。

三、物理线上微课的制作

微课的制作是按照微课设计的要求，依据微课脚本录制、编辑视频并进行网络发布的过程。下面介绍一种微课脚本设计的参考模板和若干微课制作软件供参考。

（一）微课脚本

微课脚本的内容一般包含微课基本信息、微课描述信息和微课教学过程三部分。其中微课基本信息主要包括学科、名称、时长、设计者等基本内容。微课描述信息包括学习目标、问题类型、目标类型、内容描述、呈现设计（呈现资源、呈现策略、呈现方式）、设计思路和参考资料。微课教学过程包括片头、导入、正片、总结和结束语的时间段、内容和策略（如表 11-1 所示）。

表 11-1　微课脚本设计

微课基本信息		
学科		
名称		
时长		
设计者		
微课描述信息		
学习目标	问题类型	目标类型
	□事实性知识问题 □概念性知识问题 □程序性知识问题 □元认知知识问题	□记忆 □理解 □运用 □分析 □评价 □创造
内容描述		
呈现设计	呈现资源	
	呈现策略	
	呈现方式	
设计思路		
参考资料		

续表

微课教学过程			
	时间段	内容	策略
片头			
导入			
正片			
总结			
结束语			

　　微课基本信息主要是制作微课必须记录的信息。微课描述信息里的学习目标可参考教育分类目标制定，对教育目标进行清晰的分类有助于教育工作者弄清楚隐藏在目标中的知识与认知过程之间的一致关系。

　　微课描述信息中的学习目标、问题类型、目标类型、呈现设计（呈现资源、呈现策略、呈现方式）和设计思路等，可参考本书第二章、第三章等相关内容进行撰写。参考资料是指在微课制作过程中所用到的资料，类似学术论文写作中的参考文献，既可作为微课学习资源的出处，也可为微课二次编辑提供素材。

　　微课教学过程中的导入、正片、总结与教学设计的导入、新课讲解、课堂小结类似，不仅要有时间设计，还要有内容和设计意图分析；片头和结束语则是微课的重要组成部分，用于提醒学习者学习的开始和结束，类似课堂教学中教师"上课""下课"的指令。

　　(二)微课制作软件

　　教师个人制作微课常用的软件一般包括进行文本处理的办公软件和录屏软件，有时还需要用视频编辑软件。下面介绍几种常用的软件。

　　Microsoft Office PowerPoint 是微软公司的演示文稿软件。用户可以在投影仪或计算机上进行演示，也可以将演示文稿打印出来制作成胶片，以便应用到更广泛的领域。2010 及以上版本可保存为视频格式。

　　Camtasia 是专业的屏幕录像和视频编辑软件套装。该软件套装提供了屏幕录像（Camtasia Recorder）、视频的剪辑和编辑（Camtasia Studio）、视频菜单制作（Camtasia MenuMaker）、视频剧场（Camtasia Theater）和视频播放（Camtasia Player）等功能。用户可以利用它轻松实现屏幕操作的录制和配音、视频的剪辑、添加说明字幕和水印、制作视频封面和菜单、视频压缩和播放等。

Adobe Premiere Pro 是由 Adobe 公司开发的一款视频编辑软件，广泛应用于广告制作和电视节目制作中。用户运用 Premiere 可以实现采集、剪辑、调色、美化音频、字幕添加、输出、刻录等一整套流程，满足高质量作品创作的要求。

【拓展阅读】

微课设计与制作[①]

1. 选题

微课针对特定的主题，如核心概念、单个知识点、某教学环节、教学活动等，教学目标明确，教学内容清晰，能够在很短的时间内讲解清楚。而且学习者很感兴趣，容易在短时间内掌握。因此，微课的选题要在众多的知识点或教学环节中提炼出重点、难点或兴趣点并予以重点讲解。微课内容可以是知识讲解、题型精讲、技能演示、总结归纳、知识拓展、教材解读、方法传授、教学经验交流等。

学习一般不像玩游戏那样有趣，要想在生活碎片时间里利用微课进行移动学习、泛在学习，就要求微课选题实用准确，内容生动有趣，形式短小精悍。就像在微博中不能长篇大论一样，微课不适合对过于复杂而又不能分割论述的学习内容进行讲解。因此，无关紧要、主题不明显、没有特色或对学习者没有吸引力的教学内容或活动，没有必要作为微课进行开发，那样既起不到微课引导自主学习的效果，还会增加微课管理系统的负担，造成教学内容的冗余。

2. 教学设计

梁乐明在对国内外 36 门微课进行对比分析的基础上，提出了微课的设计模式。在该模式中，首先做前端分析，对微课的学习者特征、教学任务和学习内容进行分析，然后根据布卢姆的学习目标分类理论确定合适的学习目标，根据教学内容、教学环节、教学活动和方法确定合适的微课类型和组成要素，制定符合学习者特征、学习内容和教学形式的教学策略，设计教学视频的情景、案例、教学过程，以及相关的网络教学支持材料和评价、反馈机制等。

在进行微课视频或多媒体课件设计与制作时，要尽量减少学习者的认知负荷。认知负荷理论认为，影响认知负荷的基本因素是学习材料的组织与呈现方式、学习材料的复杂性以及学习者的先验知识。微课主题明确、内容短小，要求在尽可能短的时间内将教学内容组织好、讲清楚，而且要生动、有趣。尽量

---

① 孟祥增、刘瑞梅、王广新：《微课设计与制作的理论与实践》，载《远程教育杂志》，2014(6)。

将复杂问题简单化，避免给学习者有限的工作记忆空间带来太大的压力。要适度安排原生性认知负荷，降低无关性认知负荷，优化相关性认知负荷。

根据掌握学习操作程序中的形成性评价原则，在微课视频学习完成后对学习者的学习效果进行形成性评价，有利于巩固、强化所学知识。因此，应在微课视频的支持材料中提供适量的练习题以巩固学习内容。微课的练习题可以是确定性的选择题，也可以是开放性的思考题，对素质教育类学习内容来说，后者更合适。练习题不宜太多，不要增加学习负担，让学习者有兴趣、有能力主动完成练习。

3. 视频制作

视频是微课的核心内容，大多采用流媒体形式呈现教学过程。微课的教学过程要简短完整，包括教学问题的提出、教学案例或情景导入、教学内容讲解、教学活动安排、引导和启发学生开展协作学习与探究学习等。根据记忆的信息加工理论，只有受到注意的信息才能得到人脑的进一步加工，只有被注意到的感觉记忆（瞬时记忆）才能进一步加工成为工作记忆（短时记忆）。因此，在微课中吸引并保持学生的注意是成功的关键。

微课的类型不同，可能有不同的教学主题导入方式，但都要快速、准确，力求新颖、有趣，能够很好地吸引学习者。微课应开门见山地进入主题，或采用承上启下的语言引出主题，或设置疑问、悬念等引出主题；也可以从学习者熟悉的与生活相关的现象或感兴趣的案例引入主题。从吸引学生注意力和引起学生学习兴趣的角度看，后者效果更好。例如，采用与教学主题密切相关且有趣的案例、事件等，很容易引起学习者的学习兴趣和注意，就像好的电影片头那样一开始就抓住观众的心，吸引观众继续看下去。

微课在讲解教学内容时要清晰明确，沿着教学主题逐步展开，突出重点，去除烦冗。教师在整个教学过程中，应有意识地采取恰当的措施保持学生对学习内容的注意力，而不为外界噪声等与学习无关的刺激所分心。因此，在微课中呈现的学习内容需要突出显示，引导学习者顺利地将选择性注意转换为工作记忆，不要太多无意义的装饰，避免对主要学习内容产生干扰。

微课的收尾、总结要简洁明了，留出学生思考、回味的空间。由于微课时间很短，学习内容少，往往都在学习者的短时记忆中，适当而简短的总结可以使学习者对学习内容加深印象，减轻学生的记忆负担。但也不是每个微课教学都需要对学习内容进行小结，留出学生思考、回味的空间更重要，教学视频外的支持材料更适合学习总结和拓展。

4. 辅助材料

微课除教学视频外还有相关的支持材料，辅助微课的视频教学通常包括微课教学内容简介、教学设计的教案或学案、多媒体教学素材和课件、教师课后的教学反思、练习测试、学生的反馈及学科专家的点评等。但不是样样都要有，应根据教学目标、教学内容和教学活动等选择必要而又简明的支持材料，避免冗余、过多过乱、与主题联系不是很紧密的辅助或拓展材料。

值得注意的是，在各类微课比赛的评价指标中有不同的要求。例如，文字材料要求有教师简介、教学内容说明等，视频片头要求有标题、作者、单位，教学过程要求有教师与学生镜头，体现教师风采、师生交互等。这些在微课的实际教学应用中不是必需的。因此，制作微课不应受微课比赛的评价指标影响（为比赛而制作的微课另当别论）。

5. 上传与反馈

微课视频和相关材料制作完成后，要上传到相应的网络环境。如果是为了参加微课比赛，应上传到指定的网络平台，并且按规定的技术要求和规范调整视频分辨率和速率参数，以及填报要求的参赛信息等。如果是为某课程或相关主题、领域的网络教学而制作的微课，应上传到相应的网络平台，并按平台要求对用户点评、疑问等进行答疑、反思、更新等。

目前，有关微课的网络平台还不是很多，有些是为微课比赛建立的网络平台，带有明显的评比色彩；有些是支持微课网络学习应用的网络学习平台。针对微课教育特点的网络学习环境还需要进一步研究、开发和完善。

6. 评价与修改

微课的评价应从教育性、技术性和应用效果三方面通盘考虑。

微课的教育性包括教学目标、教学内容组织、教学策略和教学评价等。应做到教学目标明确，教学主题突出，针对的学习对象明确；教学内容组织有序，教学环节承接自然，安排合理恰当，知识单元相对完整，课程说明清晰；教学内容表现方式恰当，形式新颖；视频讲解深入浅出，生动有趣，画面美观，语言亲和，节奏恰当；配套的学习资源适量，不宜太多，与教学主题紧密结合，练习和思考题富有趣味性和启发性，能吸引学习者主动完成。

微课的技术性包括微课本身的技术性与艺术性和平台环境的技术性与共享性。视频制作应符合技术规范，如分辨率、码流速度等。视频、课件画面布局美观协调，文字、色彩搭配合理，符合学习者认知风格。微课的支持材料也要符合相应的技术规范，相对完整，形式尽量多样化。微课平台的技术性包括系列微课的有效组织、检索、访问、浏览、上传、评论等，并能提供学习指导、信息提示、学习者之间和师生之间的在线或离线交互以及学习者与媒体之间的交互，能够追踪记录学习者的个人学习过程，提供相关主题资源的推荐和推送等。

微课的应用效果受微课的教育性和技术性影响很大。微课的教育性好、技术性强，微课的应用效果一般会比较好，表现在微课的点击率、点赞率、用户评价、作者与用户互动情况、收藏次数、分享次数、讨论热度等综合评价上。

第三节 物理线上微课的教学设计案例分析

课题：牛顿第一定律的探索。

一、问题设计

牛顿第一定律的发现历程包含非常丰富的科学思想和方法，是进行科学本质教育的重要资源和素材。实践教学中，教师常常没有足够的时间向学生分享隐藏在其中的宝贵资源。

现行高中物理教材由于篇幅等方面的限制，仅介绍了亚里士多德的观点、伽利略的研究和牛顿的总结，而对亚里士多德的成就、笛卡尔等科学家的贡献少有涉及。这使得学生难以从教材中整体感受科学研究的曲折和艰辛以及科学发生重要转折的原因，部分学生甚至产生了"亚里士多德的观点都是错误的""伽利略的才能达到非人类的程度"等误解。

此节微课的设计旨在还原物理学史和科学家的思维过程，帮助学生理解科学研究的过程，体会物理学家对待科学严谨认真的态度，了解科学的本质。

二、学习目标设计

通过对亚里士多德、伽利略等人的观点的介绍和分析，了解这些观点形成的过程，感受其中的科学观念、科学思维和科学方法。

了解科学研究是逐步深化、曲折发展的过程，体会科学研究的本质和刨根究底的科学精神。

三、学习内容和资源设计

根据研究的历史进程，学习内容和资源设计如下。

（一）亚里士多德的研究

在中国古代，墨子提出了"力，重之谓""力，刑之所以奋也"等观点（如图11-2所示），将重量看作一种力，并指出力是物体加速运动的原因。

科学书屋

我国古人对"力"的认识

人类很早就对力有了较深刻的认识。"力"在甲骨文中像一种耕地的农具——耒耜(lěi sì)。在一根削尖的木棍下部绑一根短横木,使用时手持木棍上端,同时用脚踏横木,将其戳进土里,再压柄翻土。我国古代思想家墨子最早提出力的定义:"力,刑之所以奋也。"

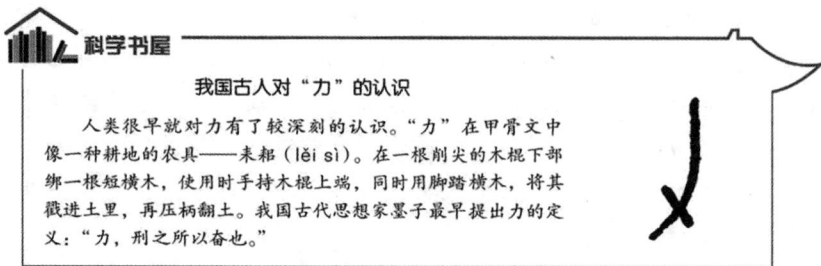

图 11-2　我国古人对"力"的认识

除墨子外,古希腊先贤也对力学现象有过诸多讨论,提出了许多关于力学现象的观点。亚里士多德基于四元素说(世界由水、气、火、土四元素构成)认为,由于世间万事万物构成元素不同、轻重不同,它们的自然归属地也就不同:由气和火构成的(如烟)比较轻,它的自然归属地在上方;由水和土构成的(如石头)比较重,它的自然归属地在下方。物体都有回归自己的自然归属地的"愿望",要想让它们反方向离开,则需要外界的强迫作用。用今天的话说,就是需要力才能使物体移动。

亚里士多德的观点和推理方法在其后约 2000 年的时间里一直得到人们的普遍认同,当然也有学者对其提出异议,其中就包括喜帕恰斯、菲洛波努斯、布里丹、奥里斯姆和达·芬奇等,为伽利略的研究奠定了良好的基础。

(二)伽利略的研究

当时物理学的主流观点把运动分为两类:自然运动和受迫运动。伽利略在前人的启发下认为这样的划分是不全面的,他清楚地知道,要建立新物理学就必须推翻旧物理学所依赖的哲学基础。他通过实验与数学的方法探究运动的本质,提出"阻力",把运动与力的关系的研究向前推进了一大步。

伽利略从钟摆的往复运动中获取灵感,在《关于托勒密和哥白尼两大世界体系的对话》中通过两个人物的对话表达了他的观点。

萨尔维阿蒂:我不要你陈述或回答你并不确实知道的事情。现在告诉我,假如有一个像镜子一样光滑的平面,是用钢那样的坚硬材料做成的。这个平面同地平线并不平行,而是有些倾斜。如果在这平面上放一个球,一个用铜那样又硬又重的材料做的圆球。你认为把球放开之后的情形会是怎样?是否同我一样,认为它将停在原地不动呢?

辛普利邱:那个平面是斜的吗?

萨尔维阿蒂：是的，假定的是这样。

辛普利邱：我绝不相信它会在原地不动；相反，我认为它肯定会自发地沿斜面滚下来。

萨尔维阿蒂：请仔细考虑你说的话，辛普利邱，因为我有把握说，不管你把它放在什么地方，它都是在原地不动的。

辛普利邱：好吧，萨尔维阿蒂，只要你引用的是这种假定，那么你推论出这样错误的结论也就不足为奇了。

萨尔维阿蒂：那你肯定它会自发地沿着斜面向下运动吗？

辛普利邱：这难道还有什么可以怀疑的吗？

萨尔维阿蒂：你认为这是理所当然，并不是受了我的影响——事实上，我是企图以相反的话来说服你——而全都是出于你自己，凭你自己的常识做出的判断。

辛普利邱：哦，现在我看出你的诡计来了。你刚才这样说，正如俗语所说，目的是考考我，使我为难或者揭我的底，而不是因为你真的这样认为。

萨尔维阿蒂：正是这样。现在这个球会滚多久、多快呢？请记住我说过是一只圆球和一个光滑的平面，完全没有外部的和意外的阻碍。同样，我要你排除任何由于空气阻力而产生的阻碍，以及其他可能发生的意外障碍。

辛普利邱：我完全懂你的意思，对你的问题，我的回答是，只要斜面延伸下去，球将无限地继续运动，而且不断加速，因为运动着的重物的本性就是这样，重物"越走越有力"；斜面越大，速度越快。

萨尔维阿蒂：但如果有人要使球在这同一平面上向上运动，你认为行吗？

辛普利邱：要它自发地向上运动，不行；但用力向上推或扔的话，是可以的。

萨尔维阿蒂：要是用强加于它的冲力把它推出去，它的运动将会怎样？有多久？

辛普利邱：它的运动会不断地慢下来，速度减小，因为不是出于它的本性，运动的长短将取决于冲力的强弱和向上斜度的大小。

萨尔维阿蒂：很好，到现在为止，你对我说明了在两个不同平面上运动的结果。在向下倾斜的平面上，运动着的重物自然地下降并不断加速，需要用力才能使它静止。

通过理想斜面实验（如图 11-3 所示），伽利略认为：任何一个被赋予速度的物体，只要除去加速或减速的外部原因（即阻力），水平方向没有受力，则这个物体将一直运动下去，而它的"直线"运动轨迹是沿着与地心等距的曲线。

（三）笛卡尔的研究

关于运动的研究，笛卡尔的观点与伽利略也大相径庭，前者认为直线运动是运动的本性使然，而后者认为圆周运动是自然运动。事实上，笛卡尔的运动思想继承了古希腊的原子学说，这种学说认为原子本质上只做直线运动，只有在经过碰撞后才会改变方向。笛卡尔认为自然运动是直线运动，惯性原理就由此引出。

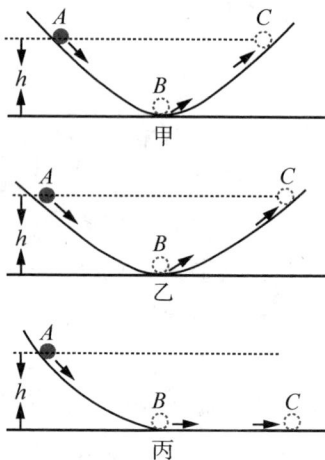

图 11-3　理想斜面实验

笛卡尔证明：物体一旦运动起来，如果不为外因所阻止，则永远继续运动下去。他在《哲学原理》中指出，任何运动着的物体本身都力求按直线运动，而不按曲线运动。因为"神"是运动的原因，运动本身没有任何力量，只能做直线运动，做曲线运动的物体是由于外因才离开物体的最自然的直线运动，这就纠正了伽利略的"物体的自然运动是圆周运动"的错误观念。

笛卡尔提出：没有外物改变它时，每个事物都保持它原来的状态；所有运动都倾向于在直线中继续它的运动。直线运动是笛卡尔对惯性定律的一次飞跃性贡献，至此，惯性定律已具模型。许多教材对笛卡尔的介绍很少，忽略了科学史如此重要的一环是值得反思的，需要对笛卡尔的贡献有所说明。

（四）牛顿的总结

牛顿用力的概念取代了笛卡尔的"运动量"，对力的概念和动量的概念进行了定义，明确了其在《自然哲学之数学原理》一书中所述惯性定律中"外力"的含义。力的定义的完成进一步明晰了惯性定律，牛顿进行了更进一步的工作。

1. 推广

由于对古希腊原子论的继承，笛卡尔所研究的实体范围是单个微粒。而牛顿对这个范围进行扩大，从地球上的苹果延伸至浩瀚宇宙中的星体。牛顿把笛卡尔的表述中的"单个微粒"拓展到"一切物体"，实现了由个别到一般的飞跃。

2. 细化

牛顿把笛卡尔的表述中的"倾向于在直线中继续它的运动"明确区分为静止和匀速直线运动两个状态。

四、脚本设计

表 11-2　脚本设计表

微课基本信息	
学科	高中物理
名称	惯性定律发现过程
时长	5 分钟
设计者	×××

微课描述信息		
学习目标	问题类型	目标类型
	☑事实性知识问题 □概念性知识问题 □程序性知识问题 ☑元认知知识问题	□记忆 □理解 □运用 ☑分析 ☑评价 □创造

内容描述		
呈现设计	呈现资源	亚里士多德的研究 伽利略的研究 笛卡尔的研究 牛顿的总结
	呈现策略	启发式设问和阐述
	呈现方式	图片、文字、动画
设计思路	教学流程　　　　　　设计意图	

设计思路 教学流程 / 设计意图：

物体运动的原因是什么 → 从学生熟悉的问题出发，激发探索兴趣

亚里士多德的思考和解释 → 了解亚里士多德的思维过程，体会观察和思辨的方法

伽利略的质疑和解释 → 了解伽利略的思考和研究过程，体会科学精神和态度

伽利略结论的不足和笛卡尔的完善 → 了解伽利略研究的局限和笛卡尔的研究，感受科学研究的曲折

牛顿的总结 → 了解牛顿总结的内容和对物理学的贡献，体会科学的本质

续表

参考资料	[1][意]伽利略:《关于托勒密和哥白尼两大世界体系的对话》,上海外国自然科学哲学著作编译组译,191～194页,上海,上海人民出版社,1974。 [2][意]伽利略:《关于两门新科学的对话》,武际可译,156～158页,北京,北京大学出版社,2006。 [3][英]牛顿:《自然哲学之数学原理》,王克迪译,1页,北京,北京大学出版社,2006。 [4]郭奕玲、沈慧君:《物理学史(第2版)》,9～10、26页,北京,清华大学出版社,2005。 [5]李良杰:《牛顿第一定律的教材编制摭论》,载《课程教学研究》,2013(2)。 [6]白小珍:《物理教学中的思维方法教育——伽利略理想斜面实验谈》,载《中学物理教学参考》,2011(7)。 [7]炎冰:《怀疑、我思与数学原则——笛卡尔科学哲学思想探微》,载《科学技术与辩证法》,2008(5)。 [8]刘丽君、何朝安:《笛卡尔自然观及牛顿的承继转变》,载《现代商贸工业》,2019(34)。

<table>
<tr><td colspan="4" align="center">微课教学过程</td></tr>
<tr><td></td><td>时间段</td><td>内容</td><td>策略</td></tr>
<tr><td>片头</td><td>10秒</td><td>介绍课题及教师</td><td>图片展示</td></tr>
<tr><td>导入</td><td>30秒</td><td>提出问题:物体的运动需要力来维持吗?</td><td>阐述</td></tr>
<tr><td>正片</td><td>3分30秒</td><td>介绍亚里士多德的研究和观点、伽利略的反驳、笛卡尔的研究与完善、牛顿的总结</td><td>阐述</td></tr>
<tr><td>总结</td><td>30秒</td><td>学习科学家研究的思想方法和科学精神</td><td>阐述</td></tr>
<tr><td>结束语</td><td>10秒</td><td>结束语及制作团队</td><td>图片展示</td></tr>
</table>

五、微课讲稿

【阐述】物体的运动在生活中无处不在,水里游动的鱼、地上奔跑的小狗、天空中飞翔的雄鹰……运动现象无处不在而又如此美丽神秘,引发无数人的思考。

【阐述】惯性定律的发展经历了一个漫长的时期,一切还要从运动说起。在中国古代,思想家墨子在《墨经》中记录了许多其对物理现象的思考,其中包括小孔成像以及对力的认识。"力，刑之所以奋也"讲的是物体由静而动、动而愈速的原因。

【阐述】时间来到古希腊时期，无数伟大智者都想揭开运动的神秘面纱，亚里士多德在四元素说的基础上发展了五元素说，他认为世界由水、气、火、土、以太五种元素构成。作为国王的老师，他拥有足够的财力人力帮助他寻找答案。

【阐述】通过大量的观察，他认为必须有力作用在物体上，物体才能运动；没有力的作用，物体就要静止。

【提问】事实真的是这样吗？有人提出质疑，按照这个说法，物体在空中运动是由于物体背后形成了虚空，空气推动了物体运动。那么又是什么推动了空气运动呢？

【转折】你可能会说，是后面的空气推动了前面的空气运动，那么后面的空气又是什么推动的呢？这样就需要一个神秘而可怕的第一推动力。

【阐述】这个问题亟待新的发展。时间来到文艺复兴时期，问题由另一位令人敬佩的伟人接手，这个人就是伽利略。伽利略由钟摆带来的灵感合理外推，在单摆模型中，物体从 A 点释放，若没有阻力，物体可以到达与 A 点等高的 C 点。此时把圆弧轨道换成斜面，改变斜面倾角，在没有阻力的情况下，小球将沿着斜面到达右边等高的地方，逐渐减小倾角，使斜面变成平面，物体为了到达原来的高度，将一直运动下去（如图 11-4 所示）。如果这个平面非常大，那这个平面就包围地球的球面，否则物体只会离地球越来越远，就不会一直运动下去了。

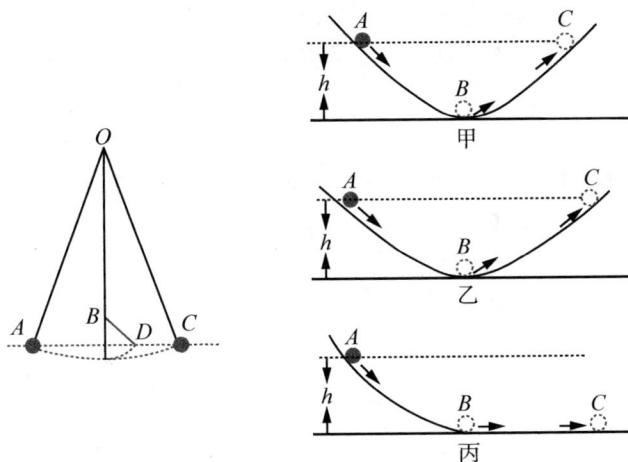

图 11-4　单摆与理想斜面实验

【阐述】伽利略从理想斜面实验中不仅得到了"物体若不受力的作用将永远运动下去"的结论，他还设想如果地球表面是光滑的，运动的物体就会环绕地球永远运动下去。当然，这就不是做匀速直线运动了。可见，即使是伟大的伽利略，受限于当时的条件和所能获得的信息，也可能得到错误的结论。

【结论】伽利略认为，水平方向没有受力的有初速度的物体将一直运动下去，而它的运动轨迹是与地心等距的曲线。

【提问】在亚里士多德的观点盛行的情况下，伽利略的大胆质疑和对真理的执着令人佩服，这已经触及惯性定律的一个核心——保持运动状态。那么，这种不需要力维持的最自然的运动到底是不是圆周运动呢？

【阐述】有人提出了不同的观点，这个人就是笛卡尔，他本身是一位非常伟大的哲学家。在对这个问题进行思考过后，笛卡尔从原子论的灵感出发，认为最自然的运动不是圆周运动，而是直线运动。

【结论】总结起来就是：①没有外物改变它时，每个事物都持续存留在它所处的状态中；②所有运动都倾向于在直线中继续它的运动。可见，笛卡尔已经完全触及了惯性定律的两个核心，即保持运动状态和直线运动。但他的理论还有一定弊端，即研究对象是"一切微粒"，既没有对"运动状态"进行具体的说明，也漏掉了静止状态。

【阐述】牛顿接手了这个问题，他总结了前人经验。牛顿用力的概念取代了笛卡尔的"运动量"，对力的概念和动量的概念进行了定义，明确了其在《自然哲学之数学原理》一书中所述惯性定律中"外力"的含义。力的定义的完成进一步明晰了惯性定律，牛顿进行了更进一步的工作。

推广：牛顿把笛卡尔的表述中的"单个微粒"拓展到"一切物体"，实现了由个别到一般的飞跃。由于对古希腊原子论的继承，笛卡尔所研究的实体范围是单个微粒，而牛顿对这个范围进行扩大，从地球上的苹果延伸至浩瀚宇宙中的星体。

细化：牛顿把笛卡尔的表述中的"倾向于在直线中继续它的运动"明确区分为静止和匀速直线运动两个状态。

【结论】惯性定律正式形成。

【提问】但事实上，在牛顿的《自然哲学之数学原理》中，他仍然把惯性描述成一种力。此外，你对惯性定律是否有新的思考呢？例如，惯性定律是否适用于一切情况呢？有没有更好、更简洁的定律取代它呢？有兴趣的同学可以阅读广义相对论。

【结语】同学们，由此可见，物理定律的发现并不是一蹴而就的，往往需要许多人智慧的积累。在这个过程中，需要的是一颗勇于探索的心，对权威的勇敢质疑，以及追求真理的心，当然，正确的方法论也是必不可少的。

【思考练习】

1. 结合教学实例论述将物理微课应用于课堂教学的可能途径和方法。

2. 中学物理微课的设计与物理概念、规律的教学设计有何差异和联系？

3. 通过本章的学习，请以某一实验（或某一物理学史）为主要内容，设计并制作一节 10 分钟以内的微课。

【推荐阅读】

[1]胡铁生，黄明燕，李民. 我国微课发展的三个阶段及其启示[J]. 远程教育杂志，2013，31(04)：36-42.

[2]郑小军，张霞. 微课的六点质疑及回应[J]. 现代远程教育研究，2014(02)：48-54.

[3]汪滢. 微课的内涵、特征与适用领域——基于首届全国高校微课教学比赛作品及其征文的分析[J]. 课程·教材·教法，2014，34(7)：17-22.

[4]苏小兵，管珏琪，钱冬明，等. 微课概念辨析及其教学应用研究[J]. 中国电化教育，2014(07)：94-99.

[5]孟祥增，刘瑞梅，王广新. 微课设计与制作的理论与实践[J]. 远程教育杂志，2014，32(6)：24-32.

[6]赖勇强. 微课资源开发与应用中存在的问题与对策[J]. 教育理论与实践，2019，39(17)：41-43.

[7]莫葵凤，郑小军，卿萍. 个性化微课：种类、特征及设计要点[J]. 中国教育信息化，2019(08)：6-9，15.

[8]王朔. 初中物理实验微课的设计与制作[D]. 重庆：西南大学，2022.

[9]丁颖. 高中物理教学中微课的设计与应用研究[D]. 扬州：扬州大学，2018.

[10]孙爽. 中学物理微课的设计与开发[D]. 济南：山东师范大学，2015.

第十二章　物理教学设计的口头表达——说课

章前导语

　　说课作为教学设计的一种口头表达形式，已成为当前中学物理教学中常见的教研活动方式。同时，说课作为教学理论与教学实践相结合的重要体现，能够很好地反映说课者所具备的教学和教研的真实能力和水平。因此，说课在常规教研、教师招聘、教学竞赛和职称评审等方面有着广泛的应用。

　　本章共有四节内容：第一节简要介绍说课的概念、实质、特点与类型；第二节重点阐述了说课的主要内容与基本要求；第三节对比分析说课与讲课的区别与联系；第四节给出一个中学物理说课案例，并进行简要分析。

第一节　说课的内涵与特征

一、说课的内涵

（一）说课的概念

　　说课就是说课者以教育教学理论为指导，在进行精心教学设计的基础上，面对同行、专家、领导或教学研究人员，主要采用口头语言，并借助相关辅助手段，系统地阐述自己对某节课或某单元的教学设计及其理论依据，并与听评者一起就教学设计的科学性、可行性、有效性以及实际教学过程和教学效果等进行评析、预测或反思，从而使教学设计和实施不断趋于完善的一种教学研究形式。

（二）说课的实质

　　说课的实质主要表现为两个方面。一是从说课的内容和表现来看，主要就是说教学设计，因此，它是教学设计的一种表现形式。如果把教案（教学设计方案）看作教学设计的文本表达，那么说课就可以被看成教学设计的口头表达。二是从说课的目的和功效来看，它是一种教学研究形式。说课不仅呈现教学设计的结构和内容，还反映教学设计的理论依据及教学效果的预测或反思，从而实现说课者和听评者双方在教学及研究方面共同交流提高的目的。

二、说课的特征

说课不同于讲课，它之所以能在当前的教学或教研中被普遍采用，是因为它具有一些优势和特点。

(一)实用性

作为一种教学研究形式，说课近些年来受到的关注程度日益增长。一些学校的教研活动常以说课的形式进行，因为说课时教师不仅要说出课堂教学"教什么"和"学什么"以及"怎么教"和"怎么学"，还需要说明自己的教学设计的理论依据，即"为什么这么教"和"为什么这么学"，从而真正做到知其然且知其所以然。它既能够反映教师的专业水平和学科素养，又能够体现教师的教育教学理论功底和整体教育教学能力。因此，通过说课来选拔或训练优秀教师是一条非常有效且实用的途径。

许多教师招聘、考核或竞赛都以说课的方式进行，这也显示了说课的实用性。

(二)便捷性

说课的对象是同行或专家，通常不需要学生参与，对时间和场地的要求也不高，而且比较灵活，一般可以很容易地找到比较合适的时间和场地。在时间上，可以选择上班时间，也可以选择课余时间。在场地上，可以在教室、实验室，也可以在办公室、会议室，甚至可以在室外，当然，还可采用线上的形式进行。因此，说课在操作上简便易行，可做到日常化、常态化。

比起日常的讲课或上课，说课对于各种条件或环境的要求大大降低。它不仅能有效促进教师业务水平的提高，还大大提高了教研活动的效率。

(三)规范性

说课虽然操作简单、实施便利，但并不是"随便说一说"或"随意聊一聊"，它有严格的规范和要求。说课是建立在良好教学设计基础之上的，因此，要想说好一节课，就需要做大量充分的准备。例如，要研究课程标准，要吃透教材，要了解学生情况，要掌握说课结构，要组织和凝练语言，等等。这反映了说课具有较强的规范性。

(四)交流性

说课作为一种非常实用的教研形式，除了通常在学校内部的教研活动中使用，也逐渐推广到市级、省级的活动等。例如，河南省某些地市的中小学教师招聘考试、河南省特岗教师招聘考试均采用了说课形式。又如，河南省高等学校师范类专业毕业生教学技能比赛的主要环节就是说课。这种说课起到了很好的示范和交流作用。

三、说课的类型

说课按照不同的分类标准，可以分为多种类型。

按说课学科来分，可分为语文说课、数学说课、英语说课、物理说课等。

按说课目的来分，可分为研究型说课、示范型说课、评比型说课、考核型说课等。

按说课与讲课的先后关系来分，可分为课前说课、课中说课、课后说课。

按说课主体来分，可分为教师说课、师范生说课。

按说课内容来分，可分为理论型说课、实践型说课等。

【拓展阅读】

说课的产生与发展

1987 年年底，河南省新乡市红旗区为参加市"教坛新秀"评比，需要选出本区的参赛选手，但因时值期末，采用上课评选的方式已不可能，于是有人提出选几堂课，重点听一听教师的课堂设计。大家认为这种方式省时、高效、简便易行，而且能评出教师的业务素质、理论水平和教学能力，于是借鉴戏剧界导演给演员"说戏"的做法，给这种教研活动取名为"说课"。

红旗区教委及时抓住这偶然一得，经过几年的试验、研究和推广，完成了由偶然到必然、由感性到理性、由自发到自觉的过程，形成了一套完整的说课体系。

说课于 1991 年被《中国教育报》首次报道后，先后有二十多家省级及以上报刊对红旗区的说课活动做报道，并给予高度评价。

1994 年，全国说课研究协作会应运而生。教育科研部门、教育行政部门、学校、教研室等各级不同职能单位通过说课，形成了一定的合作教研氛围。

随后，在全国各地，校级、镇(乡)级、县(市)级、省级、国家级等单位开展了说课活动，由小到大、由点到面，犹如雨后春笋，逐渐蓬勃壮大。

第二节　说课的内容与要求

一、说课的主要内容

从实质来看，说课其实就是说教学设计，因此，其结构和内容与教学设计基本一致，只不过表述方式略有不同。总体来说，说课的结构可以分为课前分析、教学设计、教学评价、教学(或设计)反思四个部分，具体内容主要包括以下几个环节。

(一)说教材

教材分析是进行教学设计的重要基础和前提，是说课中的课前分析的重要组成部分。物理教师在进行说课前要非常熟悉教材内容及其各部分之间的逻辑关系，明确该节课内容在本章、整本教材乃至初(高)中物理学科中的地位与作用，理解教材的编写思路和特点，还要弄清该节课内容与前面所学内容及后续待学习内容之间的衔接与过渡等。

当然，在说教材之前，教师也要分析一下课程标准。

(二)说学情

心理学家奥苏贝尔曾说："假如让我把全部教育心理学归纳为一条原理的话，那么我将一言以蔽之曰：影响学习的唯一重要的因素就是学生已经知道了什么。要探明这一点，并应据此进行教学。"[①]学情分析是非常重要的，它也是课前分析的重要组成部分，是进行教学设计的重要依据。

学情分析通常包括学生的生理心理特征、学生的已有学习基础以及学习本节课可能遇到的困惑和障碍等。知己知彼，百战不殆，教师只有熟悉学情，才能确定一节课的教学起点、高度和难易度，教学才能有的放矢。

(三)说教学目标

教师依据前面的教材分析、课标分析和学情分析，结合学校教学资源和自身情况，设计出相应的教学目标。教学目标的拟定要指向物理学科核心素养，要体现学生中心、引导学生发展，注意行为动词的选用。目标要明确具体，具有可操作性和可实现性。同时，文字表述上要尽量做到简明扼要。

(四)说教学重难点

突出重点、突破难点是中学物理教学的两大任务，也是说课必须要明确的重要内容。一般来说，教学重点属于教学目标的一部分，是课程标准要求必须达成的目标，对提升核心素养起着关键作用。一节课的教学重点不宜设置过多，一般选择1~2个即可，最好不要超过3个。

教学难点可能属于教学目标，也可能不属于教学目标。一节课的教学难点也不可能太多，否则教学任务就难以完成。

---

① ［美］D. P. 奥苏贝尔等：《教育心理学：认知观点》，4页，佘星南、宋钧译，北京，人民教育出版社，1994。

（五）说教学方法和策略

这一环节需说明采取的教学模式、方法和策略等，重点要放在教学方法和教学策略上。具体来说，中学物理常用到的教学方法有讲授法、讨论法、谈话法、观察法、实验法、阅读法、自学指导法等。教师不仅要说教法，还要说学法。中学物理常用到的教学策略有认知冲突策略、脚手架策略、类比架桥策略、抛锚式策略、认知整合策略、任务驱动策略、问题驱动策略、项目驱动策略和分层教学策略等。

（六）说教学媒体

这一环节要说明教学中用到的主要实验器材、信息技术、教学资源等媒体或手段。物理作为一门以实验为基础的自然科学，要突出实验的地位和作用。因此，在教学媒体上，教师要优先选用实验器材或实验教具，并在该环节进行详细介绍或说明。同时要充分重视信息技术在物理教学中的运用并加以说明。

（七）说教学过程

良好的教学设计必须通过教学过程来体现，教学过程是说课的主体，也是说课的核心部分。一般来说，说教学过程时应说明教学环节、教学内容、教师行为、学生行为、设计意图、时间分配等。在教学环节上，要至少明确新课导入、新课教学、练习应用、课堂小结、作业布置等几个环节，同时把恰当的教学评价整合运用其中。

（八）说板书设计

尽管当下教学资源丰富、教学手段多样，尤其是信息技术应用广泛，但板书仍是中学物理课堂教学中不可缺少的重要辅助手段。清晰明了的板书不仅能让学生对教学内容有一个系统、深入的认识，而且方便学生课后复习与巩固。因此，在说课中展示说明板书设计是非常必要的。

（九）说教学（或设计）反思

在说课的最后，教师可总结性地说一说教学设计反思或教学反思。在课前说课的教学设计反思中，教师可对整个说课设计的思路、结构、内容、方法及可能产生的教学效果等做一个小结和预测。在课后说课的教学反思中，教师可总结课堂教学中发生的各种实际情况、教学目标的达成情况以及教学中存在的问题和不足等。

通过个人总结反思和共同交流讨论，一方面，说课者可以对不足之处有更清晰的认识，有利于教学设计的进一步改进和优化；另一方面，听评者可以借鉴成功或创新之处，吸取失败的教训，从而做到相互交流、取长补短、共同提高。

二、说课的基本要求

(一)目的明确，准备充分

教师在说课前必须明确此次说课是课前说课、课中说课还是课后说课，是应聘说课、参赛说课还是教研说课，听评课的对象是谁，场地环境怎样，时间要求如何，等等。一般来说，类型不同、条件不同、要求不同，说课目的也会有所不同。在明确目的的基础上，教师要做好各方面的准备工作，如研究课标、吃透教材、掌握学情、撰写教学设计、写说课稿、做好说课课件，必要时还需准备相关实验器材，以便进行现场展示等。

(二)结构完整，系统有序

说课本身是一个完整的体系，每一部分内容都发挥着不同的作用。无论说课类型如何、时间长短怎样，教师在进行说课时都应保持其结构的完整性、内容的系统性和展示的有序性，要确保按照说教材、说学情、说教学目标、说教学重难点、说教学方法和策略、说教学媒体、说教学过程、说板书设计、说教学(或设计)反思的顺序展开。

(三)表达流畅，节奏分明

教师除了要精神状态饱满，还要注意表达的流畅凝练。各个说课环节之间的起承转合要衔接恰当，不要重复拖沓。对于不同环节、不同语境，教师应当做到节奏分明、有快有慢。在合适的时机加入一些肢体语言更能表现想要突出的重点，这样对听者来说也是一种视觉上的享受，不至于产生听觉疲劳。

(四)有详有略，重点突出

说课通常时间不长，一般在 20 分钟以内。由于时间有限、内容较多，教师在保证完整性的前提下不应将每个环节都说得过于详细。说课时教师需要根据内容主次和时间限制做到语言凝练、突出重点、详略得当，切忌流水账。

(五)感情充沛，亲切自然

说课和讲课一样，也是一种对话活动，但其目的、对象和任务等又不同。说课更注重交流、研讨，更侧重于向听者请教，以获得有效指导，从而改进教学设计。因此，教师说课时应当精神饱满、感情充沛、态度谦和、亲切自然，让听者沉浸其中，引起共鸣。

(六)方式灵活，形式多样

教师说课时可不必仅限于说，在条件允许时，还可借助各种教学媒体，利用丰富的教学资源，以辅助完成说课。例如，可以通过现场实验、板书板画、角色扮演、游戏活动、PPT 课件等方式多途径、多角度地辅助说课，以获得更佳的说课效果。

（七）突出特色，勇于创新

教师说课时最好能说出自己对教材、学情的独到理解，对教法学法、教学策略的精当选用，对教学过程、教学思路的独特设计，对教学评价的高效使用，对教学（设计）结果的深刻反思，等等。尤其是在物理实验的改进与创新、课程资源的开发与利用、信息技术的应用与整合等方面，教师应争取做到突出特色、勇于创新，从而通过说课使教研上升到一个较高的层次。

三、说课的注意事项

说课涉及的内容广泛，过程完整，逻辑性强，细节较多，因而有着较高的要求。在此补充以下几个注意事项。

（一）语言表达方面

1. 清晰

教师说课要吐字清晰、语言流畅、声音洪亮、语速适中，要用普通话。

2. 控制好节奏

教师说课节奏要有快有慢、有停顿，语调要抑扬顿挫。

（二）情感礼仪方面

1. 亲切自然

说课的目的通常是交流、学习和反思，是向专家和同行请教、取经，因此，教师在个人表现上要面带微笑、亲切自然、虚心好学，要始终保持眼神和情感的交流。

2. 注重礼仪

教师说课要注意自己的仪表，要礼貌得体、落落大方；在说课开场时要有问候请示、自我介绍，在说课收尾时要有致谢、请教、交代等。

（三）内容呈现方面

1. 突出"说"字

说课不是讲课，更不是背课（背说课稿），重在阐释说明。

2. 过程完整

教师说课要有始有终（有开场、收尾），要按照说课的基本结构、流程和内容来展开，要确保说课的完整性和系统性。

3. 详略得当

教师说课要有主有次，要有详有略、重点突出，不需要面面俱到，也不必过于强调某些细节，一般点到为止。

4. 把握好时间

说课一般都有时间限制，教师要谨记说课时间要求，不要超时，也不要过早结束。

5. 凸显特色

说课不能平铺直叙、照本宣科，教师要能在说课的某个环节、某些内容、某个手段、某些资源的开发上有自己独特的地方，以凸显自己的特色、风格或创新。

6. 用好辅助手段

说课虽说主要是口头表达，但不能仅停留在"说"上。教师在注意合理运用肢体语言的同时，还应注重借用 PPT 课件、实验演示、板书展示等多种辅助手段，使说课更加丰富、充实和饱满。

【拓展阅读】

河南省第十九届高等学校师范类专业毕业生教学技能比赛评分细则（说课部分）

项目		评分内容	分值
说课	理念与目标	教学理念新，体现新课改精神；教学目标明确、具体、全面，科学性、操作性强；教学有特色	15
	内容与过程	教学内容正确，知识层次结构合理；教学思路清晰，结构严谨，重点明确，难点突出；教学过程体现新课改的理念，有利于培养学生的创造意识和实践、动手能力，联系学生生活实际	15
	方法与手段	教学方法运用灵活、多样、具有启发性；教学手段运用符合教学需要，设计合理；学生有效参与教学	15
	教学基本素养	教态、仪表及语言得体	15
	粉笔字	书写格式标准、规范，字迹清楚、优美	10
总分			70
时间		10～13 分钟	
说明：该比赛另包括现场答辩（15 分）和才艺展示（15 分）两个部分。			

第三节　说课与讲课的区别与联系

　　说课在实质上属于教学设计，是教学设计的口头表达形式，是一种展示方式；而讲课是在教学设计（备课）之后的教学实施，是以教学设计为蓝本的教学实践。二者既有区别，又有联系。

一、说课与讲课的区别

　　（一）目的不同

　　讲课的目的是通过课堂教学、师生对话等活动实现教学目标，提升学生学科核心素养，促进学生全面发展。说课的目的是通过说课教师的阐述展示和同行、专家的提问评议，实现双方互相交流，完善教学设计，共同提高，促进专业发展。

　　（二）对象不同

　　讲课是一项教学活动，面对的是学生。说课是一项教研活动，其对象通常是具有一定教学经验的同行、专家或教研人员。

　　（三）内容不同

　　讲课的主要内容体现在教（学）什么、怎么教（学），强调的是教学内容和过程，重在学生学科核心素养的培养。说课的主要内容不仅包括教（学）什么、怎么教（学），还包括为什么这样教（学），强调的是教学设计的理论依据和思维过程，重在教师教学能力的提升。

　　（四）时空不同

　　在中学，讲课通常以一节课（45 分钟）为单位在教室或实验室中进行，有较严格的时空限制。说课一般来说比较自由，时间可长可短，可以是 10 分钟以内，也可以是 20 分钟以上，但总体来说 10～20 分钟居多，不宜过长；在空间上也灵活多变，可以在教室或实验室，也可以在办公室或会议室等。

　　（五）评价不同

　　讲课是课堂教学活动，强调知识的传授、能力的培养、方法的引导及个性的发展，以课堂教学目标是否实现为评价标准，落脚点是学生学科核心素养的培养。说课是教学研究活动，强调教学设计的思路、内容、结构及教学反思等，以教师的教学设计成果和创新为评价标准，最终目的是提升教师的教学水平和教研能力。

二、说课与讲课的联系

说课和讲课都离不开教学设计，都是基于教学设计完成的，二者之间存在密切的联系，但其关系又由于说课与讲课先后顺序的不同而有所不同。

若为课前说课，则说课为讲课做好准备和铺垫。说课者的备课、说课以及同行、专家的点评可以为接下来的讲课提供明确的思路，打下良好的基础。

若为课后说课，则讲课为说课提供重要实践依据。教师讲课后能更加全面地认识到教学设计的得与失，更加明确教学效果的优与劣，更加深刻地反思自身的不足与改进的方向等。这些都为说课提供了重要实践依据，为教学设计的改进打下了坚实基础。

总之，说课与讲课二者之间相辅相成、相互促进。说好课不一定讲好课，但说不好课一定讲不好课。

【拓展阅读】

河南省特岗教师招聘考试说课标准与评分表

说课序号：　　　说课学段：　　　说课学科：　　　说课题目：

项目	内容	评价标准	分值	评分
说教材（20%）	1. 确定目标 2. 确定重难点 3. 教材处理	说明本节课内容在教材中的地位和作用	4	
		准确表述教学目标，可观察、可检测，符合大纲要求和学生实际，体现技能训练的可操作性	5	
		准确说明本课的重点、难点、关键	6	
		教材处理符合教学目标，寓职业道德教育于教学	5	
说教法学法（30%）	1. 教法设计 2. 学法设计 3. 手段选用	教法设计要体现以学生为主体，有利于落实教学目标	8	
		针对重点、难点设计教法，有一定灵活性	8	
		体现对学生自主、合作、探究学习方式的引导	5	
		体现理论联系实际，注重动手能力的培养，专业技能训练到位	5	
		选用教具合理，符合本学科特点	4	

续表

项目	内容	评价标准	分值	评分
说教学程序（30%）	1. 环节设计 2. 教学手段 3. 时间安排 4. 效果预估	课堂教学结构设计安排合理，教学思路清晰，时间分配得当	6	
		课堂教学活动突出学生主体性及多向互动	4	
		突出重难点的有效解决过程	6	
		体现专业技能训练方法的可行性	6	
		现代教学手段的合理利用（制作课件）	4	
		合理设计教学反馈环节，预估教学效果	4	
教师基本素质（20%）	1. 语言表达 2. 仪表举止 3. 板书设计	普通话基本标准，表达具体、充实、层次清楚，语言简练清晰，逻辑性强，富有感染力	7	
		仪表端庄、稳重，举止自然大方，表情丰富，富有修养，精力充沛	7	
		板书设计合理，有层次，突出重点，字迹工整、准确、美观	6	
合计			100	
综合评价：			考核人：	

第四节 中学物理说课的案例分析

一节优秀的物理说课离不开一篇优质的说课稿，下面展示人教版八年级《物理》下册第七章第三节"重力"一节的课前说课稿，并进行案例分析。

一、"重力"说课稿①

【开场白】

各位专家、老师，大家好！今天我说课的题目是"重力"。

接下来，我将依次从教材与学情、教学目标、教学重难点、教法与学法以及教学过程五个方面进行说课。

---

① 此说课稿选自河南省高等学校师范类专业毕业生教学技能比赛获奖选手作品。

【教材与学情】

在教材方面，本节是人教版八年级《物理》下册第七章第三节的内容，属于初中力学知识的基础部分。"重力"是初中物理中三大常见的作用力之一，内容主要涉及重力的大小、重力的方向及重心等。同时，它也为今后学习浮力、流体压强、重力做功等知识奠定坚实基础。

在学情方面，学习本节课之前，学生已经掌握了质量、力、弹力等相关知识。同时，生活经验和亲身体验也使学生对生活中有关重力的现象有了一定的感性认识，并且具备了一定的观察和探究能力。八年级学生刚刚接触物理，对新鲜事物的好奇和对现实生活的感受使他们在面对许多未知、生动的问题时有着很浓厚的兴趣以及强烈的探究欲望。

【教学目标】

根据新课标要求，结合教材内容以及八年级学生现有的认知水平、认知特点，我以物理学科核心素养为导向，拟定了本节课的教学目标。

①知道重力的概念以及重力的大小与质量的关系，能用公式 $G=mg$ 进行计算。

②经历实验探究过程，初步掌握数据处理的基本方法。

③认识到重力与生产生活紧密联系，体会学习物理的乐趣。

④逐步形成自主学习意识和强烈的求知欲，养成严谨求实的科学态度。

【教学重难点】

基于以上对教材、学情的分析和对教学目标的拟定，本节课的教学重难点就变得明了了。

我认为，本节课的教学重点是探究并掌握重力的大小与质量的关系，教学难点是对重力方向的正确认识和判断。

【教法与学法】

教学有法，教无定法，贵在得法。中学物理是一门注重教与学方法的基础学科。根据以上分析，我拟定了对应的教法与学法。

教法方面，我将从身边常见的物理现象和生活实例入手，以缩短教学内容和社会、生活的距离，使学生深切地感受到科学的真实性、实用性。因此，在教学过程中，我打算采用讲授、情境教学和实验指导等教学方法。

学法方面，有了教师创设的物理情境，学生能在情境中主动地发现并解决问题，从而实现自主获取知识的目标。同时，学生能积极参与交流讨论，形成合作意识。因此，在本节课的学习中，我将引导学生运用观察、实验探究和合作学习等学习方法。

【教学过程】

教与学有机结合，良好的教学构想必须通过教学实践来体现。因此，在教学过程中，我将从以下四个环节着手。

1. 创设情境，导入新课

在此环节，为了使学生认识到重力的存在，我先利用多媒体依次展示两张真实的照片（如图 12-1、图 12-2 所示），并提出以下问题：水为什么总是从高处往低处流？你能准确说出露珠滴落的方向吗？通过以上情境的创设，学生会在头脑中对重力形成一定的认识。

图 12-1　水从高处往低处流

图 12-2　露珠滴落

在此过程中，我从自然界中的真实现象出发，并采用层层设疑的方法，引发学生对重力的思考。这样不仅能为新课教学奠定基础，还能激发学生的学习兴趣和求知欲望。

2. 启思引探，构建新知

在此环节，我将再次结合生活实例和自然现象（如图 12-3、图 12-4 所示）提出两个问题，引发学生思考：为什么投掷出的铅球总会落向地面？为什么成熟的果实会压弯枝头？进而自然引入重力的概念。

图 12-3　掷铅球

图 12-4　成熟的果实

接下来，我将引导学生独立阅读教材，在此基础上向学生讲授重力的概念及其字母表示，同时向学生强调地球附近的所有物体都受到重力的作用，并提醒学生注意重力不等于地球的吸引力。在以上过程中，学生通过阅读教材、合作讨论，在丰富的情境中学习新概念。这不仅有助于学生激活原有认知结构中的知识经验，真正地理解新知识，还能使他们体会到物理知识与现实生活息息相关，感受学习物理的乐趣。

随后，我将利用多媒体依次播放两段视频（某运动会上同一运动员举不同质量杠铃，一次成功，一次失败），并结合学生亲身经历启发学生思考：托起不同质量的物体，所用的力为何不同？学生通过交流讨论不难明白：质量不同的物体所受的重力不同。在此基础上，我提出以下问题：物体所受的重力跟它的质量有什么关系呢？为此，我安排以下实验：探究重力的大小跟质量的关系。计划安排两人为一个小组，并向学生介绍实验中所用到的器材：钩码、弹簧测力计等。实验中选取质量已知的钩码为被测物体，分别测出它们所受的重力，并记录在表格中。之后，我引导学生利用实验数据作出相应的图像。通过实验探究，学生不难得出如下结论：

①物体所受的重力跟它的质量成正比。

②重力的大小与质量的比值是个定值，约为 9.810 N/kg。

之后，我将向学生重点讲授重力的大小及其表达式 $G=mg$，即物体所受重力的大小等于质量与比值 g 的乘积；在此向学生强调比值 g 的大小、单位和物理意义，并提示在粗略计算时比值 g 可取 10 N/kg。接着，我将通过细线悬挂小球的实验演示向学生阐述重力的方向——重力的方向是竖直向下的，并提醒学生竖直向下不是垂直向下。然后，我向学生介绍重心的概念，并向学生阐明：形状规则、质量分布均匀的物体的重心在它的几何中心上。随后，我引导学生阅读教材，简要了解重力的由来，知道重力来源于万有引力。最后，我将结合教材例题，引导学生分析解题思路和解决办法，同时亲自示范并强调解题规范，从而使学生养成良好的解题习惯。通过以上学习，学生基本掌握重力的定义、重力的大小、重力的方向以及重心等知识。为使学生能够利用生活经验和已学知识实现新知识的良好迁移，我安排第三个环节。

3. 联系实际，学以致用

首先，我引导学生利用新学的知识解答新课导入时提出的两个问题。然后，我又设置了判断题：①重力的大小与质量成反比；②重力的方向是垂直向下；③重力就是地球的吸引力；④铅球的重心在它的球心上。通过此题加深学生对新概念的认识。

其次，为使学生能够灵活运用重力跟质量的关系的表达式，我引导学生推导出另一个实用的计算公式 $m = G/g$，同时使他们领会数学变换在物理学习中的重要作用。

最后，我设置几个有关 STSE 的问题（如图 12-5 所示），以加深学生对重力概念的实际意义的认识，并拉近物理内容与社会生活的距离，从而体现"从生活走向物理，从物理走向社会"、学以致用的新课标教学理念。

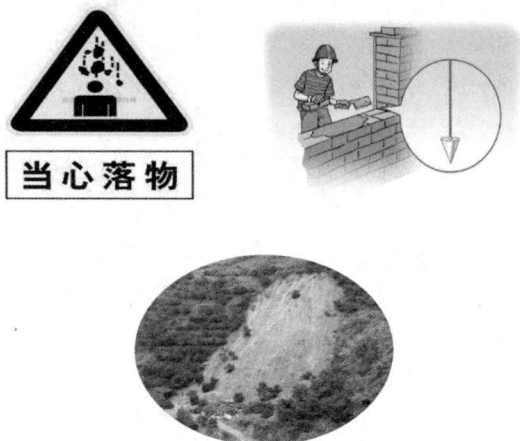

图 12-5　有关 STSE 的问题

4. 小结作业，巩固提升

来到本节课的末尾，我打算先让学生谈一谈本节课的收获与困惑，接着引导学生对所学内容进行总结与概括。在此过程中突出重点、突破难点，使学生对本节课的内容有一个整体把握，做到心中有数。

接下来是作业布置，我在精选教材课后习题的基础上，根据培养目标的不同，设置以下两道不同类型的题目。

①课后讨论：若地球表面附近的所有物体都不受重力，我们的生活将会是什么样子？

②课后实践：请分别称出三个不同物体的质量，并计算出它们各自的重力。

"少而精"的题目让学生课后独立思考、亲自操作，以巩固所学知识。

这是我的板书设计（通过 PPT 展示），清晰明了的板书不仅能让学生对本节课的内容有系统、深入的认识，而且方便学生课后复习与巩固。

最后，我将从课程定位、设计思想、设计依据、预期效果几个方面来谈一谈我的教学设计体会。

本节课是一堂带有探究性质的物理概念教学课，为了把"重力"这一概念讲清、讲明、讲透，我遵循物理概念教学的基本规律，并带领学生进行实验探究，同时全面考虑学生的物理学习基础和心理特点，充分利用学生的日常生活经验和亲身体验，尽量发挥学生的主观能动性，引导学生积极主动地学习，从而在交流讨论和轻松愉快的氛围中达到本节课的教学目标。

【结束语】

我的说课完毕，谢谢大家！

二、案例评析

以上关于"重力"一节的说课稿是高校即将毕业的物理学专业本科师范生的参赛作品，属于课前说课。该说课稿结构完整、逻辑严谨、内容丰富、语言简练、分析透彻、用语准确、过渡自然、朴实无华，是一篇比较规范的说课稿。

说课作为一种简单高效的教学研究活动，逻辑严谨、内容丰富、理论要求高、实践性强。教师要想全面地把握说课的理论、结构、内容、特点和要求，进而真正地掌握说课技能，还需要在长期的实践中去锻炼、提升。

【拓展阅读】

如何写好说课稿①

说课稿是说课者在教学设计的基础上，对"教什么""怎么教"和"为什么这样教"等问题进行系统阐述的一种实用性文书，写作时要关注以下四个方面的问题。

1. 写什么

说课稿是在教学设计的基础上写出来的，因而它既是教学设计的缩影和潜台词，也是对教学设计所做的进一步提炼和反思。因此，属于文字系统的说课稿应密切地联系教学设计。也就是说，但凡教学设计所涉及的，如教学依据(包括学科课程标准、教材等，下同)、学生(学情)、教学目标、教学重点和难点、教法和学法、教学过程以及板书等方面，都应该是说课稿需要考虑的。当然，在写作以上方面时，教师要注意兼顾"什么""怎么""为什么"。另外，如果是在上课之后写说课稿，教师需要在说课稿中加入教学反思这个重要的方面。

2. 结构怎样安排

从本质上说，写说课稿的过程是说课者将经过锤炼的教学设计和说课构想

---

① 窦瑾、邵云：《谈谈写物理"说课稿"要关注的四个方面问题》，载《中学物理》，2021(7)。有删减和改编。

按照一定的逻辑关系组合成一个完整的文字系统的过程。因此，在弄清楚"写什么"的问题之后，写作结构或写作顺序，即哪个方面放在前面写、哪个方面放在后面写，自然就成为下一个需要关注的基本问题。有的说课稿在说教材后、说学生前安排了说教学目标，有的在说教学目标前安排了说教学重点和难点，有的在说教学重点和难点之前安排了说教法和学法……这些都表明说课者没有完全弄清楚构成说课稿的各个方面之间的逻辑关系。事实上，总的来讲，对学生的分析应该建立在对教材分析的基础上，教材和学生是教学目标最关键的决定因素，教学目标决定着教学的重点和难点，教学的重点和难点是选择教法和学法最主要的依据，教法则为学法服务……有了这样一系列的基本认知，说课稿的先后顺序——说教材、说学生（学情）、说教学目标、说教学重点和难点、说教法和学法、说教学过程以及说板书等，也就清楚了。

3. 如何写充实

要素的问题和逻辑的问题解决好之后，如何将说课稿写充实便是接下来需要关注的问题。这里从"教什么""怎么教""为什么这样教（学）"的角度谈一下如何将说课稿写充实。

先谈一谈如何将"教什么""怎么教"写充实。"教什么""怎么教"是教学设计最关注的问题，因此，将"教什么""怎么教"写充实的最有效做法是紧紧依托教学设计，比照教学设计所构想的具体教学实际，即具体的教学内容、教学对象、教学要求和教学活动等。例如，在读懂、读透、读活教材之后说教材，在访谈对话、课前诊断并借鉴相关理论等之后说学生（学情），在先"条分缕析"再"渗透统整"后说教学目标，在综合考虑结构化、心理化、问题化和活动化等的基础上组织教学内容之后说教学过程，等等。

再谈一谈如何将"为什么这样教（学）"写充实。写说课稿和做教学设计的一个主要区别是前者必须回答"为什么这样教（学）"的问题（这也是说课和讲课的主要区别之一）。这一点在很大程度上反映了说课者对教学设计和教学实施的理性思考和理论分析。也就是说，说课稿将理论与实践结合得怎样、产生的效果如何主要通过"为什么这样教（学）"来体现。说课稿本质上是教学理论与教学实践相结合的产物，而其中的"为什么这样教（学）"又是说课稿的精髓。然而，就目前情况看，较多的说课稿在阐述"为什么这样教（学）"的问题上还存在笔墨不足或表述不实的缺陷。弥补这类缺陷的途径主要有两条：一是加强学习论、课程论、教学论的学习以及学科课程标准、教科书的学习；二是培养在写中反思和"追根"的习惯，如在写说课稿的过程中不断地追问和思考为什么这样做、这样做会产生什么效果、这样做有何理论和理念支撑等问题。

4. 如何写得当

当前说课稿表述失当的情况还具有一定的普遍性，主要表现在以下三个方面。

一是写作态度。例如，"浮力是苏教版教科书八年级《物理》必修本第十章第四节的内容"这种表述令人啼笑皆非。事实上，在教育部审定通过的义务教育物理教科书中不曾有过"苏教版"，"苏教版"实为"苏科版"之误；义务教育物理教科书中也不曾出现过"必修本"。只要稍稍用心，就不会犯这样的低级错误。

二是学科教学知识及语言文字基础。例如，在说课稿中的说教学过程部分，经常能见到类似"①新课导入；②比较运动的快慢；③速度的定义；④巩固新课；⑤作业布置"这种看上去毫无章法逻辑的小标题。其实，这种小标题写法失当的问题可以通过学习书本、模仿他人和自我创新等加以解决。这里以物理概念(规律)说课稿为例，介绍几种常见的、合乎要求的表示教学过程组成环节的小标题写法。

按照教科书"知识序"的逻辑写，如"①压力；②压力与重力；③压力的作用效果；④压强；⑤增大和减小压强的方法"。

按照学生"认知序"的逻辑写，如"①激发学习动机；②感知教学材料；③理解教学内容；④消化巩固知识；⑤运用知识经验；(6)测评学习效果"。

按照课堂"教学序"的逻辑写，如"①创设情境，提出问题；②设计实验，合作探究；③分析数据，得出结论；④巩固应用，解决问题"。

除了以上三种常见的写法之外，类似"①创设情境，体验速度；②启思导学，建构速度；③创新实验，测量速度；④联系生活，应用速度"等小标题的创新写法也是很值得借鉴的。

三是写作手法。如果说课稿在说教材、说学生(学情)、说教学目标、说教学重点和难点、说教法和学法、说教学过程和说板书等方面平均施力，则没有做到点面结合、详略得当。事实上，尽管说课稿涉及的面非常广，但其核心是说教学过程，因而此部分需要浓墨重彩，要写清楚各教学环节的名称，各教学环节的主要教学内容和教学活动以及大致的时间安排，各教学环节的教学活动所使用的教学手段、教学方法等；写一下例题和练习的安排以及课后作业的布置等也是有必要的。当然，还要写清楚"教什么""怎么教"以及背后的"为什么这样教"。

综上所述，说课稿写作要注意处理好内容与结构、理论与实践以及详与略等的关系，从而达到进一步优化教学设计、提高教学质量、提升说课者教学理论素养和教学实践素养的目的。

【思考练习】

1. 说课的实质是什么？

2. 说课有什么作用或价值？

3. 说课的结构怎样？包括哪些内容？

4. 说课的基本要求有哪些？

5. 说课与讲课有哪些区别？

6. 以初中物理或高中物理某一节课为例，写出说课稿，并尝试进行说课。

【推荐阅读】

[1]张军朋，许桂清．中学物理课程与教学论[M]．北京：北京大学出版社，2021．

[2]阎金铎，郭玉英．中学物理教学概论[M]．4版．北京：高等教育出版社，2019．

[3]周勇，赵宪宇．新课程说课、听课与评课[M]．北京：教育科学出版社，2004．

[4]金建忠．新课改视角下的说课及其要领[J]．现代教育科学，2011(06)：81-83．

[5]王震．中学物理教学论[M]．大连：辽宁师范大学出版社，2019．

[6]周仲武．说课及其要领[J]．江西教育，2008(2)：4-5．

[7]窦瑾，邵云．谈谈写物理"说课稿"要关注的四个方面问题[J]．中学物理，2021(7)：46-47．